教育部人文社会科学重点研究基地重大项目
"十四五"国家重点图书出版规划项目
江苏省2022年主题出版重点出版物

马克思主义思想史研究丛书
丛书主编　张一兵

Approach to Marx in Spirit
A Contemporary Interpretation
of Marx's Philosophy in Its Original Formation

神会马克思
马克思哲学原生态的当代阐释

张一兵　蒙木桂　著

南京大学出版社

总　序

2022年,我完成了《回到马克思》的第二卷[1]。会令读者吃惊的是,在这部接近百万字的第二卷中,我关于马克思历史文本的不少看法,竟然是异质于第一卷的,这直接造成了过去思想史常态中的一种巨大"逻辑矛盾"。同一个作者,对相同历史文本,居然会做出不完全一致的解读。这可能就是**新史学方法论**所依托的全新思想史本体个案。

记得2007年的某天,在上海,在《中国社会科学》杂志社举办的中国哲学家与历史学家对话的研讨会上,我所提出的历史研究建构论[2]遭到了历史学家们的批评。一位历史学教授在现场问我:"我是我爸爸生的是不是被建构的?"这真的很像当年杜林质问恩格斯:"2+2＝4是不是绝对真理?"如果打趣式地硬抬杠,我也可以辨识说,在一个根本没有"父亲"的母系社会中,当然没有"你爸爸生你"的社会建构关系。而在次年在台北举行的"两岸三地人文社会科学论坛"[3]上,台湾"中研院"的一位史学前辈在对我的学术报告现场提问时,有些伤感地说:"我不知道大陆的唯心主义已经如此严重。"令人哭笑不得。其实,当狄尔泰和福柯讨论历史文

---

[1] 拙著《回到马克思——社会场境论中的市民社会与劳动异化批判》(第二卷),将由江苏人民出版社出版。
[2] 发言提纲见拙文《历史构境:哲学与历史学的对话》,《历史研究》2008年第1期。
[3] 这是由南京大学、香港中文大学和台湾"中央大学"联合举办的系列学术研讨会议。

献（档案）的"被建构"问题时，他们并非在涉及直接经验中的每个时代当下发生即消逝的生活场境，而是在追问史学研究的**方法论前提**。谁制定了历史记载和书写的规则？实际上，历史记载永远是历代统治者允许我们看到的东西，恐怕，这是更需要史学家明白的**历史现象学**。

我曾经说过，任何一种历史研究对社会定在及其历史过程的绝对客观复现都是**不可能**的。这是因为，我们的历史研究永远都是在以当下社会生活生成的认识构架重构已经不在场的过去，思想重构并不等于曾有的历史在场。更重要的方面还在于，因为社会生活与个人存在之间始终存在一种无法打破的隔膜，所以社会生活情境不等于个体生活的总和，个人生存总有逃离社会的一面，其中，个人生存的处境、积极或消极行动的建构、情境、心境与思境都不是完全透明可见的，虽然人的生活构境有其特定的物性基础，但构境达及的生存体验是各异和隐秘的。我在上课的时候，有时也会以电影故事中内嵌的新史学观为例，比如根据英国作家拜雅特[1]

---

1 拜雅特（A. S. Byatt, 1936— ），英国当代著名作家。1936 年 8 月 24 日出生于英国谢菲尔德，1957 年在剑桥大学获学士学位。曾在伦敦大学教授英美文学。1983 年，拜雅特辞去高级教师职位，专心致力于文学创作，同年成为英国皇家文学协会会员。主要作品有：长篇小说《太阳的阴影》(1964)、《游戏》(1968)、《庭院少女》(1978)、《平静的生活》(1985)、《隐之书》(1990)、《传记作家的故事》(2000)，以及中短篇小说集《夜莺之眼》等。1990 年，拜雅特因《隐之书》获得英国小说最高奖布克奖，同年获颁大英帝国司令勋章(CBE)。2010 年，74 岁的拜雅特又获得了不列颠最古老的文学奖——詹姆斯·泰特·布莱克纪念奖。

的著名小说《隐之书》(Possession：A Romance，1990)[1]改编的电影《迷梦情缘》(Possession，2002)。故事虚构的情节是一个双层时空构境结构：今天(1986年)的阅读者——一位年轻的文学研究助理罗兰，在研究过去19世纪维多利亚时代著名诗人艾许(他也被建构成一个复杂隐喻诗境的"腹语大师")的过程中，偶然发现了夹于一部艾许最后借阅归还的维柯的《新科学》(New Science)中的两封写给无名女士的未完成的信件。经过细心的文献研究，他确认收信者竟然是艾许同时代著名的女诗人兰蒙特。由此，揭开了一桩隐匿了百年的秘密史实：有着正常家庭生活的艾许和孤守终生的兰蒙特在1868年发生了一段刻骨铭心的爱情，并且，兰蒙特背着艾许生下了他们的女儿。从小说中作为精彩艺术手段的细节中，我们可以看到，罗兰和兰蒙特的后代莫德小姐竟然通过兰蒙特诗歌中的暗示，在家族庄园中兰蒙特的住所里找到了她百年前隐藏在婴儿车中的秘密书信，甚至找到了诗歌隐喻的两位大诗人的疯狂秘恋之旅和情爱场境。由此，一直以来英国诗歌史中关于两位诗人那些早有定论的作品释义，瞬间化为文学思想史研究中的谬误。"有些事情发生了，却没有留下可以察觉到的痕迹。这些事情没有人说出口，也没有人提笔写下，如果说接下来的事件都与这些事情无关，仿佛从来没有发生过，那样的说法可就大错特错

---

[1] 其实，此书的英文原书名为Possession：A Romance，直译应该是《占有：一段罗曼史》。但Possession一词也有被感情支配和着魔的意思，所以如果译作"着魔：一段罗曼史"更准确一些。当然，现在的中译名"隐之书"的意译更接近书的内容。拜雅特还有另外一部艺术构境手法相近的小说《传记作家的故事》(The Biographer's Tale，2000)，说的是一个研究生菲尼亚斯(Phineas G. Nanson)，决定研究一位非常晦涩的传记作家斯科尔斯(Scholes Destry-Scholes)。在研究的过程中，他并没有了解到很多关于这位作家本身的生平，而是发现了这位作家**未发表**的关于另外三位真实历史人物(Carl Linnaeus，Francis Galton and Henrik Ibsen)的研究。拜雅特在书中将事实与虚构相结合，再现了这三位被隐匿起来的历史人物的生活。

了。"[1]这是此书最后"后记"中开头的一段文字。我觉得,他(她)们不想让人知道的书信是另一种**遮蔽历史在场性**性质的**秘密文献**,这是一种逃避现实历史关系的另类黑暗历史记载。然而,这种黑暗考古学的发现,却会改变对允许被记载的历史"事实"的全部判断。虽然,这只是艺术虚构,但它从一个侧面直映了这样一种新史学观:正是个人生存中的这种可见和不可见的多样性生活努力,建构出一个社会内含着隐性灰色面的总体生活情境。在每一个历史断面上,总有来自个体生存情境隐秘和社会生活的意识形态遮蔽。这些非物性的生存构境因素和力量,从一开始就是**注定不入史**的。这样,"能够历经沧海桑田,保存下来的那些作为历史印记的文字记载和物性文物,只是一个时代人们愿意呈现和允许记载的部分,永远都不可能等于逝去的社会生活本身。与文本研究中的思想构境一样,这些记载与历史物都不过是某种今天我们在生活中重新建构历史之境的有限启动点"[2]。

摆在读者面前的这一套由南京大学出版社出版的《马克思主义思想史研究丛书》,是近年来这一研究领域中的最新成果。它的作者,主要是南京大学马克思主义哲学专业培养出来的一批青年学者。他们从不同的思想史侧面和角度,研究和思考了马克思主义思想史中发生的一个个深层次的问题。除去少数带有总论性质的文本以外,丛书中的大多数论著都是微观的、田野式的专业研究,比如马克思与费尔巴哈的关系、马克思与19世纪英国社会主义思潮的关系、马克思与尤尔机器研究的关系、马克思方法论的工艺学基础,以及马克思文本中的对象化概念考古等。或多或少,它

---

1 [英]拜雅特:《隐之书》,于冬梅等译,南海出版公司2010年版,第577页。
2 张一兵:《〈资本主义理解史〉丛书总序》,《资本主义理解史》(六卷),江苏人民出版社2009年版。

们都从一个马克思主义思想史的断面,进入我们现代人观察马克思生活的那个远去的历史生活场境。虽然我们无法重现那些无比珍贵的伟大革命实践和思想变革的历史在场性,但多少表达了后人在马克思主义思想史探索中积极而有限的努力。

其实,在最近正在进行的《回到马克思》第二卷的写作中,我再一次认真通读了马克思与恩格斯长达40年的通信。阅读这些历史信件,也使那些灰色的思想文本背后的生活场境浮现在眼前。出身高级律师家庭的马克思和作为贵族女儿的燕妮、有着资本家父亲的恩格斯,没有躺在父辈留下的富裕的生活之中,而是选择了为全世界受苦受难的无产阶级获得解放寻求光明的艰难道路。在那些漫长而黑暗的岁月里,马克思被各国资产阶级政府驱逐,作为德国的思想家却不能返回自己的家乡,这么大的世界竟没有一个革命者安静的容身之处。常人真的不能想象,马克思在实现那些我们今天追溯的伟大的思想革命时,每天都处于怎样的生活窘迫之中。在很长一段时间里,马克思写给恩格斯的大量信件都是这样开头的:"请务必寄几个英镑来",因为房租、因为债主逼债、因为孩子生病,甚至因为第二天的面包……这种令人难以想象的生活惨状,一直持续到《资本论》出版后才略有好转。而恩格斯则更惨。我经常在课堂上说一个让人笑不出来的"笑话":"恩格斯自己当资本家养活马克思写《资本论》揭露资本家剥削工人的秘密。"这是令人潸然泪下的悲情故事。当你看到,有一天恩格斯兴奋地写信告诉马克思:"今天我不用去事务所了,终于自由了",你才会体验到,什么叫伟大的牺牲精神。恩格斯自己有太多的事情要做,有无数未完成的写作计划,可是,为了马克思的思想革命和人类解放的事业,他义无反顾地放下了一切。马克思去世之后,为了整理出版《资本论》第二、三卷,自比"第二小提琴手"的恩格斯毫不犹豫地表示:"我有责任为此献出自己的全部时间!"[1] 这才是人世间最伟大的友谊。这是我们在学术文本中看不到的历史真实。研究马克思主义思想史,对我们来说,不应该是谋生取利的工具,而是为了采撷那个伟大事业星丛的思想微粒,正是由于这些现实个人的微薄努力,光明才更加耀眼和夺目。

本丛书获得了2022年度国家出版基金的资助,感谢参加评审的各位专家,也感谢南京大学出版社的领导和诸位辛劳的编辑老师。我希望,我们的努力不会让你们和读者们失望。

张一兵

2022年4月5日于南京

---

[1] 《马克思恩格斯全集》第36卷,人民出版社1975年版,第92页。

第二版修订前言

本书是 15 年前我与蒙木桂合作完成的一本小书。当时写它的原因很简单，就是想摆脱讨论马克思和马克思主义时的那种板起脸来的面具伪境。马克思的一生，始终充满着浪漫主义情怀的生命涌动，从同情劳动者的悲情价值批判到对资本奴役逻辑的科学透视，他从不编织任何背离生活现实的虚假话语，也因此，他的人类解放的理想才会真的打动世界上那些有着高尚灵魂的人。《神会马克思》就是想恢复这种感性的思想之旅。此书在 2004 年出版之后，在青年一代中一直有不错的口碑（"豆瓣"评分很快就接近 9 分），有年轻人愿意读，这就实现了我们最初的写作目的。

文本属于历史，影响缘起阅读。此次修订，没有对内容做大的改动，只是根据《回到马克思》第三版的一些新的文献进行修订，补充了部分学术概念的德文原文和注释，以及对少量概念进行重译。

本书这次出版得到了南京大学出版社领导和编辑老师的大力支持，在此表示感谢。

张一兵
2019 年 3 月于南京

序

世界变化得太快。在还是启蒙的年龄里,社会主义国家的青少年很早就接触了马克思的哲学以及"马克思主义"这样的字眼。直到上了大学,他们又在公共课堂里接受了并无多少差异的马克思主义哲学同一性概念体系的教化。马克思,这位曾剧烈地改变过19—20世纪的世界历史的思想家,像神祇一样被供奉着。来来往往的人,在如火如荼的世界无产阶级革命的绝世风华里,在东欧剧变和苏联解体的历史残烬里,在惊奇与疑惑中,像阅读唐代传奇一样阅读着这个太平盛世的唯一传奇:马克思主义。

然而传奇是没有的,有的只是米兰·昆德拉式的矫情,甚或只是乔治·奥威尔式的惟妙惟肖。穿越意识形态的铜墙铁壁,问题只有一个:什么是马克思主义?固然如今的国人已经在阔步走进马克思的批判视域——**市场的逻辑**,但是反省事物化(Versachlichung)之思的旨趣又因事物化现实本身的附着魔力和其他生活上的"一地鸡毛"而日渐退去。批判的姿态因其无知所以无力。对于我们来说,在这块正在世俗化的土地上,能有一点时间从容地思考关于马克思哲学以及马克思主义这样的问题,是一件很不容易的事情。每走一步,我们其实都是战战兢兢的,毕竟了解马克思越多,心中的惶惑也就越多。

马克思曾经是一位激情十足的自由民主主义和人道主义者,1844年,虽然已经站在无产阶级的立场,然而面对古典经济学冰冷的理性逻辑,他还是基于激愤的价值悬设(本真的劳动),用再华丽不过的语言来诗意地控诉布尔乔亚的异化现实世界(这种控诉直达一个世纪之后的新人本主义激进话语和美学救赎论)。而后,他发现人本主义哲学逻辑根本无法撼动强大的现实世界,便转向了对现实社会历史和古典政治经济学的研究,努力去挖掘出布尔乔亚社会的真实本质——**资本**关系,从而确认了这种今天横行天下的资本主义制度。

这是一段艰苦而卓绝的路程。从物质生活上来说,这是一段赤贫的流亡生涯,马克思的孩子多有病饿夭折,全家每天面临被逐出家门的威胁。那个时代中最悲伤的动人故事莫过于:**恩格斯捏着鼻子做资本家剥削工人以养活马克思并得以创作《资本论》来揭露资本家剥削工人的秘密。**这是马克思(恩格斯)所背弃的出身——整个资产阶级上流社会对他们的惩罚。从精神生活上来说,马克思的研究越深入,他所面临的困扰也就越多,其间尤以哲学上的黑格尔和经济学中的李嘉图为最。他对解放劳苦大众的热忱就像他对论敌的无情批判一样持久而坚忍。尽管时空的相隔使得人们很难再从马克思置身的资本原始积累的时代来体悟资本主义社会经济剥削的本质,但正如德里达所说的,马克思是黏附于资本主义时代的人物,资本主义生产方式存在一天,马克思的批判就幽灵般地伴随一天。更何况,历史的真相不在于我们用什么样的话语来界定和披露它,而在于它本身的内在规定和自律的形式。

对于我们来说,从马克思的经济学语境中来体悟他的哲学精神是一条崭新的道路,这不仅是因为马克思被太多的历史诠释所包围,而这种诠释无论在**地方性**上还是在**时间性**上都是如此广袤而深邃,却少有人能从马克思的经济学研究中准确入门,这种人在国内更是凤毛麟角;更主要的还因为,我们的脚下是一片历经沧桑的文明土地,这种古老的东方文明与西方资产阶级启蒙所踏出的另一种文明纠缠在一起,这种理论与现实的深刻关联至今为止还没有一本很好的著作能够书写出来让人通俗易懂地阅读。我们以为，如何去理解马克思，在今天的中国，不仅是一个重大的理论问题，而且也是一个重大的实践问题，其原因也就在此。尽管人们会说，马克思的"不肖子孙"把他的理论批判的光芒销蚀殆尽，甚至变成了一种庸俗的政治招牌，但这仅仅是无批判地对待马克思学说的历史阐释效果的结果，而与马克思本身的精神内核并无本质关联，因为它离马克思的"本真"历史语境还相去甚远。

在我们这样一个社会主义的国家里，在仍将马克思主义视为指导思想来研究的环境中，我们这些以研究马克思主义为业的所谓的知识分子，无论是在哲学智慧上还是在学术良心上，似乎真有些一日不如一日了。较之于在西方是保守主义而在中国反转为激进派的布尔乔亚自由主义的斗士们，话语之懦弱，言说之苍白，我们真的只剩下惭愧。一句话，我们尚需要努力。

《神会马克思》便是此种矛盾心情的产物：我们又何德何能，把一种极其崇高的事业自诩为与马克思的神交。然而我们只有请求读者原谅。身处物性市场中的人们也许很容易用一句"哲学有什么用"就能把这种诗意的光热浇冷，但这句话说完之后人们还剩下什么呢？更何况，我们在这里既无意于为马克思树立雕像，也无意于让读者对书本文字不假思索地全盘吞下。假以时日，读者也许有一天会明白我们的苦心，那就是，哲学不过是一门争取自由的学问，而马克思则是帮助我们走向这种解放的一扇敞开的大门和一种可能的路径。仅此而已。这也是我们这些黑眼睛黄皮肤的马克思主义者留给明天即将成为历史的那个世纪的别言。

张一兵　蒙木桂

2000年12月31日于南京大学

不能把一个活生生的人变为那种在想象中被盖棺定论的无声客体。一个人任何时候都不会同自身完全吻合。对一个人不能使用恒等式：A 等于 A。

——巴赫金

目 录

写在前面的话：马克思与马克思主义   001
    一、一生何求：马克思的人生之路   002
    二、不同的眼睛中的不同世界   010
    三、朝花夕拾：问题与方法   018

导言：通达马克思之路   022
    一、纯粹的客体向度和纯粹的主体向度的逻辑之谬   023
    二、主体向度和客体向度的辩证统一的重要尝试   029
    三、马克思历史现象学的生成   033

第一章　人本主义之累   044
    引　子   044
    第一节　上帝的没落与兴起：启蒙时代的文明之歌   052
    一、迟到的启蒙：宗教异化与人的"类本质"   052
    二、古典经济学：自由主义的摇篮   056
    第二节　谁主中流：反抗现代性的人本主义哀歌   060
    一、抽象的谎言：见物不见人   061
    二、经济异化：拜物教的贞节坊   064
    三、劳动异化：形而上学的含羞草   067
    四、走进新时代："类本质"的颠覆和人本主义的终结   070

五、重返经济学之路　　　　　　　　　　077

第二章　门前的风景　　　　　　　　　　084
引　子　　　　　　　　　　　　　　　　084
第一节　哲学是一种思　　　　　　　　091
一、仅使费尔巴哈成为实践的并不够　　　091
二、康德问题的解决与实践概念的庸俗化　096
三、历史与时间性　　　　　　　　　　　100
第二节　历史正在生成　　　　　　　　105
一、历史是什么　　　　　　　　　　　　106
二、人是谁　　　　　　　　　　　　　　110
三、分工与世界历史　　　　　　　　　　114
第三节　自然历史过程与社会历史决定论　119
一、对历史观的历史考察　　　　　　　　119
二、似自然性与物役性现象　　　　　　　125
三、再论历史唯物主义　　　　　　　　　133

第三章　花落的声音　　　　　　　　　　136
引　子　　　　　　　　　　　　　　　　136
第一节　辩证的影子　　　　　　　　　138
一、理论反转：以子之矛，攻子之盾　　　139
二、逻辑超越：真理是具体的　　　　　　142
第二节　历史打了个结　　　　　　　　147
一、理论前引：一定的历史的暂时的历史情境　148
二、帽子与人的论战：反对蒲鲁东　　　　151
三、历史性：戳向布尔乔亚意识形态的匕首　158

第三节　认识论再研究　　　162
　　　　一、假象的客观性　　　164
　　　　二、认识的异化　　　167

第四章　历史现象学之光　　　172
　　　引　子　　　172
　　　第一节　跨越古典经济学的栅栏　　　180
　　　　一、资本:理论的起点和终点　　　181
　　　　二、历史的真相　　　185
　　　第二节　拜物教的画像　　　190
　　　　一、倒立跳舞的桌子和商品神　　　191
　　　　二、一般社会财富和货币之圣　　　195
　　　　三、能生钱的钱和资本上帝　　　198
　　　第三节　复制的形而上学　　　202
　　　　一、抽象成为主子　　　203
　　　　二、最后一种革命　　　207
　　　　三、伪物性和市场偶像　　　210

第五章　凡墙都是门　　　215
　　　引　子　　　215
　　　第一节　辩证法的守望者　　　221
　　　　一、什么是马克思主义?　　　222
　　　　二、自然与历史总体　　　228
　　　　三、现代社会的物化之罪　　　231
　　　第二节　戴脚镣的辩证法　　　241
　　　　一、马克思主义:赞成与反对　　　242

二、教条式的马克思主义的方法论病症　　　　246

　第三节　辩证法的知音　　　　　　　　　　　253
　　一、批判的眼睛　　　　　　　　　　　　　253
　　二、为了忘却的记念　　　　　　　　　　　260

最后的话：他者的声音　　　　　　　　　　　263

主要参考文献　　　　　　　　　　　　　　　268

附录一　但开风气不为师——"回到马克思"的本真心路历程
　　　　　　　　　　　　　　　　　　　　　　274

附录二　"回到马克思"的原初理论语境　　　282

写在前面的话：马克思与马克思主义

理论从来都是批判现实的。对现实的无批判的理论与无理论批判的现实一样都是令人胆战心惊的。如果说现在还有一种理论，其批判性的光芒从它诞生之初到今天仍然熠熠生辉，那么我们认为，这个理论就是马克思的哲学。阿里夫·德里克说，人们现在还能从马克思那里学到东西，这是令人震惊的。然而我们要说，更令人震惊的是，有许多人，尤其是经受过传统的马克思主义理论教化的人，已经以为从马克思那里是学不到什么东西的了。即使承认马克思话语的历史价值，那现在最重要的也是让马克思成为"我们同时代的人"。这种无根的自信让我们这些所谓的马克思主义研究者不得不思考这样的一个问题：马克思到底离我们有多远？或者换句话说，我们离马克思到底有多近？

在过去的年代里，在我们的生活中有这样一种现象：把哲学与政治等同。这种做法既窒息了哲学的生命力，把哲学庸俗化，又给政治带来了不好的名声——这不过是柏拉图"哲学王"的一种粗俗的翻版。不得不说，课堂里进行的关于马克思主义哲学的教化正是这种现象的特定历史产物。无可否认，对马克思主义哲学的传统且正统的诠释体系，作为一定时期的意识形态的统摄物和一种普及性的读物功不可没，如果说它无意识地把马克思写成了一杯白开水，充其量也就间接指涉了那个时代的性质。只是对于我们来说，这样的一种诠释体系及其教科书毕竟不能再作为我们思考的出发点。对于那些只能从教科书那里了解马克思的读者（激愤的拥护者与同样偏执的反对者）来说，他们所接受的与其说是马克思的东西，不如说是他们（包括教科书的编者）**自以为是马克思的**

东西。鉴于此,我们认为有必要摈除和悬置历史前见,"回到事物本身",即**回到马克思**,以还给读者一个比较真实的马克思。

一、一生何求:马克思的人生之路

多年以前,我们曾经说过:

> 马克思,这位开创了人类最崇高事业并为之而献出了一生的伟人,并不像我们传统意识中所神化的那样,代表着某种不变的真理,似乎他的每一句话都成了我们督导言行的法宝。这看起来仿佛是把马克思捧到了至尊无上的地位,而实际上却是远远背离了他,背离他所创立的马克思主义科学。相反,我们要说青年马克思并不是天生的马克思主义者!他与我们一样是一个活生生的人,有着自己火热的青春,有着常人都经历过的成长过程。他的思想也是如此。[1]

这是一种**历史**的语境,也是我们阅读马克思的第一个重要入口。

卡尔·马克思(Karl Marx)于1818年5月5日出生于德国特利尔的一个律师家庭,1883年3月14日逝于伦敦,葬在海德堡公园。他一生笔耕不辍,著述可谓汗牛充栋;命运多舛,却从不气馁。这种强劲的生命力与创造力正是他的理论人格的魅力所在。用一句话描述他的一生,一定是:"马克思出生,**战斗**,死亡。"

---

[1] 张一兵,《马克思历史辩证法的主体向度》,南京大学出版社2002年版,第24—25页。

青年马克思在大学所接受的是法学方面的教育，可后来却以一篇名为《德谟克利特的自然哲学和伊壁鸠鲁的自然哲学的差别》("Differenz der demokritischen und epikureischen Naturphilosophie"，以下简称《博士论文》)的论文获得了哲学博士学位。毕业后他谋求大学讲师职位未果，进入了当时以激进闻名的《莱茵报》(Rheinische Zeitung)编辑部。在这段时间，他写了大量冷峻讥诮的论战性文章，抨击普鲁士当局的书报检查制度以及当时喧嚣一时的"林木盗窃法"。正是在这种走向现实的实践进程里，发生了他一生中无数理论困境中的第一次重大危机。这就是，青年马克思困惑地发现，从大学课堂里舀来的理性之水，以及在书本里所呈现出来的人的主体尊严，到了现实生活中居然荡然无存，因为它们在人们熊熊的物欲之火中瞬间蒸发了。这就像今天中国的每一个毕业的大学生，在马列主义课堂刚刚听来的崇高理念和道德教化，在他们走进劳动力交易市场的大厅时，立即就烟消云散了。人们太容易被眼前的现实物质利益所迷惑(青年马克思此时斥之为"下流的唯物主义")，因此青年马克思要问：在现实生活中，粗俗的物质利益为什么总是占上风？而穷人上山捡枯枝烂叶这种本来还算人道的事情为什么在立法上成为盗窃？这种所有制与法是不是合乎历史理性？更为本质的是，尚未上台的德意志的布尔乔亚们并没有打算破除这种所有制与法本身所固有的理性困境。青年马克思不得不开始反思自己的法学观念和哲学立场。

我们认为，在马克思早期的思想观念中，他曾经有过一个从康德(Immanuel Kant, 1724—1804)、费希特(Johann Gottlieb Fichte, 1762—1814)能动的理想主义向黑格尔(Georg Wilhelm Friedrich Hegel, 1770—1831)客观现实逻辑的转换，但是他所承袭的黑格尔哲学已经是从黑格尔体系内部胎生出来的青年黑格尔派哲学,即高举着资产阶级(Bourgeoisie,布尔乔亚)[1]"人"(自我意识＝个人主体)的旗帜,以激进的布尔乔亚民主主义反对普鲁士封建专制的革命性观念。这种哲学的实质,正是剥离了黑格尔哲学那种吞食人类主体(个体)能动性的抽象逻辑总体,凸显表征人类个性的自我意识,以创造德意志资产阶级思想解放所需要的理性前提。这种高扬人类主体性的意向,正是青年马克思在这场国家与法的初次交锋中赖以无畏战斗的精神旗帜。但他一介编辑,又怎是国家与法的对手? 更严峻的现实打击是,1843 年 3 月,普鲁士当局查封《莱茵报》,刚刚当上主编的青年马克思只好失业了。那时他还没有意识到,这将是自己一生的失业。稍有慰藉的是,这一年,他终于与燕妮·冯·威斯特华伦结为秦晋之好,并移居克罗茨纳赫。是时,从现实挫折中转回书房的青年马克思一边广泛地研究各种现实历史政治著作,写下五个笔记本的《**克罗茨纳赫笔记**》(*Historisch-politische Notizen, Kreuznacher*),一边撰写《**黑格尔法哲学批判**》(*Zur Kritik der Hegelschen Rechtsphilosophie*)一书。此时,青年马克思第一次转到了唯物主义的哲学立场,并成为一名无产阶级革命的斗士。

退出《莱茵报》不久,青年马克思着手与卢格(Arnold Ruge,1802—1880)主编《德法年鉴》(*Deutsch-Französische Jahrbüchery*)。青年马克思写信给费尔巴哈[2],约请他为《德法年鉴》撰稿,但遭婉拒。由于业务关系,马克思 1844 年移居巴黎,并开始研究赫斯(M. Hess,1812—1875)和青年恩格斯已经先期进入的政治经济

---

[1] 此词由法语而来,德语中则有 bürgerliche。
[2] 费尔巴哈(Ludwig Andreas Feuerbach,1804—1872),德国唯物主义哲学家。代表论著有:《基督教的本质》(*Das Wesen des Christenthums*,1841)和《哲学改革临时提纲》(*Vorläufige Thesen zur Reformation der Philosophie*,1843)。

学(The political economy)[1]领域,做了大量的摘录,留下了厚厚10本《巴黎笔记》(Historisch-ökonomische Studien, Pariser),极负盛名的**《1844年经济学哲学手稿》**(Ökonomisch-philosophische Manuskripte, 1844)即在其中。从马克思这时的摘录和对经济学的评述来看,他的总体的切入视角是**政治立场评判**,而并不是对经济学的理论内容本身进行评价。这就使得青年马克思在这种选择性的阅读意向中,有意无意地忽视一些重要的东西。首先,是古典政治经济学方法论中的以非直观的市场关系和事实为科学研究出发点的**社会唯物主义**前提。其次,就是古典经济学中至关重要的、富有革命批判逻辑的劳动价值论,这种逻辑批判性正是最有可能通向**科学的**社会主义的理论武器。青年马克思此时的这种理论近视,使他第一次面对经济学的"科学研究"(这是马克思在以后对李嘉图研究的称谓)的时候,只是简单地颠倒过来理解并否定古典政治经济学,即以**人性的尺度**来坚决地反对和否定私有制(Privateigenthum)。这不过是他在《博士论文》中的那种人的主体性和自我意识的另一种人学变形而已。青年马克思的这一思想境况决定了一个重要的理论后果,那就是他站在无产阶级的政治立场上(而不是站在古典经济学的理论出发点上),以人本主义的**哲学**来全面批判资产阶级政治经济学。这就是《1844年经济学哲学手稿》所呈现出来的主导理论逻辑意向。

青年马克思的这种理论努力,与同时代的赫斯和费尔巴哈的人本主义的价值批判,各领风骚。如果说在费尔巴哈的人本学异化论中,人本学是神学的秘密,人的本质是上帝的秘密,而在赫斯

---

[1] "政治经济学"在德语中可直译为"die politische Ökonomie",可是恩格斯和马克思最先使用的都是"die Nationalökonomie"(国民经济学)。这可能是受到赫斯的影响,而赫斯则很可能是受到李斯特的影响。

的货币异化论中,人的真实类本质——交往(Verkehr)关系是货币的本质,那么在青年马克思的劳动异化论中,人本学则是国民经济学(die Nationalökonomie)的秘密,社会的人是货币的秘密。但是这种激情有余科学不足的人本主义异化逻辑的建构,在他们的同时代人麦克斯·施蒂纳(Max Stirner,1806—1856)的《唯一者及其所有物》(*Der Einzige und sein Eigentum*,Leipzig：Otto Wigand,1845)的枪口之下,无可抵挡地逐渐分崩离析。"应该"(理性)与"是"(现实)的逻辑分裂给费尔巴哈他们提供了一个反对中世纪宗教钳制的理论武器,但同时他们也树立起了另一个宗教：人的宗教。施蒂纳认为,人本主义对"人"的至高无上的推崇与中世纪对"上帝"的推崇毫无二致。在施蒂纳的理论冲击之下,马克思开始有意识地颠覆自己的人本主义异化批判的哲学逻辑,并把理论重心真正转移到对政治经济学的研究之上。自此,他的政治经济学研究一次比一次更富有成效,而他的许多著作都可以说是经济学研究的成果。这段时期最重要的理论突破点是在1845年春天写就的《关于费尔巴哈的提纲》(*Thesen über Feuerbach*)。而这个时候,马克思由于与巴黎的各种工人秘密组织过从甚密,已经被法国当局驱逐出境,住在比利时的布鲁塞尔。马克思就像一匹骏马,只要一息尚存,就奔跑不已。在布鲁塞尔的这段时间,他写下了7册关于政治经济学方面的**《布鲁塞尔笔记》**(*Brüsseler Hefte*)。

1845年4月5日以后,恩格斯迁往布鲁塞尔马克思处,马克思向他介绍了自己的新世界观构想。是年7—8月,马克思和恩格斯到伦敦和曼彻斯特旅行,以便研究英国的经济学文献,同时实地考察英国的政治经济生活以及英国的工人运动。作为结果,马克思写下了9本**《曼彻斯特笔记》**(*Manchester-Hefte*)。李嘉图式的社会主义经济学家对经济学上的人本主义的冲击,以及在坚持劳动价值论的前提之下要求对劳动者利益的关注,深深打动了马克思。他们所关心的问题是:劳动既然创造价值,是财富的源泉,为什么工人(劳动者)却一贫如洗?而且,财富增加了,人就一定幸福了吗?在生产力(Produktivkraft)不断提高的情况之下,物质丰富的现实社会为什么却是罪恶累累?他们的结论是:不是劳动价值论出了问题,而是社会制度出了问题。可以想象,马克思接触到这一群出色的社会主义经济学家的著作之时是怎样如痴如醉。这一年的 11 月,马克思和恩格斯决定在出版经济学著作之前,先发表一部批判"德意志意识形态"(包括"清理自己从前的信仰")的书,于是他们迅速开始写作《德意志意识形态》(*Die Deutsche Ideologie*)一书。他们的朋友莫泽斯·赫斯参与写作批评卢格和库格曼的部分。次年夏天,这一**历史**唯物主义(*Geschichtliche Materialismus*)与**历史**辩证法(*Geschichtliche Dialektik*)的奠基之作基本完成,马克思对第一章(主要是批判费尔巴哈)进行修改。也是在这本书中,马克思和恩格斯发现,一定历史条件下的人们对直接生活资料的生产与再生产是全部社会生活的本质,人们特定的生产的方式决定了一定的社会历史的本质。与此同时,马克思继续研究经济学。这段时间,马克思的经济学水平已经大有长进,此时,一件事情促使马克思在经济学研究上又向前跨了一大步。这件事就是蒲鲁东(Pierre-Joseph Proudhon, 1809—1865)在 1846 年 6 月出版了《经济矛盾的体系:贫困的哲学》一书。书中大量的关于经济学和哲学的双重错误使得马克思忍无可忍,于是他便很快出版了一本针对性的法文著作:《**哲学的贫困:答蒲鲁东先生的"贫困的哲学"**》(*Misère de la philosophie. Rèponse a la philosophie de la misère de M. Proudhon*, Paris 1847)。两位昔日的好友至此分道扬镳。值得一提的是,马克思在书中所批判的蒲鲁东用哲学来反注经济学的做法,正是他自己在1844年前后第一次研究政治经济学时的做法。然而今非昔比,马克思找到了比人本主义哲学更有力的批判武器:**历史唯物主义**。令人悲伤的是,这一有力的批判理论竟被教科书的传统哲学解释框架讹写成毫无批判力的冷冰冰的外在于人的干巴巴的抽象规律。

1848年,欧洲爆发了革命。各国的工人运动进行得如火如荼。马克思和恩格斯激情满怀,冲出书斋,融入了轰轰烈烈的战斗之中。不幸,革命失败。马克思先是被比利时政府下令驱逐出布鲁塞尔,后是被普鲁士当局驱逐出科伦,接着是被法国当局驱逐出巴黎。在这段凄凄惨惨戚戚的日子里,唯一值得庆幸的是,1848年2月《**共产党宣言**》(*Manifest der Kommunistischen Partei*)得以在伦敦出版。马克思本人则几经辗转,终于在1849年8月流亡到了伦敦。是年,他31岁。随后,燕妮怀着七个月的身孕也来到了伦敦。从1850年始,马克思开始重新研究经济学,这是他第三次有系统地研究政治经济学。这段日子大概是马克思一生中最为暗淡的日子,生活极度拮据,几个孩子先后夭折,而他自己与燕妮的感情也出现了严重的危机。马克思终日待在大英博物馆里大量阅读可以说是当时最为齐全的政治经济学文献,做了24册的《**伦敦笔记**》(*London Hefte*)。过了几年,马克思觉得自己在政治经济学上已经颇有造诣,决定创立自己的经济学理论,同时重新潜心研究黑格尔。1857—1858年,马克思撰写了一部篇幅巨大的经济学手稿,共有7个笔记本,现在一般称为《**1857—1858年经济学手**

稿》(Ökonomische Manuskripte 1857/1858)[1]。这部手稿是马克思重新思考经济学和黑格尔辩证法的杰出思想成果，对于他在这之前的一些哲学和经济学方面的著作来说都可以说是一种超越。尤其是在《德意志意识形态》一书中所阐述的历史唯物主义，准确地说，那还只是一种并不精致的**广义**历史唯物主义。而在这里，马克思真正地树立起了自己的理论旗帜，那就是在超越古典经济学意识形态边界的同时，独树一帜地创立了建立在**狭义**历史唯物主义和历史认识论基础上的**历史现象学**（Geschichtliche Phänomenologie）。这也就是后来走向青年卢卡奇和法兰克福学派的西方马克思主义批判理论之源，也是马克思能够走向当代，即德里克所说的人们能够向马克思学到东西的理论原因所在。不幸的是，这个极具批判力的历史现象学在第二国际以及后来的斯大林传统哲学解释框架那里找不到任何蛛丝马迹。这也是今天我们要重新拾起马克思这个话题的原因所在。

19世纪60年代以后，马克思的生活状况有所好转。这时维多利亚时代的"日不落"大英帝国也是一片歌舞升平，蒸蒸日上。1861年8月至1863年7月，马克思写下了23个笔记本的《经济学手稿》(Ökonomisches Manuskript 1861—1863)。在这些经济学研究的心得体会的基础上，1867年9月，《**资本论**》(Das Kapital)第1卷在汉堡出版。这是马克思的成名之作，也是他一生理论研究的巅峰之作。历史现象学在其中得到了淋漓尽致的表达。这一批判的科学的历史现象学的目的，正是要揭示出在资本

---

[1] 后来苏联、东欧学者根据马克思一封书信的内容将其标题拟定为《政治经济学批判大纲（草稿），1857—1858 年》(Grundrisse der Kritik der politischen Ökonomie 1857/1858)。后来在西方学术界关于这一文本的讨论中，人们通常简称其为"大纲"(Grundrisse)。

主义商品生产和市场经济中产生了一个巨大的多重颠倒的社会关系(Gesellschaftliche Verhaltnis)的复杂结构。马克思发现,在资本主义的商品世界中,作为社会本质的资本生产关系被经济假象遮蔽起来,**真的变成假的,假的变成真的**;**主体事物化**(Versachlichung)[1]**为客体,客体翻转为主体**。资产阶级政治经济学正是在这种事物化的经济现象中,形成他们将资本主义生产方式(Weise der Produktion)永恒化的特定的物相的意识形态,其结果必然是商品拜物教(Fetischismus)、货币拜物教和资本拜物教。本来,商品经济只是在人与人的关系的基础之上形成的事物与事物的关系,现在这种事物与事物的关系反过来制约和主宰着人与人之间关系,形成了不以人的意志为转移的市场经济规律。马克思所真正要做的,也正是黑格尔和李嘉图式的社会主义经济学家所想做的,那就是在物质财富的前提之上要求一种平等幸福的社会伦理。剥去事物与事物的关系的外皮,从而复归于真实的人与人之间的社会联系(Gesellschaftliche Beziehungen)。马克思毕生的追求,用他自己的话来说,那就是为人类谋福利。他用他一生的时间践行了自己的诺言。我们认为,**马克思不是神话,而恰恰是我们神话中唯一的现实**。当他在生命的最后几年重新回到"人"的问题之上时,谁能说那不是一种至死不变的人文关怀呢?

二、不同的眼睛中的不同世界

马克思为什么要去跳一种独特的经济学—哲学之舞?如果我

---

[1] Versachlichung 在马克思的文本中,是区别于 Verdinglichung(事物化)的。在此次校订中改译为"事物化"。详细内容参见以下具体讨论。也可参见拙文:《Versachlichung:物象化还是事物化》,《中国社会科学报》2012年1月30日。

们仅仅从经济学上或仅仅从哲学上来思考这个问题,那将是徒劳无功的。要回答这个问题,不仅要求我们拥有一部精当而准确的哲学史,一部精当而准确的经济学史,一部精当而准确的社会主义史,关键还在于必须拥有一部完整的未被割裂的马克思思想的统一历史。特别是在大量马克思、恩格斯早期文献问世之后,这一问题愈发显得重要。在这一点上,我们不得不遗憾地说,传统的马克思主义研究做得远远不够。

在马克思、恩格斯相继去世之后,马克思哲学的唯一权威诠释者是第二国际的"正统的马克思主义"。它宣称马克思主义是一种实证科学,马克思的哲学即对自然、社会和思维三大领域的客观规律的研究。这是后来斯大林教科书体系的主要理论基础。这种权力话语的最大特色,就是把马克思主义当成绝对真理,把马克思的著作不加分辨地从第一卷的第一句话引到最后一卷的最后一句话,这就意味着把马克思的各个时期的思想水平停滞在某一点上,从而僵化为一种意识形态,并钳制了后来人的思维模式和思想水平。马克思主义作为一种理论教条,必然与现实的社会主义实践划开了一条鸿沟。这一点首先表现在由爱德华·伯恩施坦(Eduard Bernstein,1850—1932)首先掀起的对第二国际的修正主义浪潮之中。他主张,如果现实发生变化,那么理论就应该发生变化。可是,这实际上是一种不怀好意的狡黠的机会主义,并立刻遭到了罗莎·卢森堡(Rosa Luxemburg,1870—1919)的批评。她既不赞成第二国际把马克思变成一种僵化的体系和理论,也不赞成伯恩斯坦的这种机会主义。她认为,马克思对我们是开放的,何况马克思也有可能是错误的。我们所能做的,便是"用马克思的方法来面对马克思主义"。而马克思的方法,便是"对一切现存事物的无情批判"。从卢森堡这里,后来一大批杰出的马克思主义者导引了各种反对第二国际的自由马克思主义思潮。

以上所说明的历史情况，出现在一种特定的文本语境之中，即人们面对的是马克思、恩格斯成熟时期公开发表的科学论著。大约在列宁去世以前，人们很少会想到**也存在着**青年时代的马克思、恩格斯的**不是马克思主义性质**的早期文本。可是，20世纪30年代以后，主要是由于马克思一大批早期文献的公开，上述原本清澈简单的文本语境开始变得异常复杂起来。从国外到国内，各类论者对什么是马克思哲学的真谛的解读，呈现出众多不同甚至截然相反的理解语境。令人困窘的是，不同论者所依据的都是马克思的第一手文本。从那时开始，便出现了我们称为同一个马克思思想史异质诠释的五大解读模式。

第一种解读模式，是西方马克思学的两个马克思的神话。所谓"马克思学"[1]，是指并不信仰马克思主义，而只是将马克思的文献作为"客观的"历史文本对象来对待。20世纪20年代以前，这一布尔乔亚解读模式的先驱提出了青年马克思（《共产党宣言》）与老年马克思（《资本论》）的区别。在1932年，马克思的《1844年经济学哲学手稿》发表之后，他们转而提出，人道主义是马克思学说中的最高峰，而《资本论》时期以后的马克思则是"停滞"与"衰退"的马克思。他们认为，这两个马克思是相互反对的，而他们是相当推崇前一个马克思的。现在我们当然知道，这种解读方法是极其不科学的，它的所谓价值中立的客观性本身不过是一种祛除了真实主体情感和信仰的**物性**阅读。在文本学研究已经硕果累累的今天，这种解读模式早已经被扔进历史的垃圾堆里了。

---

[1] "马克思学"（Marxologie）为法国当代学者吕贝尔（Maximiliem Rubel）首创。1959年，吕贝尔用"马克思学"这一术语命名由他创办并担任主编的刊物——《马克思学研究》。

与第一种模式相关但又有根本的区别的是人本学的马克思主义。他们同样采用了以马克思的早期著作来诠释其后期著作的做法。不同的是，他们认为，只有一个马克思，这就是**人本主义的**马克思，也只有一个马克思主义，这就是以消除**异化**（Entfremdung）来获得人的解放为最高目的的马克思主义。马克思那种瓦解在施蒂纳枪口之下的劳动异化史观的人本主义逻辑，竟被他们直接指认为是真正代表了马克思主义真谛的理论依据。这是一群富有人道主义精神的左派知识分子，从青年卢卡奇、葛兰西、柯尔施到萨特、列斐伏尔以及早期的弗罗姆和马尔库塞，他们都自认为是真正的马克思主义者。他们从根本上不赞同恩格斯特别是第二国际以后的僵化的马克思主义的那种"无人"的经济决定论。后来南斯拉夫的"实践派"和东欧其他的异端思想家所承袭的正是这一学统，在中国则有"实践的人本主义"一类的追随者。

第三种解读模式，是西方马克思主义科学方法学派所谓的"认识论断裂说"（Epistemological Rupture），也就是在马克思的哲学思想中的**意识形态**与**科学**的异质论的解读模式。这是一种以较新的认识论和文本学研究成果来阅读马克思的方法。其主要代表是法国共产党的理论家路易·阿尔都塞（Louis Althusser，1918—1990）。他认为，存在着以1845年《关于费尔巴哈的提纲》为分界线的两个马克思，即处于人本主义意识形态逻辑统摄之下的青年马克思与创立了全新科学世界观的马克思主义者的马克思。他也只承认一个马克思主义，但这是科学的（恰恰是关于"无主体"的客观历史运动的）历史唯物主义。他认为，在马克思的深层哲学逻辑上，马克思主义恰恰是拒绝理论上的人本主义的。与此种观点相接近的还有日本的马克思主义哲学家广松涉[1]的论点，即1845年之后马克思从异化逻辑转向了**物象化**论的逻辑[2]。应该说，这种解读模式比前两种模式离马克思更近了。

第四种解读模式，是传统马克思主义哲学史研究中较为普遍的量变"进化说"。这是苏联（戈尔巴乔夫以前）学者特别是20世纪70年代—80年代初苏联学者解读马克思哲学的理论观点。由于他们拘泥于列宁有关马克思思想发展分期观点的框架（列宁没有看到后来发表的马克思早期论著），主张了一种在理论逻辑上并不彻底的含糊其词的观点。他们指认1843年《巴黎笔记》以前的马克思为"仍然是受黑格尔唯心主义影响的"青年马克思，而宣称1843年夏天马克思已经开始了向马克思主义的新唯物主义和共产主义的转变（但他们不敢确证这一转变并不是转向马克思主义）过程，这一进程一直到1845年4月的《关于费尔巴哈的提纲》并持续到1846年秋的《德意志意识形态》才宣告完成。这样，马克思主

---

[1] 广松涉（Hiromatsu Wataru, 1933—1994）：当代日本著名的新马克思主义哲学家和思想大师。广松涉1933年8月1日生于日本的福冈柳川。1954年，广松涉考入东京大学，1959年，在东京大学哲学系毕业。1964年，广松涉在东京大学哲学系继续博士课程学习。1965年以后，广松涉先后任名古屋工业大学讲师（德文）、副教授（哲学和思想史），1966年，他又出任名古屋大学文化学院讲师和副教授（哲学与伦理学）。1976年以后，广松涉出任东京大学副教授、教授直至1994年退休。1994年5月，获东京大学名誉教授，同月，广松涉因患癌症去世。代表著作：《唯物史观的原像》（1971年，中译本已由南京大学出版社出版）、《世界的交互主体性的结构》（1972年）、《文献学语境中的〈德意志意识形态〉》（1974年，中译本已由南京大学出版社出版）、《资本论的哲学》（1974）、《事的世界观的前哨》（1975年，中译本已由南京大学出版社出版）、《物象化论的构图》（1983年，中译本已由南京大学出版社出版）、《存在与意义》（全二卷，1982—1993年，中译本已由南京大学出版社出版）等等。

[2] 参见张一兵为广松涉《物象化论的构图》一书中译本所写的代译序。［日］广松涉：《物象化论的构图》，彭曦、庄倩译，南京大学出版社2002年版。广松涉将马克思文本中区别于Verdinglichung（事物化）的Versachlichung日译为物象化，他试图将其与现象学和海德格尔的哲学联结起来，这误导了日本学界对马克思这一思想的理解。我们将其译作"事物化"。

义的创立成了一个**量的渐进过程**,其中至多存在一种不断清除黑格尔和费尔巴哈哲学影响进而走向成熟的理论表述的因素。在1843年夏天以后的众多青年马克思的文本中,马克思主义被到处地指认出来马克思后来称为"人体解剖是猴体解剖的钥匙"的方法,在此却表现为"猴体就是人体"。这样,1845年马克思主义哲学的方法论革命意义就被大大弱化了。在面对1932年以后西方马克思主义将马克思主义哲学人本化的严重理论倒退时,这一模式由于自身的混乱和矛盾而显得苍白无力。还应该指出,这一解读模式的真正支撑物正是那个僵化的传统教科书体系(它的两个逻辑构架分别是作为史学构件的斯大林的《联共(布)党史简明教程》[1]和作为世界观主线的《辩证唯物主义和历史唯物主义》)。令人遗憾的是,我们国内传统的马克思主义哲学史中的某些研究基本上依循了这一"进化说"的苏东式研究思路。

与前述第三种模式相似的,是在对长期的传统教科书思维的反驳中脱颖而出的马克思恩格斯思想中的**两次转变论**和在《1844年经济学哲学手稿》中的两种理论逻辑相互消长的观点。所谓两次转变,也就是指马克思在《莱茵报》时期的第一次思想危机中,在"下流的唯物主义"的冲击之下,不得不承认现实生活中"物质利益总是占上风的"。具体表现为从大学毕业后充斥着黑格尔式的自我精神的唯心主义的《博士论文》(1841年)转向了费尔巴哈式的人本学唯物主义的《神圣家族》(*Die heilige Familie, order Kritik der kritischen Kritik. Gegen Bruno Bauer & Consorten*, 1844)(尽管我们不得不说,这种人本学唯物主义在深层哲学逻辑

---

1 《联共(布)党史简明教程》是一本严格按照斯大林的观点论述联共(布)历史的著作。斯大林倡议并亲自参加编写,联共(布)中央特设委员会编,联共(布)中央审定。1938年9月发表于《真理报》,同年10月出版单行本。

上,尤其是在历史领域中仍然是一种唯心主义,这一点将在本书的第一章中得到详尽的分析);然后是在1845年的《关于费尔巴哈的提纲》中,通过批判费尔巴哈,马克思走出了人本主义的逻辑,同时也走出了传统本体论和哲学体系的建构模式,创立了新的实践唯物主义(Praktische Materialist)的哲学视界。这并不是教科书所说的那种物质第一性(当然也不是实践第一性)的本体论哲学和体系哲学,那是对马克思的极大误解。同时,这也不是阿尔都塞所说的那种断裂,马克思的历史唯物主义始终是存在着主体和客体两个向度的。而马克思的这次思想转变,作为一种格式塔式的整体转换,先验的人本主义异化逻辑与从客观历史现实出发的理论逻辑(这两种逻辑共存正是《1844年经济学哲学手稿》的理论特点)在以实践为基点的历史唯物主义中被**彻底重构**了。这也正是主体向度与客体向度辩证统一的历史辩证法。这种模式的创始者是中国南京大学的孙伯鍨教授。这可以说是目前为止的国内学界中值得我们认真对待的解读方法,也是我们这里所真正承袭的方法论遗产。

还有一种解读方法(严格地说,这已经不是一种对马克思主义的解读模式,而只是一种新的理论倾向),是近来对马克思的解读中出现的所谓的"后马克思"倾向。[1] 这一新的理论逻辑实际上发端于法兰克福学派主将霍克海默和阿多诺所著的《启蒙辩证法》一书。这一理论意向超越了以往"理解马克思"和"批判资本主义"的两种基本主题。它是在青年卢卡奇对马克斯·韦伯的工具合理性与马克思的事物化理论的无意识嫁接中,承袭历史现象学的批判

---

[1] 张一兵:《后马克思思潮不是马克思主义》,《南京大学学报(哲学·人文科学·社会科学)》2003年第2期。

血脉，对整个由启蒙时代所开创的工业文明的理性传统（包括马克思无意识地肯定的工具理性的现代化进步的意义）进行全面的颠覆和批判。这就意味着，青年卢卡奇所用以批判资本主义意识形态的总体性以及马克思本人对人类历史进步的物质生产前提的原初设定在新的历史情境之下遇到了新的反思与批判。具体来说，就是工业生产必然导致人对自然界的控制和奴役，而这反过来又导致了人对人的以及事物对人的控制和奴役，而启蒙时代所高扬的那面人的旗帜到现在已经演变为人类中心主义。生态学的马克思主义和新女权主义的马克思主义正是在这种反对一切奴役和控制的理论推演之下应运而生的。依他们之见，**启蒙**（Aufklärung）走到了自己的反面，反对统治却造成了另一种新的统治，这正是资本生产所制造出来的同一性的必然后果。而这种同一性，在经济学史上，正是从古典经济学开始的。从斯密到李嘉图，理论上正是一个资本生产的抽象过程，也是一个事物的必然王国的完成过程。资本本身就是最大的同一性，它必然要实现资本生产方式的全球化，以扑向任何一个可以赚取高额利润的角落。而在哲学史上，同一性的哲学从古希腊巴门尼德的"存在"那里就已经开始了。人们从形而上学的体系哲学中读出了与商品生产所制造出来的拜物教相类似的概念拜物教，用一个核心的本体概念来逻辑地构造出一个辉煌的本体论、认识论和方法论的哲学体系。不得不说，这条思路是迄今为止国内外研究中对马克思哲学历史依存基础（工业性）挖掘得最深的一条。这也是我们要坚持在马克思的经济学语境中来领悟他的哲学精神的原因所在。

黑格尔说，结果若无通向它的道路是没有生命力的。我们以为，对于还处在传统教科书体系之下的读者来说，重要的不是用教科书的标准来衡量、对比和宣判关于马克思解读的多种模式，因为教科书体系毕竟也只是其中之一罢了(而且还是讹误最多最肤浅的一种),而是把教科书放下,把自己原先所受到的传统马克思主义的通识教化置之度外,用一种陌生化了的态度,也即把马克思(主义)当作一种自己毫不熟悉的东西,来做一个老老实实的入门者。传统教科书体系的一个最大的后果,就是在多年的意识形态的教化中,使人们对马克思主义的理解深嵌入个体心身的意会层面,在潜意识中冥顽不化,人们自觉不自觉地以它作为一种标尺。不客气地说,这条名曰"马克思主义"的教育之路实际上正是一条远离马克思的道路。然而,即便这个忠告荣幸地被读者朋友采纳,但若有人指望我们的言说能为他们提供解决某种理论上的或者实践上的问题的最终答案,那就违背了我们的意愿。反对一种教条,并不是要制造出另一种教条。这一点我们牢记在心。

三、朝花夕拾:问题与方法

在哲学史上,一种深刻的哲学思考,往往都是有一个基本的立足点的。正是从这个基本的立足点出发,人与世界的关系才在某种程度上被哲学反思所观照。换用一句黑格尔的话,这个基点也就是时代精神。一部哲学史,不过是一部时代精神的历史。康德的"哥白尼式的革命"为什么是一个至关重要的转折点,就在于它宣告了一个新的时代的来临,亦即工业文明的来临。新的时代精神不再是中世纪以前的那种人与世界的直接照面的线性模式,也不再是牛顿经典力学中那种绝对的时空观念,而是机械化大生产的时代背景之下的人的存在方式和认知方式发生了根本性质变的历史性界限,也就是相对的时空之中人与世界的关系处在了一个特定的历史情境之下,这就是商品—市场世界。它的"二律背反"

就体现在,它明明是人与世界的特定的**历史性**关系,但这个历史性关系是通过一个被资本生产所制造出来的**同质化时空的自然永恒性**来体现出来的,用马克思后来的话说就是,(资本主义)以前是有历史的,现在却没有了。理性的构架本身明明是有界限的,现实的工具理性却取得了无所不能的霸主地位,用哈贝马斯的话来说,科学技术也就成了一种意识形态。康德提出了问题所在,却苦于找不到答案,最终只能把世界一分为二:现象与物自体。而从古典经济学到马克斯·韦伯之后的全部的主流经济学,不过是加剧了康德问题的分裂,拒绝形而上学的科学实证主义本身不过是"二律背反"的一个历史性怪胎。问题是在从黑格尔和马克思直到胡塞尔和阿多诺的现象学之路中真正得到解决的。这实际上也正是我们把马克思最精华的思想成果称为**历史现象学**(Geschichtliche Phänomenologie)的原因所在。

实际上,对于我们来说,重要的不是去死记硬背关于问题的结论,而是从中得到了什么样的启示。这听上去像是一种老生常谈。当青年卢卡奇后来把马克思主义的精髓指认为一种方法(也就是我们时常能够听到的"活的立场、观点和方法")的时候,固然有一种方法论至上的痕迹,就像他的总体性概念最终仍逃不出资产阶级意识形态的魔界一样,但是我们必须知道,后来的全部东西方马克思主义都是在一种与马克思的时代情况并不一致的情境之下举起了马克思的理论旗帜的,它们与马克思本身的理论一样,都不过是各自时代精神的产物。马克思本人是站在现代性的制高点之上来反思整个人类历史的,没有这个现代性,也就不可能有他后来的对现代性的历史现象学的超越,他的理论批判是立足于资本主义生产方式的**历史性进步**之上的。而很显然,20世纪初期的青年卢卡奇已经站在了全面事物化的社会之点上,人从肉体到心灵都已经被深深地事物化了,现代性所依靠的科学技术已经开始露出了原先不为人所知的另一面,它实际上不过是一把双刃剑。稍后的法兰克福学派则接过了卢卡奇的理论批判旗帜。如果说青年卢卡奇那里对无产阶级的主体性尚且抱有一线希望的话,那么两次世界大战之后,自诩文明的资产阶级所享受到的不再是旧日的柏拉图和自由的美餐,而是现代性的人血馒头。法兰克福学派的大多数成员以切肤之痛掐断了对主体性的最后一丝幻想。既然人的心灵都已经被事物化了,那么资产阶级意识形态的方法论——个人主义所无可避免的结局就是,所有的哲学反思实际上都只能说是一种事物化的意识,这其实就是今天的安东尼·吉登斯(Anthony Giddens,1938—)所说的"反思制度化",任何反思,包括反体制的反思,实际上都被纳入了体制之内。后现代思潮便是最好的一例。时代的车轮滚滚向前,人们既不能倒退回衣不蔽体、食不果腹的原始时代,而放任科学技术和工具理性的恶劣后果和惨痛悲剧又已是有目共睹,哪里才是人类自身的立足之点呢?翻开历史的账本,人们才蓦然醒悟:从康德到马克思,竟是一个被遗忘了的预言。历史性的界限或许正是最初的也是最终的原因所在。今天人们捡起马克思的话题,犹如"新左派"掀起所谓的"第三条道路"一样,无非想寻求一条出路、一种解决问题的方法。

回到马克思主义的历史上来。我们不得不说,一部马克思主义的历史,看上去就像是一部耶稣受难史。雷蒙·阿隆(Raymond Aron,1905—1983)说,马克思主义不过是(左派)知识分子的宗教。这似乎不无道理。但只要费力再想一想,当传统教条式的教科书体系的马克思主义堂而皇之地登上哲学的大雅之堂时,这种机械的唠叨,连同它自身的病容,既麻木了思想,也麻木了物质。人们已经分不清,哪一种选择是正确的,哪一种选择是错误的。解释学在正统的马克思主义那里是没有出路的。更何况,一种哲学打扮成科学,就像马克思所说的那个头足倒置的桌子,不过是一种拜物教的游戏罢了。

回到中国的土地上来。市场经济还远远不够完善,事物化也刚刚开始,现代性正处在建构的过程之中。在经过多年的教科书的"洗礼"之后,人们在拒绝传统教科书的同时也拒绝了马克思。实际上,马克思远远地走在我们的前面,但不无反讽的是,人们自信地认为已经把他远远甩在身后了。最大的敌人不是别的,正是我们自己。而我们并不想说,我们已经勘破了历史现象学的秘密。时空的相隔使我们清楚地意识到,这也许同样只是一种新马克思主义的"修辞学",而我们的语言显然会很快过时。实际上,我们衷心相信,马克思主义是一项极其崇高的事业。这项崇高的事业连同它的深奥思想一起在人类头顶的天空上写下了自己的光荣。我们如今不过是沿着前人的足迹,站在脚下的这片土地上,来为自己洒一掬不知是喜是悲的眼泪罢了。

批判已经开始,而它将在何时终结,我们认为,这还是一个被提问得过早的问题。尽管历史总是以它的狡计取胜,但这并不意味着人们只能坐以待毙。也许回望过去,人们会从中找到历史的某种灵感。正如我们现在审慎地将马克思从太多的迷雾中抽出来,一种超历史性的企图总是存在的,尽管我们力图避免。成功或者失败,对于后来人来说,都已不重要,重要的是历史以这种方式突显了一种什么样的辩证法。

导言：通达马克思之路

1883年3月14日马克思逝于伦敦，恩格斯在马克思墓前发表了一个著名的演说，对马克思一生的杰出成就作了一个简要的评断，他说，马克思有两个伟大的创见，一是剩余价值（Surpluswerth）理论，一是历史唯物主义（Geschichtliche Materialismus）。我们以为，这正是从经济学和哲学的双重角度来体悟马克思的理论思考的光明之路。实际上，在马克思的成熟之作《资本论》中，这两种视域已经水乳交融，无分彼此。

我们知道，马克思的历史辩证法有两个基本质点：一是**客体向度**，即对以一定物质生产力水平为前提的社会存在基础和运动发展规律的关注；二是**主体向度**，即在一定的历史条件下立足于人类主体的现实的具体的历史地位的实践辩证法逻辑。这一重要的双重理论视角形成于《德意志意识形态》中的广义历史唯物主义，同时也是马克思《1857—1858年经济学手稿》和《资本论》的方法论起点。而作为本部著作的重要理论成果的狭义历史唯物主义基础上的批判的、科学的历史现象学，即以这后两部关键文本为主要依据。弄清历史现象学的来龙去脉及其真正的内涵，成为本书主要的理论任务。为了使读者能够更容易进入本书的思考语境，我们在这个导言中分三个步骤来进入马克思哲学思考的视域：1. 纯粹的客体向度和纯粹的主体向度的逻辑之谬(古典经济学和人本主义);2. 主体向度和客体向度的辩证统一的重要尝试(黑格尔和李嘉图式的社会主义经济学家);3. 马克思历史现象学的生成(《1844年经济学哲学手稿》《德意志意识形态》《1857—1858年经济学手稿》)。我们主要是想说明,从古典经济学出发,资产阶级意识形态是如何生发出来的,对这个资产阶级意识形态的批判(其中有哲学人本主义的批判、经济学人本主义的批判、李嘉图式的社会主义经济学家的批判等)是如何进行的,而作为它对立面的马克思,又是怎样从这个古典经济学出发,并最终超越这个古典经济学,达到了一种与人本主义的批判有着根本不同的科学的历史现象学批判的高度的。如果说,在"写在前面的话"中,我们给予的是一座走向讨论域的史境和方法论批判的桥梁,那么在这里,我们则想铺设一条通向真正的马克思哲学研究的思想之轨。

一、纯粹的客体向度和纯粹的主体向度的逻辑之谬

马克思用了大量的精力去批判资产阶级(布尔乔亚)意识形态。那么什么是资产阶级意识形态呢?如果用一句话来表达它的意涵,那就是它**对资本主义的无批判的直接肯定**。我们认为,这最早可追溯到启蒙思潮,其最重要的理论根基则是古典经济学。

我们都知道,古典经济学的理论基础是劳动价值论。劳动创造了价值,这意味着,人可以通过劳动来确证自己的存在(黑格尔语),而无须假手于上帝。这是人征服自然的胜利时刻,从这一刻起,人的存在方式、认知方式以及人与世界的关系都被彻底地改变了:资本主义的生产劳动使人成为自然的主人。资本主义的生产方式使人与事物的关系进入了一个复杂的视域:人与自然的关系

同时也就是人与人的关系。反之亦然。由此,从启蒙时代到今天,资产阶级意识形态也因而经历了一次变改,其表达就是从"自由、民主、平等"进一步延伸到"科学",也即从亚当·斯密起的古典经济学到自马克斯·韦伯之后的主流经济学。这是一种内在逻辑的承续,也即事物的承续,确切地说,是对事物化劳动的直接的理论指认的承续。作为研究"事物"规律的科学,古典经济学必然是以市场经济现象为其直接理论前提的,这就决定了古典经济学的研究方法有两个至关重要的特点:**抽象和实证**。市场现象作为一种现实发生着的"行为"和"事实",是中世纪以前农耕社会中看惯了实体的感官所无法直接把握的。劳动创造了价值,而这个"劳动"和"价值"都不是指单个的"劳动"和单个商品的"价值",而是一种"劳动"总体(劳动一般)和"价值"总体(价值一般)。抽象的必然结果,只能是**同质化的量上的抽象**。例如,我们通常说去买一样东西,而不说买一个"商品",这就是抽象;一个人走进商店,他看到的是物品的价格标签"10 元",而不是真实的 10 元纸币,这也是抽象;当股票交易所里的电脑屏幕里的数字瞬息万变的时候,也就是数百亿的资金(资本)在数易其主,这也是抽象。所以,**一部资本主义的历史,也就是一部抽象的历史**。无论是"商品""货币""资本",还是"劳动""生产力""生产关系",都是被抽象了的概念,而它们是不能够被任何这一个或那一个物质实存所能直接指认的。这是科学逻辑的起点,却也是它的终点。因为这种抽象的必然结果,是构造了整个资产阶级意识形态的原发基础:它把市场经济的现象直接等同于市场经济运作规律的表现形式。它的隐蔽的前提就是:资本主义中所发生的现象是自明的和不成问题的,是可以直接肯定的。这已然是一种价值判断,也是所有科学实证的方法所无法摆脱的意识形态的魔界:科学规律也就是透过现象看本质,并宣称了一种**价值中立**。这一方面是一种理想化的完全的客体向度的投射。如何使生产力更科学地向前发展，就成了这些主流学科的研究任务。生产的"科学化"与"合理化"，从泰勒制开始，已逐渐进入了现实的操作层面。人由此也被当作事物、当作生产的一个环节来看待。这是古典经济学的逻辑递升，也是韦伯一类现代西方主流学术平台的真正基础。

但另一方面，研究"事物"的科学的经济学，是不可能有人的影子在其中的。商品、货币和资本，人们并非真正地拥有了，而恰恰是拜倒在这些事物面前，市民社会（bürgerliche Gesellschaft）[1]正是拜物教的藏身之所。这是真实的，也是必然的。科学规律之所以是科学规律，就在于它是客观自主的，是一种"似自然性"。但这种无人状态的事物的似自然性在最终极的意义上恰恰是一种与人的相关性；只不过，这种相关性被一种价值中立的宣断所掩盖了，

---

[1] "bürgerliche Gesellschaft"一词，也译作"资产阶级社会"，此词与英文中的"civil society"（公民社会）存在一定的区别。在中文版的马克思恩格斯文献中，"bürgerliche Gesellschaft"一词根据具体的使用语境分别意译为"市民社会"和"资产阶级社会"。通常的情况是，在1844年以前的文献中，"bürgerliche Gesellschaft"一般译为"市民社会"，而在1845年以后，多译为"资产阶级社会"，少数特定语境中保留了"市民社会"的译法。还应该说明的是，黑格尔关于市民社会的思想直接受到了弗格森《市民社会史》（*An Essay on the History of Civil Society*）一书的影响。但弗格森所理解的政治法权意义上的"civil society"（公民社会），同黑格尔从古典经济学那里沿袭而来的经济机体和基础性社会结构意义上的"bürgerliche Gesellschaft"之间存在关键性的差别。但思想史上一个具有反讽意味的事实是：恰恰是黑格尔阅读并借鉴了弗格森的著作，正是该书的德译本使得"bürgerliche Gesellschaft"一词在日耳曼学术界流行起来。当然也得承认，黑格尔"市民社会"（bürgerliche Gesellschaft）的思想也是在中世纪末期以来市民（资产者）兴起的背景下，在康德、费希特开创的德国"市民社会"分析语境中，吸收了洛克、孟德斯鸠国家和市民社会讨论的基础上形成的一种学理综合。在康德那里，自为的市民社会已经被抽象地表述为一种社会历史发展的自然意图。马克思的文献中，也出现极少量的"Bourgeoisgesellschaf"一词，同是"资产阶级社会"，只是此词由法语而来。比如马克思在《德意志意识形态》一书中第2卷中两次使用此词，而大部分使用"bürgerliche Gesellschaft"。

并进而使人受事物的奴役和控制的非自然的历史的拜物教状态具有了一种似物般的客观自主的天然的自然的特性（在科学的层面上，波兰尼和汉森最早揭破了这种科学客观主义的意识形态谎言）。

由此，我们把古典经济学的这种抽象称为**社会唯物主义**，它并不等同于同时代的哲学上的经验唯物主义，经验唯物主义的"物"是可直观的物质实体，而这种社会唯物主义的抽象也不等同于自古希腊以降的哲学本体论上的抽象，所谓的"物质第一性"中的"物"，是在任何时代都不可能存在的抽象之物。它就如同赫拉克利特的"火"以及泰勒斯的"水"一样抽象（要是有人以为这个"火"和"水"就是随处可见的"火"和"水"，那就离哲学太遥远了）。古典经济学的这种抽象，正是市场过程中把"人"抽象化为形式上的"人"的表征。市场交换要求进入市场的每一个人都是自由的和平等的，同样用10元钱买东西，王子和流浪汉在市场上是平等的，人与人之间的无差别性是交换的前提，而且，每一个人都是自愿地出让所有物，以换取对方的所有物（这就需要承认对方都是自己所持之物的所有者，由此，私有制作为一种必然的结果出现了），由这种市场现象所构成的市民社会，是一派自由、民主和平等。因此，当古典经济学透过这些市场"行为"和"事实"来把握市场运作的规律时，他们抓到了那只"看不见的手"（The invisible hand）：原来这一切都是自主地发生着，丝毫不以人的意志为转移。换言之，这是"天赋"的自由、民主和平等。实证的方法意味着，在"价值中立"的地方，在宣称"科学"而且的确是科学的地方，背后都隐藏着一种价值判断，不过这只是唯一的一种价值（而不是各种价值判断）而已：这种"天赋"的自由、民主和平等是**天然**的状态，不可更改，人们应当为此而奋斗。因此，当启蒙思想家举起"人"的旗帜砸碎中世纪的"上帝之城"时，人性的光辉就在尘世中闪闪发光了。把人从上帝那里夺回来,这正是以费尔巴哈为代表的人本主义的伟大功绩(我们姑且称之为旧人本主义或古典人本主义,以"类本质"为其理论尺度)。由此,资产阶级意识形态也就被初步确立起来了。

而问题也就由此开始了:这个从上帝那里逃脱出来的人就一定是自由平等的吗?换句话说,财富增加了,人就一定幸福了吗?在生产力不断提高的情况下,物质丰富的资产阶级社会为什么却是罪恶累累?既然劳动创造价值,是财富的源泉,为什么工人却一贫如洗?从亚当·斯密的乐观到大卫·李嘉图的悲观(人总是处在匮乏之中啊),纯粹的客体向度,即对生产力无限追求的逻辑意向使得资产阶级意识形态的魔咒越念越紧。而这一咒语,用马克思后来的话说就是:财富与贫困一样大量生产!

批判资产阶级意识形态的第一人,在哲学上是新人本主义(甚至是后现代思潮)的先驱——麦克斯·施蒂纳,著有《唯一者及其所有物》。这是一种离开经济学(劳动价值论)的纯粹哲学上的批判。面对"自由"和"平等",施蒂纳一针见血地指出,"我"自由吗?平等吗?所谓的"人",不过是作为一种抽象的**类**概念,统治着"我"而已,这样的"人"对立于"我",他在任何时代都不存在,因为他并不是现实中活着的人——"我"。"人"与"自由""平等"乃至"法律""人民",都只是一种抽象的神圣性,**现实中的个人**在它们面前是低声下气的:你能不遵守法律吗?你能不为自由而努力吗?你能不具有"人"性吗?打倒了上帝,不过是把人抬高到了上帝的地位,对现实中的"我"而言,不过是统治者换了一副面孔而已。费尔巴哈的人本主义不过是人的宗教,而这种人的宗教只是基督教最后的变形:只有在"神"的目光中,尘世中的现实的"人"才是非人;按照这种旧人本主义的"人"的概念,现实中又有哪个人是"人"呢?所谓天生人人平等的**无差别**的人,在走出市场之后,真的就没有差别了吗？更何况，市场中有"人"吗？不，有的只是"事物"，人在其中是通过事物来表现自己。施蒂纳愤怒地说，没有人可以高居于我之上，"我是唯一者，是独一无二的"。由此，施蒂纳反对一切抽象的东西，反对形形色色的"类"和"总体"对现实的个人的压迫。应该说，施蒂纳的批判是很有力度的，不过，施蒂纳的"我"难道就不抽象吗？关注现实存在着的个人，这的确是一个不错的出发点，但是举目四顾，现实存在着的个人与其他人真的没有任何关系吗？真的就是绝对自由的吗？说到底，施蒂纳的"我"也不过就是尼采后来所谓的"超人"——一个可以主宰别人的人，一个能够"唯一"存在的人，而其他人就不是"唯一者"了。施蒂纳终究脱不出"应该"与"是"的人本主义的逻辑，而施蒂纳的致命弱点也就是所有哲学人本主义批判的致命弱点：无论人本主义的批判是如何长久，现实的资本主义的步伐却从未后退一步。更为讽刺的是，这种人本主义的批判正是资本主义生产力发展的结果。

施蒂纳的现实的个人，到了20世纪机器大生产的流水线上，只剩下了"一只手"：高度专门化、专业化的生产劳动把一个活生生的整体的人演变为只依靠某种重复的、机械的动作来体现其劳动价值的人，尼采（Friedrich Wilhelm Nietzsche，1844—1900）因此说，"打着灯笼上街，是找不到人的"，有的只是"断肢残体"。但是，因为这样就不要生产力了吗？马克思后来说，人是通过**生产**（Produktion）来建构自己的本质的，而人的本质不是一种永恒不变的东西，而且，人的历史是从他开始生产的那一刻开始的。资本主义的历史进步是不可能被忽视的。这一点，哲学人本主义看不到，他们说，这是一条不归路，在这个**为了生产而生产**的社会中，凡是事物取得进步的地方，人就得受苦。而财富是人所创造的，它应该是属于人而且是为人所享受的，所以，我们应该关心人类的进步而不是事物的进步。但他们所谓的非本真的存在,也即去除了异化与事物化的人的生存状态,当然不是哲学上的思辨所能克服的,因为它的确有着现实的历史的合理性;而资产阶级意识形态则是抱着它不放。还是杜娜叶夫斯卡娅(Rara Dunayevskaya,1910—1987)说得好:经济学是一场与历史的赢不了的赛跑。

人本主义的这种浪漫色彩,是离开劳动价值论来批判资本主义的结果。但归根结底,古典经济学所研究的事物化的社会结构和运动规律,是绕不过去的。在此,我们遭遇到了纯粹的客体向度和纯粹的主体向度投射的各自的困难:要想不使自身的理论陷入资产阶级意识形态的罗网,或者不使自身的批判流于一种乌托邦式的空洞的人本主义的批判,哪里才是理论的安身立命之所呢?这是个非常艰难的理论问题,令人欣慰的是,我们离马克思越来越近了。在哲学上,我们来到了黑格尔的思想大厦;在经济学上,我们来到了李嘉图式的社会主义经济学家的问题域。

二、主体向度和客体向度的辩证统一的重要尝试

在黑格尔早期的著作中,他对古典经济学有着自己的一番精深的解读。古典经济学的抽象与实证的方法造就了一种资产阶级意识形态的原生基础,透过现象看本质的科学研究方法被一般科学奉为圭臬。但在黑格尔的精神现象学中,这种方法遭遇了一种釜底抽薪式的诘问:科学规律也就是透过现象看本质,但是,本质是静坐在现象的背后等着科学家们(自然科学家、社会科学家)去发现的吗?更何况,现象就一定与本质相符吗?黑格尔说,我们看到的面前的这个杯子,就是真的杯子吗?我们不过是在用"杯子"这个概念来观看这个东西而已。世界是被我们所建构出来的,而

科学所研究的"行为"和"事实"一定是经过了概念中介的"行为"和"事实"。退一步说,古典经济学的"行为"和"事实"如果确实就是本质的外在现象,那么它们也不过就是在一定的历史条件之下才有其合理性。这种历史的眼光和现象学的方法恰恰是古典经济学所不可能具有的,它们两者的逻辑恰好是相悖的,但在黑格尔这里,又是可以相容的。

这是因为黑格尔有一个至关重要的"绝对精神":古典经济学所面对的市场经济现象不过是绝对精神外化的第二阶段——**第二自然**。这是由人的劳动所创造出来的世界,与完全物性化的第一自然相区别开来。这是一个受到肯定的阶段,是绝对精神最终回到自身的必经之路。人的劳动是一种**对象性**(Gegenständliche)的劳动,同时也是一种**异化**的劳动,因为,劳动实际上是使精神成为自然物质的主人,是对自然事物化的摆脱,但是主体又不得不受限于自己的劳动的产物,观念再一次沉沦于物质(第一次:绝对精神沉沦于自然物质;第二次:绝对精神沉沦于劳动的产物)。由此,黑格尔对"物性"的东西是极其蔑视的,也就是说,他蔑视的正是资产阶级意识形态的重要内容:拜物教(Fetischismus)。在此,古典经济学得到了认同与超越:市民社会中经济的盲目性与自发性正是"理性的狡计"的直接表现,无数个人主体在不自觉地实现一种普遍性——"个别的劳动在不自觉地或无意识地完成着一种普遍的劳动",换成斯密的语言,那就是每个人都只是在实现自己的利益,却在总体上实现了一种社会的普遍利益。

但黑格尔毕竟没有停留在古典经济学的高度之上,他认为,市民社会中的"看不见的手"只不过是经济事物化中的绝对精神,而他最终要呈现的是绝对精神的"看得见的手":国家与法。所以,黑格尔的必然结论是,国家与法决定市民社会,而不是古典经济学所认为的市民社会决定国家与法。相对于古典经济学的社会唯物主义，黑格尔真是唯心主义。古典经济学所指认的市民社会的天然状态，在此受到了质疑：以市场为中介的社会关系不过是披着事物的外衣的价值关系，市民社会不过是一个"事物性"的**社会**（Gesellschaft）。由此，黑格尔以他的否定之否定的逻辑跨越了古典经济学的逻辑。他在《法哲学》里给我们指出了一个重要的质点：市民社会，准确地说，是资本主义社会，是一种具有**历史的暂时的合理性**的社会。由此，我们可以得到启发：古典经济学的劳动价值论中的"劳动"一定只能是资本主义生产方式下的劳动，因为能够确证人自己的本质的劳动，能够使人成为自然界的主人的劳动，也就是说，能够创造价值的劳动，一定只能是资本主义生产方式下的劳动，而不可能是在这之前的人还依附于自然界的劳动。这种抽象的界限是古典经济学的社会唯物主义的抽象所不可能意识得到的。所以，我们可以追问：商品的使用价值，会是古典经济学所指认的人与自然的关系的永恒状态吗？商品对我们有用，有使用的价值，这也只能是资本主义发生之后的事情；商品的价值同样如此，经过事物中介的人与人的关系，也即事物化劳动，凝结在商品之中，这也只能是资本主义发生之后的事情。古典经济学所赖以"实证"的一切概念，都不会是没有开端也没有终结的概念。它们不过是历史性的概念，而不是**天赋**的观念。

黑格尔的这些深邃的思考，站在一个比古典经济学更为广阔和深远的视野中，无疑对马克思有着至关重要的影响。而对马克思的另一个重要的直接影响，也就是李嘉图式的社会主义经济学家了。

与黑格尔不同，这次是劳动价值论的**逻辑反转**，而不是否定之否定的逻辑超越。以汤普逊（William Thompson，1775—1833）和霍吉斯金(Thomas Hodgakin,1787—1869)为代表的李嘉图式的英国社会主义经济学家首先承认劳动价值论的基础地位。霍吉斯金说,如果把附注于手表之中的劳动去除掉,剩下的只不过是一堆破烂的矿石。如果没有劳动的经常使用,机器就会很快地损坏。所以,物质生产,特别是劳动创造了一切社会财富和知识。汤普逊发现,人实际上越来越局限于生活在一个由劳动生产创造的"人们周围的环境"之中,离开了他人的劳动,独立的个人并不具有独立创造财富的能力,由此,劳动不仅是人与自然的关系,同时也是人与人的关系。劳动所创造出的物质前提,是每一个人的生存之基。没有财富,幸福不过是一句空话。霍吉斯金说,只要数以百万计的人仍然吃不饱饭,一切改善他们的道德和心灵的企图都是徒劳的。

由此出发,他们坚持劳动尺度的一贯性:劳动既然是一切财富的源泉,那么不劳动者就不能吃、穿、用,也就是没有生存的权利。但现实情况恰恰相反:不劳动者成了社会财富的所有者,并给劳动者发工资。更为棘手的是,劳动者本身没有胡作非为,自然界也没有发生灾害,但他们的劳动成果为什么却被神秘地夺走了呢?不劳动者非偷非抢,为什么他们却拥有大量的财富?他们认为,不是劳动价值论出了问题,而是社会制度出了问题:"自然规律"("看不见的手")无罪,贫困是由社会制度造成的。法国的蒲鲁东更是一语惊人——"财产就是盗窃",资本与劳动的交换如果真是古典经济学所宣称的那样是等价的交换,那么就不会出现财富上的不平等,问题就在于,资本与劳动的交换实际上就是资本家(der Kapitalist)用工人过去的劳动成果与工人当下活劳动的交换,并且每一次交换的再发生,资本家都再一次多占有了工人的劳动,所谓平等自由的交换实际上是以财富和等级上的不平等为前提的。以虚假的"普遍利益"和普遍的无差别来遮蔽有产者与无产者的区别,这实际上就是一种欺诈。资本家的财产是通过社会制度从工人那里"盗窃"而来的。因此,"必须摧毁现时的社会制度",把伦理要求与科学的客观规律结合起来。这是把主体向度与客体向度结合起来的重要尝试。

至此,我们至少明白了:(1)古典经济学研究的是这样的一种事物的科学——这些事物是由人的劳动所创造出来的,却在人之外独立存在着,并反过来使人受制于它,形成了不以人的意志为转移的客观规律。(2)以古典经济学为原发基础的资产阶级意识形态,把这些事物及其规律当作一种美好而且正当的东西来直接肯定,从而把许多看似不正常的现象都当作一种经济常识被人们所接受,例如一夜暴富和一夜成丐。(3)劳动价值论到了李嘉图那里达到了一个社会唯物主义的抽象的顶峰,同时也导引了社会主义经济学对古典经济学自身逻辑的反转。在这些知识背景之下,我们将要看到,马克思与前文所提到的所有的批判都有着一种异质性的区别,他又是如何在肯定劳动价值论的基础之上超越古典经济学的呢?而他对资产阶级意识形态的批判的科学性又在哪里呢?可以肯定,马克思从前辈以及同时代人那里学到了很多东西,而他又是怎样接着他们把问题往下说的呢?这就是我们即将要论说的重点:**批判的科学的历史现象学**(geschichtliche Phänomenologie)了。

三、马克思历史现象学的生成

应该说明的是,马克思一开始也并没有达到历史现象学的批判高度,他几乎是走了一条这样曲折的道路:从哲学人本主义的批判(以《1844年经济学哲学手稿》为代表,其中的"劳动""异化"都只是一种在"应该"与"是"的逻辑分裂之下的产物,概括地说,是以

"异化"来说明历史。这个阶段可称为**人学社会现象学阶段**)到对这个人本主义批判的超越(以 1845 年《关于费尔巴哈的提纲》、《德意志意识形态》为代表,这个阶段最重要的成果是广义历史唯物主义,也即对社会物质生产的基始地位的考察,可称之为**非现象学**的科学理论阶段),最后便是**历史现象学**的批判(以《1857—1858 年经济学手稿》《资本论》为代表,因为马克思越是深入研究资本主义经济关系,越发现从广义历史唯物主义的视角是无法真正透视资本主义的复杂的颠倒和事物化的经济现象的,也即无法超越古典经济学,所以,这个阶段的最重要的成果,也就是建立在狭义历史唯物主义和历史认识论的基础之上的历史现象学,它主要投射的是在资本主义的生产方式发生之后人与世界、人与人的关系的彻底畸变以及资本主义自身的逻辑延展。这时,马克思是**以历史现实来说明异化**了,甚至"异化"也不只是一个无可奈何的词了)。现在新的问题是,马克思的历史唯物主义中的"历史""物"指的是什么?我们将要看到:(1)马克思的抽象与古典经济学的抽象有何区别,马克思是如何超越他的经济学的对手李嘉图的;(2)马克思的历史现象学与黑格尔的精神现象学对待事物化现象的不同答案;(3)马克思是怎样接过李嘉图式的社会主义经济学家的问题域,解决主体向度与客体向度在历史辩证法中的统一问题的。澄清了这三个问题,会对我们下面深入理解马克思有很大的帮助,尽管这只是马克思的思想宝库中的沧海一粟。

我们在前文提到过,古典经济学的抽象是一种社会唯物主义的抽象,是对无法用感官直接把握的社会"行为"和"事实"的抽象,因此这种抽象从一开始就超越了以费尔巴哈为代表的感性直观的、旁观式的、镜子反映式的自然唯物主义。这是马克思的科学的抽象的批判性的起点。这也就是说,马克思的历史唯物主义中的

"物"其实也就是无法直接把握的"社会关系",但与古典经济学不同,这种社会关系总是由人的实践活动当下建构着的,它不是一成不变的,而且它在事物化市场中是以事物的形式表现出来的,但它又不是实体性的存在,所以它是不可能通过实证的方法来透析的。古典经济学是研究经济事物的科学,但事物并不是实践活动的主体。由此,古典经济学把人当作事物来研究,这是一种颠倒的前提。这就决定了它**把事物之间的关系当成了人之间的关系,把人的关系当成了事物的关系**。自然物本身是没有历史的(黑格尔说,太阳底下没有新东西),所以,古典经济学的社会唯物主义的抽象的必然结论是资本主义没有历史性,这也正隐喻了资本主义社会是一个**非人的**(entmenschtes)、**事物性的**(sachlich)社会。而对事物抽象的顶点,正是李嘉图(David Ricardo,1772—1823)。抽象劳动是古典经济学的逻辑起点,在机器大工业生产的条件之下,任何一种劳动都不再是支配一切的劳动,也不再与劳动者本人的个性有关,这是在李嘉图的时代就出现了的客观现实。这是一种把许多人"自然"地联系起来的抽象的"类"本质:无差别的劳动之下只能是无差别的人。这是一种抽象的同一性。但李嘉图的这种抽象,只是一种量上的抽象。

而马克思认为,劳动创造价值,但它本身并不具有价值。所以,工人是通过出卖劳动力使用权而不是劳动成为商品的。这就是一种质上的抽象了。而且,在资本主义生产过程中,生产的目的不再是产品的使用价值,即不是作为某种特定的为自然所决定的、在质上不同于他种劳动的具体劳动的结果,而是商品的"交换价值",即完全摆脱劳动的质而仅在量上有所不同的抽象劳动(abstrakte Aribeit)的结果。不同于以往那种为了生活的有限生产,以**交换**(der Tausch)为目的的商品经济第一次使生产本身成为**无限的**。这就是资本主义造就的魔鬼般的生产力的根本原因。人在其中所结成的关系是一种事物化的关系,这种关系通过市场交换被极大地丰富起来,而且人通过事物化劳动发现了自身的力量,这是一种现实的历史进步。

但问题也就出在这里。商品被赋予了一种独立的存在,并在人之外形成了自身的客观规律,可是人们无法认出,这只是资本主义生产发展的结果,而不是前提。换言之,事物化了的社会关系随着生产力的进一步发展,必然会得到克服。这是因为,当资本家在市场流通领域以量的形式(一定的货币)换取了等价的劳动力价值(使用权)时,实际上也就是换取了在生产领域的活劳动的质:劳动能力是作为事物化劳动购得的,而劳动能力的使用价值却在于创造交换价值的活劳动。当资本家把工人创造出来的交换价值再次拿到流通领域上去交换时,剩余价值也就被资本家拿走了,这也就是为什么古典经济学的劳动价值论在生产领域是行得通的,到了分配领域就行不通了。**资本家从工人身上获取了点金术,工人所得到的不过只是几颗石头**。等价交换成了一个假象,一个古典经济学的神话。但是,在马克思看来,追逐剩余价值的资本主义随着生产力的发展,会造成对创造剩余价值的障碍。众所周知,资本的特性就是永无止境地、不择手段地追逐高额利润。为了实现交换价值,从而获取剩余价值,必须寻找市场。市场竞争的结果,是小工业的逐渐贫困化和生产能力集中在数目越来越少的大公司的手中。成功的企业家通过把生产增加到超出工人购买力的程度来消除财政的损失,这样就加速了工厂的倒闭,产生了新的吞并。同时,资本主义企业不断增加的社会性,尤其是跨国公司的出现,工人开始意识到他们联合的力量和能力,一个新的历史主体——工人阶级——也就出现了。这是在马克思的时代所现实发生着的事情。生产资料的集中和劳动的社会化,使得剩余价值的私人占有变得越来越不合时宜:寡头公司又被分割为大小不等的公司——这是洛克菲勒的公司的命运,也是比尔·盖茨的微软公司的命运。

资本主义私有制玩弄这种伎俩,终有一天会自己敲响自己的丧钟。这一次,不再是绝对精神的否定之否定,而是资本逻辑的自反性:抽象的"看不见的手"的控制与过去那种外在的专制相比,似乎是一种更加公正的"无人统治"(unpersönliche Herrschaft)[1]的客观支配。但这种无人统治并不一定意味着没有统治;相反,在某**些特定的情形之下,它甚至有可能成为最残酷、最暴虐的统治形式**——资本的扩张不再仅仅是以暴力(战争)的帝国主义的殖民地的形式,而主要成为一种"文化帝国主义"(汤林森语),抽象的统治嵌入了现实中的人们的无意识的层面,这难道不是一种事物对人的更深的奴役吗?资本全球扩张所引致的生产过程和消费过程的时间与空间的最终同一性,却激起了对差异性和特殊性的挖掘:后现代思潮应运而生。后现代思潮作为对这种同一性的反对方,在20世纪下半叶获得了它应有的历史地位,但是由于他们架空了这种同一性的资本发展的内涵,也就是说,他们只是在文学、艺术的领域发起了这场运动(尽管它功不可没),而不是从经济学上来谈论这一点,所以他们终究迈不出安东尼·吉登斯所说的"反思制度化":看似先锋和激进的背后其实是最大的保守,它充其量不过是资本的逻辑前进中的一个历史性产物,因为这种反思仍是在资本主义体系内的反思。毕竟,当后现代甚或后殖民以"历史"的名义来打碎现代性的时候,他们不过是宣称了另一种现代性以及另一

---

[1] [德]赫斯:《行动的哲学》,载《赫斯精粹》,邓习议编译,方向红校译,南京大学出版社2010年版,第94页。

种总体：强调民族主义的时刻正是制造种族屠杀的时刻，民族主义的背后正是强调一种民族的"同一性"。正如杰姆逊（Fredric Jameson，1934— ）入木三分地指出，"差异"与"同一"一样都变成了全球性的了：跨国公司比你自己还了解你的历史、你的爱好，它为你装饰的东西更符合你的历史、习惯、风俗与爱好、品性。当现代的马克思主义研究把焦点放在马克思的文化社会层面上而不是经济哲学层面上的时候，实际上就已经产生了一种错位：历史辩证法已经失去了现实的革命的批判性，而只剩下在思想上对现实的反思和批判。这也正是西方马克思主义从启蒙辩证法到否定辩证法所丢失的马克思辩证法的现实革命内涵。

在19世纪，面对英法古典经济学的自由资本主义，德国的李斯特（Friedrich List，1789—1846）要求了一种贸易保护主义，寻求德国自身生产力的发展，走一条与英法相异的道路。这是马克思主义历史辩证法的激活点。与**一定的、具体的、现实的历史情境**相结合，这就是马克思的历史辩证法、历史唯物主义与历史现象学的共同的内在的规定——它们其实也就是列宁所说的，在马克思那里，辩证法、认识论和逻辑学是三个不必要的词。这是马克思主义区别于所有的资产阶级意识形态以及他的前辈和同时代人对资产阶级意识形态的批判的关键所在，也是马克思哲学最精彩之处。

所以，马克思的最终目的，是要寻求一种人类解放的道路。这不禁令人想起了青年黑格尔派的激进分子施蒂纳对费尔巴哈的"类"本质的批判：这种抽象的外在的总体性其实还是一种对现实的个体的压迫与统治。这是资产阶级意识形态的秘密武器。但施蒂纳并没有找到否定现实的资产阶级社会的正确道路：解放毕竟不是一个思想活动，而是一个历史活动。而任何思想范畴也只是历史的范畴。这是马克思颠覆自爱利亚学派以降的一切抽象的本体论的开始:马克思的历史唯物主义并不是一种本体哲学的建构。如果说历史唯物主义突显了一种在一定的时空之下的社会存在决定在一定的时空之下的社会意识,那么它也并没有把社会存在视为世界的**基始本原**的意思。

这是因为在资本主义生产方式发生之后,现代社会经济世界已经是人的工业生产的直接创造结果,工业实践活动及其实践结构已经成为我们周围世界客体结构的重要构件,自然物质第一次成为人类主体全面支配的客体,我们不再是简单直观地面对自然对象,而是能动地面对工业实践和交换市场关系的产物。物相第一次直接是人类实践的世界**图景**,人们通过能动的工业(科学技术)实践,更深刻地超越感性直观,面对周围物质世界越来越丰富的本质和规律(这是海德格尔在说明那个"上手世界"时根本没有意识到的问题)。也就是说,在康德那里的"现象"与"物自体"是同时被建构出来的。现象与本质的区别只有相对于认识主体而言才有意义,作为"现象"或者是"物自体"自身,它们呈现的只是同一种样态:**工业实践所达及的历史的样态**。客观越来越以主观的形式表达出来。由此,**不再有简单存在的人,只有各种经济关系和政治关系中介下的人;不再有纯粹客观的自然对象,只有经过概念中介通过实践作用的影响呈现出来的自然界**;其他的存在也莫不如此,我们只能历史地面对这一切。人与自然、人与人的关系在巨大的市场交换的中介中发生了事物化和颠倒。在资本主义生产方式中的这个中介性的事物,本来在生产之上形成的东西却成为主导性的和决定性的东西——发展经济成了人类行为的重要内容和基础:主体事物化为客体,客体翻转为主体;真的变成假的,假的变成真的。更为困难的是,在这种动态的实践建构中,人自己构成自己的认知对象:周围的世界是人的实践活动所建构出来的,而人又处在这个世界之中,加之颠倒的现象在此成了本质和科学规律,单纯的客体向度与单纯的主体向度的价值指认在此都无能为力了:仅有科学是不够的,仅有伦理要求也是不够的。这是李嘉式的社会主义经济学家所体悟出来的理论质点。

但是他们指望通过在流通领域的变革来实现这一点,这显然是不可能的:颠倒的逻辑必须再次被颠倒。一方面,恰恰是由于商品经济才有了人自己创造的世界,有了交换价值才会达到人类社会生存的高级阶段;另一方面,这是一个资本的逻辑在时空中展开的人的世界及其历史,但这是一个颠倒的人类历史,因为人的发展采取了事物的发展形式:资本的世界历史(weltgeschichtlichen)。在古典经济学那里,"资本是被真正归结为纯粹的交换"的,资本被看作了物,而不是关系,因为与劳动交换的资本是以物的形式表现出来的,也就是说,"经济学家们把人们的社会生产关系和受这些关系支配的物(Sachen)所获得的规定性看作物的**自然属性**(*naturliche Eigenschaften der Dinge*),这种粗俗的唯物主义(Materialismus),是一种同样粗俗的唯心主义(Idealismus),甚至是一种拜物教(Fetischismus),它把社会关系作为物的内在规定归之于物(Dingen),从而使物神秘化(mystifiziert)"[1]。马克思认为,商品的两个"自然属性"——价值和使用价值,不过是一种特定历史条件之下的人与人、人与自然的关系,而且这种关系始终是一种不固定的、被**当下建构着的关系**。一旦人类停止活动,这种人与人、人与自然的关系,包括生产力与生产关系,都不复存在。

所以,无论是费尔巴哈的"物"还是古典经济学的"行为"和"事实",都不是一种与人无关的、凝固不动的东西。所以,"资本只有

---

[1] 《马克思恩格斯全集》第 46 卷下册,人民出版社 1980 年版,第 202 页。

同非资本,同资本的否定发生关系才是资本;而实际的非资本正是劳动"。正是资本的高度活动性,才使它得以渗透进市场的每一个角落。在越来越少的生产劳动生产出越来越多的财富的情形之下,工人阶级已失去了作为历史的主体的现实基础,而资本对劳动的盘剥实际上却是有增无减:资本的国际性流动越来越抽象,越来越轻而易举,这只能意味着,它瞬间就能把各个地区的劳动成果归为己有,而这些劳动成果据说是自愿地与它进行交换的。一个要在"自由、民主、平等"的资本主义世界里寻找"自由、民主、平等"的人,他发现的只能是在一定的、具体的、历史的现实情境之下的自由、民主和平等。

在历史辩证法的目光之下,被事物(Sache)与事物的关系所颠倒地表现出来的人与人的关系,在祛除了物的魔像般的"天然规定"之后,这种被颠倒地表现出来的人与人的关系也就被祛除了这种天然规定,换言之,这种事物化了的社会关系并不是一种永恒的自然状态。在资本主义生产越来越趋向"合理化"的情况之下,社会关系是否就一定会趋向"合理化"呢?肯定的答案是马克思所想望的,也是一代又一代的马克思主义者所想望的。而我们始终不能忘记的是,在马克思那里,客体向度与主体向度始终是辩证统一的。"辩证"也就意味着,它的意义所指即革命性与批判性。这也正是马克思哲学的生命力所在。

回顾马克思主义的理论道路和现实实践,应当说,20世纪在苏美意识形态的"冷战"中接受了斯大林在《联共(布)党史简明教程》和《辩证唯物主义与历史唯物主义》一书中所建立起来的马克思主义政治理论教育的一两代人,对马克思哲学还存在着太多的误解。因为斯大林所建立起来的这种所谓的关于马克思主义的绝对真理,从根本上就远离了马克思主义的思想精髓。这种马克思主义宣称马克思哲学仅仅是一种科学，仅仅是对自然、社会和思维三大领域的客观规律反映的说法，实际上就是对古典经济学的"科学规律"的翻版，甚至是一种倒退！为什么？因为古典经济学至少还知道，费尔巴哈的那个感性直观所把握的"物"（Ding）是不存在的，我们说过，古典经济学的社会唯物主义的抽象从一开始就超越了费尔巴哈的自然唯物主义。更何况，我们已经知道，马克思的历史唯物主义并不打算去建构一个自古希腊以降的哲学本体论。所以，当斯大林体系的马克思主义走进大学的理性课堂时，就很容易给人一种印象：生产力与生产关系的矛盾运动成了一种冷冰冰的"客观规律"，从中看不到"人"的影子，这不正是古典经济学所给予我们的吗？至多，这种斯大林绝对正确的马克思主义只是一种对马克思历史辩证法的纯粹客观向度上的投射。它已经完全丧失了马克思历史辩证法的革命性与批判性。它所指认的马克思的绝对正确性其实就是一种意识形态。

与此相对，现实的社会主义实践、列宁的"十月革命"和中国的新民主主义革命则是张扬了一种主体向度上的能动性，如果没有这种主体向度上的能动性，社会主义到今天可能还是一句空话。但是苏联的"和平演变"以及中国"文化大革命"的挫折，在另一种意义上又深刻地指出了这样的问题：社会历史主体的批判能动性如果没有客体向度，也即没有物质前提的内在支撑，会维持多久？这样的疑问便来自考茨基那里。他说，这无异于让一个不足月的婴儿从母腹中提前来到世间。列宁后来也意识到了这一点。[1] 所有的这些无非想再一次强调,马克思历史辩证法的主体向度和客体向度如何在现实实践中辩证地统一起来,实际上就成为社会主义国家理论的重大课题。"跑步进入共产主义"如果没有物质基础,不过是唯心主义的狂欢罢了。中国人民幸运地从"文革"走向了改革开放,换句话说,我们从主体向度上再一次回到了客体向度,在物质财富的前提和基础上去关怀一种平等幸福的社会主义伦理和共产主义理想,这才是通达马克思的现实之路——霍克海默说,一个不批评资本主义的人是没有资格批评法西斯主义的;而我们今天要说,一个不理解马克思的人是无法理解在我们周围正在发生着的事情的。

好,我们终于走完了这座引路的思想之桥,让我们**回到马克思**吧。

---

[1] 列宁是一个具有复杂的理论和现实的情境的人物。作为共产国际的领导人,他无疑是认同"正统马克思主义"的,这也是在革命胜利后他意识到考茨基的合理性的原因所在。但他又是一个务实和灵活的政治家,"十月革命"的胜利充分证明了这一点,这就决定了他不可能把思想和行动都凝固在"教条主义"之中,但现实的革命斗争和革命建设又使他不得不强调"社会主义"作为意识形态的作用。在他为数不多的哲学研究活动中,这种复杂性同样表露得淋漓尽致。这充分表现在他的"哲学笔记"之中。以我们的解读,他后来是极为精深地理解了马克思的历史辩证法的,关于这一点,可以参见张一兵:《回到列宁——关于"哲学笔记"的一种后文本学解读》,江苏人民出版社2008年版。

第一章　人本主义之累

引　子

每每听人提起人本主义,总觉得有一种"竹篮打水一场空"的惆怅与落寞。不是因为它不够动听,而是因为它不够刚强。"应该"与"是"的绝然分立,就像是隔在天堂与地狱之间的一条沟壑,凡人总是难以逾越。实际上,人本主义与科学实证主义一样,都只是资本主义自身结构发展的结果,尽管它不无"烛引"之功,却也奈何不了现实的历史发展。也许有人会说,这难道还不够吗?——是的,这仅仅是一支没有子弹的枪。对于马克思来说,他要把资本主义连根拔起,这就远远不够。但有意思的是,马克思的理论起步也正是从这个人本主义开始的。尽管在他的整个的理论生涯中,他的理论之剑一次比一次更有力也更准确地指向资本主义的伤口,也尽管这个人本主义很快就被他扬弃。我们在这里还是沿着他的起跑线,带着作为后辈常有的雾里看花式的腔调与神情,来追踪他的步式与痕迹吧。这是一次阿喀琉斯与乌龟的赛跑,我们注定是有所失却地获得,更何况,这一切仅仅只是开始。

当工业革命为英法等国的资产阶级登上历史舞台提供了现实的物质基础之时,德国的资产阶级却苦于容克地主和封建割据的束缚而与时代拉开了距离,德国的启蒙运动也因此比英法等国慢了半拍。而当英法等国的资产阶级在自由市场经济中获取了巨大的物质利益之时,苏醒了的德国布尔乔亚不得不起而要求一种贸易保护主义。经济学上的分歧实质上就是现实世界基础的不同。古典经济学是英法等国尤其是英国的"国民经济学",这是不难理解的。同样不难理解的是,当启蒙运动的理想在自由市场经济中获得了现实的表达从而摒弃了形而上学的语言的时候,启蒙与文明便在资本主义的天平上获得了同等的价值。在18世纪,英法等国的资产阶级充当了德国资产阶级的"向导",他们的今天就是德国人的明天。更为干脆的是,德国的启蒙思潮直接就是法国启蒙运动的翻版,而法国启蒙运动正是人本主义逻辑的最初的却也是最彻底的表达。其最典型的代表就是让-雅克·卢梭(Jean-Jacques Rousseau, 1712—1778)。

与英国古典历史主义(其实也就是苏格兰历史学派,以休谟《英国史》、斯密《国富论》、弗格森《市民社会史》等为代表)的庞大现实背景不同,卢梭的历史观是一种无现实背景的"理性史观":假定原初有一个理性的和谐的"自然"社会,而今的社会是非理性的、充满着罪恶的社会,所以应该推翻现今的社会,回复到一个理性的、以社会契约为基础的共和的社会。这是一种对封建制度的有力的批判和对资本主义制度的幼拙的表达。英国式的表达与此稍有不同:封建制度是人为的,资本主义制度是天然的、与统治者的个人好恶无关的制度,所以应该推翻封建制度。但不管怎样,当这种批判移植到德国的土壤上的时候,德国思想家的矛头所指就不是现实的封建制度,而是作为封建制度的意识形态的宗教了。因为封建专制制度在德国的发展并不像法国那样达到了顶点,也因为上帝扎根于德国人的心灵之中,无神论是为法国启蒙思想家所津津乐道的,但它在同时代的德国是绝无可能的,尽管德国的启蒙批判对准了宗教。德国人又是如何来表达他们的启蒙理想呢?他们找到了一个富有德国特色的语词:异化。他们用它来羞答答地说话,其中最明显的一位就是几乎每一位中国的中学生都能说出他的名字的费尔巴哈。

　　费尔巴哈认为,上帝是人创造出来的,人却跪倒在上帝面前;上帝的本质和特性不过是人自己的本质和特性,人却以为只有上帝才拥有这样的本质和特性。这其实就是一种自反性的异化。所以,应该打倒宗教,恢复人在尘世中的地位和人的本真存在。人与人之间是通过"爱"这种感性的活动的共同性和普遍本质而联结成人类的。由此,费尔巴哈以他的这两个理论王牌对准了黑格尔:(1)黑格尔的对象化等于异化的逻辑被拦腰斩断。对象化不是异化,前者是人的感性活动的丧失,后者是人的真实的感性活动即类本质的丧失。(2)正是人的直接的感性活动,去除了黑格尔的观念的中介,因此成了一种唯物主义的基础。这就是费尔巴哈的理论要点所在。这是一种旧的唯物主义(直观的可感性)和旧的人本主义(为人的类本质——或者是爱,或者是自然的欲望,等等——的自由解放而战)。从本质上,它还只是启蒙浪潮中的一员。而这个启蒙浪潮,主要是为新兴的历史主体即资产阶级,以及文明社会即资本主义社会拉开序幕的。对德国来说,费尔巴哈的这种宗教的批判无疑是激动人心的。他因此赢得了众多德国青年的尊崇,其中就有年轻的马克思和恩格斯。但最早深得费尔巴哈真传的,不是马克思,而是赫斯,他们的同时代人。

从费尔巴哈的类本质异化出发,赫斯区分了人的类本质的双重规定:一是精神交往的"理论的类本质";二是物质交往的"实践的类本质"。人的这种类本质本来是人与人的直接交往,但就像宗教徒要通过牧师的中介才能与上帝沟通一样,现实的人要通过货币的中介才能与其他人交往。中介成了目的。人被货币异化了。货币成了那个颠倒了的离我们而去的类本质,劳动者出卖自己为的就是获取货币这个颠倒的类本质。在赫斯看来,更为可恶的是,如在古代的奴隶制的强制中,人们只能不情愿地被出卖,产生痛苦是自然的和合乎人性的。而在这个货币世界里,人们自愿地自我出卖,倒是自然的和合乎人性的。而资产阶级社会制度宣称"私有财产神圣不可侵犯",但对于一无所有的无产者来说,这种法权就像夜空中的星星,是一个美丽的空中楼阁,一个永远也兑现不了的美丽诺言。由此,赫斯比费尔巴哈对宗教异化的批判大踏步地向前走了很多。但实际上,他的理论的矛头已经悄悄地改变了方向:异化的逻辑批判不再指向封建制度和神灵,而是直接指向了资产阶级经济制度。在这一点上,他直接同道于法国人本主义经济学家西斯蒙第(J. S. Sismondi, 1773—1842)。西斯蒙第坚决反对从斯密到李嘉图那种只见物不见人的"财富学派",拒绝那种不是为了人,而是为了无限制地增加财富的事物性科学。赫斯使西斯蒙第的观念更加哲理化了。同时,赫斯直接就自认为是"实践"的共产主义者(费尔巴哈后来也宣称自己是共产主义者)。德国人的思想批判远远走在了英国人和法国人的前面,尽管后者的空想社会主义早已问世。因为德国人的资本的原始积累同样慢了半拍,这就不难理解俾斯麦为何在英法早已拓展了殖民地的情势之下奋而推行"铁血"政策。德国的现实需要这样的人物。在不得已的情况之下,启蒙与文明需要用"铁"和"血"来浇灌。这个历史的"秘密"

到现在恐怕还有人无从知晓呢。

费尔巴哈的另一高足,当是年轻的卡尔·马克思了。如前所述,大学毕业后,抱着满脑子的黑格尔的自我意识,马克思跨进了现实社会。可是不久,青年马克思就伤心地发现,黑格尔式的精神理性和平等自由的崇高口号,在现实面前竟是那样软弱无力。这到底是为什么?还要不要理想?要不要激情?青年马克思不得不反思自己头脑中的黑格尔主义。在他孤苦无助的时候,他想到了费尔巴哈。在这个情境中,为人类谋福利的理想与启蒙的理想是一拍即合的:再也没有比人本主义的异化逻辑更现成更容易的批判的武器了。因为这种逻辑批判的根基并不立在现实世界的土壤上,所以任何时候任何人都可以操起"应该"与"是"的语言来打击现实世界。这是一个敞开的大门,同时也是一个铺上枯枝的陷阱。不幸,青年马克思掉了进去。

沿着赫斯的论证,马克思接着说,赫斯在交换中所发现的人与人的类关系的货币异化其实是以生产为基础的,因为人们首先不是交换思想,而是交换产品,而产品只能是在对象化的生产劳动中获得。马克思进而把劳动一分为二:对象化的劳动和异化的劳动。费尔巴哈指认了对象化是人的感性的物质生活,马克思则进一步说明对象化就是工业活动,他说,"工业的历史和工业的已经产生的对象性的存在,是一本打开了的关于人的本质力量的书",肯定现实的经济活动,这是一个很接近古典经济学和黑格尔的"第二自然"的认识。不过马克思这时的意向主要不是在"肯定对象化",而是在"否定异化"。这是十足的费尔巴哈式的语言。应该指出的是,贯穿整个手稿的是一种否定性的话语,这一点不能忘记。

马克思认为,人的真正的类本质是自由自主的劳动。而这种自由自主的劳动在资产阶级社会(bürgerliche Gesellschaft,市民社会)[1]中却成为异化劳动(entfremdeten Arbeit)。青年马克思的这种异化理论,让人不禁想起了黑格尔的"观念沉沦"——资本赢得了统治的地位,绝对观念(类本质)不得不沉沦和异化于物性的世界。马克思在分析了异化劳动的四个层次之后接着说,异化劳动的必然结果,是私有财产的出现。因此,为了消除人的异化,回归人的真正的类本质,就必须积极扬弃私有财产,而这只能靠没有被异化的人的类本质关系,即真正的社会的人来实现。人类的解放不是别的,而是人的类本质的真正实现。这是扬弃异化劳动的必然结论。从这里出发,青年马克思把矛头指向了黑格尔。他认为,由于黑格尔站在国民经济学家的立场上,"他把劳动看作人的本质,看作人的自我确证的本质;但他只看到劳动的积极的方面,而没有看到它的消极的方面",而精神现象学不过是真正的、人的本质即自我意识的异化的现象学,而自我意识的本质不过是观念,因此,青年马克思说,黑格尔的错误就在于他用观念的东西来冒充真实存在的对象世界,所以观念主体对象化的异己实际上也就是存在于自己身边,异化的扬弃就表现为在对象中重新找到观念本质,青年马克思认为,这种扬弃不过是一种虚假的扬弃。在这里,马克思有一个至关重要的理论质点,就是用人的类本质来取代绝对观念。很显然,在黑格尔的问题上,费尔巴哈和青年马克思都没有击中要害。我们认为,问题还是出在人本主义异化的逻辑批判之上。不难明白,黑格尔哲学的背后是坚实的现实历史的基础,也即欧洲资产阶级革命和资产阶级社会经济现实。对象化与异化是同体的过程,在劳动价值论的意义之上,劳动从一开始就既是对象化的劳动,也是异化的劳动。黑格尔并不比费尔巴哈乃至青年马

---

[1] 在1860年以前,马克思通常是以此词来指认当下资本主义社会。

克思更少地谈论异化。但问题就在于,如何只要对象化而不要异化(换作今天的情境,如何既要科技的进步,又要弃绝工具理性的奴役)?对于人本主义的这种一厢情愿的幻想,黑格尔是彻底拒绝的。历史辩证法恐怕不是主语和谓语颠倒一下就可以理解的。实际上,费尔巴哈式的语言忘了追问一个至关重要的问题:去掉了唯心主义的前提,黑格尔为什么要用国家与法来否定性地制约市民社会?备受唯物主义者青睐的市民社会,在黑格尔眼里,不过是一个非理性的盲目的社会,是拜物教的藏身之所。换成马克思的语言,这是一种"下流的唯物主义"。

更为主要的是,费尔巴哈的理论不过是一个旧的唯物主义和旧的人本主义。因为我们已经知道,这种直观感性的唯物主义相比于古典经济学的对"行为"和"关系"的非直观的抽象的社会唯物主义,的确是太陈旧了,以至于马克思在进入古典经济学的大门之后不得不回过来批判费尔巴哈。更不用说,当历史唯物主义又越过社会唯物主义的高墙,进入另一番天地之后,费尔巴哈的这种唯物主义(当然还有法国启蒙派的机械唯物主义)实质上就是一种唯心主义。为什么?用马克思的一句经典的话来说就是:对现实的无批判性的唯物主义就是唯心主义的粉饰。这一点恐怕是激进的费尔巴哈始料不及的。更令他始料不及的是,在他声誉日隆的时候,就已经有人向他发难。这就是**新人本主义**的肇始。

1844年是值得纪念的特殊的一年。这是新人本主义的英雄横空出世的一年。首先是麦克斯·施蒂纳的《唯一者及其所有物》发表;其次是与他思路相近的一位丹麦驼背人[1]克尔凯郭尔

---

[1] 不由得想起了汉娜·阿伦特贴给本雅明的形象:驼背的小人。或许,这会成为对那些能够想到要去看一看迎面走来的人和物的背面的人们的一个无比尊敬而鲜明的代号。

（Søren Aabye Kierkegaard，1813—1855）活跃在丹麦哲学界，这一年，他发表了《恐惧的概念》和《哲学片断》；还有就是新人本主义的"太阳"尼采来到了人间。在费尔巴哈和赫斯以及青年马克思都沉醉在人的类本质的自由和解放而激情澎湃的时候，新人本主义的英雄们一反人类总体的旗帜，转而寻求个人的解放和自由。因此，他们受到了与旧人本主义一样多的赞赏和指责。

施蒂纳一针见血地指出，费尔巴哈的人本主义不过是人的宗教。打倒了上帝，又把人抬高到了上帝的地位，这对于个人来说，不过是统治者换了一副面孔而已。"人"的概念与"上帝"的概念一样，不过是哲学形而上学的抽象的结果，这是理论家的十足的异想天开。施蒂纳说，这些形而上学家们忘记了，个人是独一无二的，不可替代的，任何思辨的哲学及其概念都不可能涵及个人的这一独一无二的生存。个体生存的有限性和时间性是形而上学无法越过的栅栏。由此，克尔凯郭尔才会嘲讽地说，黑格尔这位崇尚绝对的教授忘了"存在"。[1] 如同海德格尔（Martin Heidegger，1889—1976）后来所说，能够追问存在的只有"此在"，而一部哲学史不过也就是一部存在的"遗忘史"。在这里，旧人本主义被定义为一种形而上学的企图而遭到了无情的打击，同时被波及的还有形而上学的哲学本体论。任何寻求世界的终极本原并建构一个包罗万象的体系的哲学，如果不是太过于轻浮，就是太过于无知。黑格尔式的思辨哲学的黄金时代已经一去不复返了。

施蒂纳真的击中了青年马克思的要害。他痛醒了，从人本主义悬设的理想空中回落到现实的土地，这大地就是前不久还被他

---

[1] 当萨特后来说"存在先于本质"的时候，他实际上便是指出了哲学史上的这个转折点：自古希腊以降的传统哲学终结在对存在的当下关怀之时。

用劲鞭笞的古典经济学。这似乎是唯一的出路。迫不得已的马克思跳了一种经济学—哲学的独特之舞。

第一节
上帝的没落与兴起：启蒙时代的文明之歌

"人是晚近的一个发明"，福柯（Michel Foucault，1926—1984）的这句话精辟无比。当工业文明以一种前所未有的方式打破了农耕劳作中那种人对自然土地的依附关系时，人就从自然土地上站立起来了。劳动价值论的一个划时代的意义，便在于它宣告了一个关于人的独立宣言：劳动创造价值意味着，**人可以通过劳动来创造世界并且确证自己的存在，而无须假手于上帝**。因此，当启蒙思想家举起"人"的思想旗帜砸碎中世纪的"上帝之城"时，人性的光辉就在尘世中闪闪发亮了。把人从上帝那里夺回来，这正是以费尔巴哈为代表的哲学人本主义的伟大功绩。也正是在费尔巴哈这里，人本主义异化逻辑最终得以系统地完成。

一、迟到的启蒙：宗教异化与人的"类本质"

我们说过，当工业革命为英法等国的资产阶级登上历史舞台提供了现实的物质基础之时，德国的资产阶级却苦于容克地主和封建割据的束缚而与时代拉开了距离，德国的启蒙运动因此也比英法等国慢了半拍。有意思的是，在理论逻辑上，德国的启蒙运动干脆就是法国资产阶级思想革命的翻版。而法国启蒙运动正是布尔乔亚人道主义观念有史以来最充分的一次表达，其典型代表就是让-雅克·卢梭。

在法国，封建专制制度达到了顶峰，而作为统治者的封建贵族又与新兴的资产阶级有着丝丝缕缕的纠缠。这种纠缠越是紧密，两个阶级和两种制度的对抗也就越剧烈。可以这么说，法国启蒙运动的矛头是非常直接和尖锐的，现实的政治经济制度正是他们的批判对象。而作为批判理性的先驱，卢梭提出了一种启蒙批判的"理性史观"：假定原初有一个理性的、和谐的社会，而现今的社会是非理性的、充满着罪恶的社会，所以应该推翻现今的封建专制制度，回复到一个理性的、以社会契约为基础的共和社会。他十分独特地在人类自身理性的历史进步过程中发现了**自我抵牾**的矛盾，他深刻地看到了人类历史发展中的善与恶、进步与退步的统一。卢梭把人类早期的自然状态理想化为人类的黄金时代，因为在那里人与人之间是充满自由和平等的；而在新的理性与文明的进步中，人类主体虽然增强了自身的能力，但同时又坠入不幸和苦难中。这是因为"一切进步只是个人完善化方向上表面的进步，而实际上它们引向人类的没落"。**人的能力增长和文明化使自己戴上枷锁，人越是社会化，就越是远离自己的本性，人越是征服和获得财物，也就越为这些事物所累**。卢梭指出，"堕落而悲惨的人类，再也不能从已踏上的道路上折回，再也不能抛弃已经获得的那些不幸的获得物"。这是一条**不归路**。同时，他将私有制视为人类社会出现不平等和各种苦难的真正现实基础。他说："由于人类能力的发展和人类智慧的进步，不平等才获得了它的力量并发展起来；由于私有制和法律的建立，不平等终于变得根深蒂固而成为合法的了。"[1]

---

[1] [法]卢梭：《论人类不平等的起源和基础》，李常山译，商务印书馆1962年版，第149页。

在卢梭那里,人类看起来成了支配世界的主人,实际上却更深地沦落为奴隶。"自以为是其他一切的主人的人,反而比其他一切更是奴隶。"[1]当然,卢梭最后还是给我们指出了走向光明的出路,这就是一个扬弃了私有制和罪恶的新的人类"契约"社会。在这里,"**应该**"与"**是**"**的理论逻辑**便第一次浮现出来了。作为法国大革命理论基石的构建者,卢梭得到了法国人前所未有的尊崇。[2]

而在德国,由于封建专制制度并不像法国那样发达,也由于上帝扎根于德国人的心灵之中,所以,当法国的启蒙批判移植到德国的土壤上的时候,德国思想家的矛头所指就不是现实的封建制度,而是作为封建制度的意识形态的宗教了。而对宗教进行批判的杰出代表,除去斯特劳斯和鲍威尔兄弟,当数费尔巴哈了。众所周知,费尔巴哈是在批判黑格尔的哲学过程中完成他的宗教异化理论的。

宗教是什么?在费尔巴哈看来,宗教无非是人的**类生活**(Gattungsleben)之异化。他认为,人的感性物质生活产生了观念,而这个能够抽象出人与人之间的感性活动的共同性和普遍本质的观念却一步步演化为绝对主体:上帝。这个上帝不过是人创造出来的,人却跪倒在上帝面前;上帝的本质和特性不过是人自己的本质和特性,人却以为只有上帝才拥有这样的本质和特性。这其实就是一种自反性的异化。**人奉献给上帝的越多,留给自己的**

1　[法]卢梭:《社会契约论》,何兆武译,商务印书馆1963年版,第6页。
2　实际上,在这里,卢梭不仅要求推翻封建制度,同时也要求推翻即将因此而建立起来的私有制度和法律制度。在他的理论建构中,他甚至明确表示对科学技术对人类文明的进步意义的怀疑。恩格斯后来评说道:"我们在卢梭那里不仅已经看到那种和马克思《资本论》中所遵循的完全相同的思想进程,而且还在他的详细叙述中可以看到马克思所使用的整整一系列辩证的说法。"(《马克思恩格斯选集》第3卷,人民出版社1972年版,第180页)这是准确的。

就越少。因此，人应该回到直接的感性生活中，而不必为一种抽象的观念献身。自然而然，黑格尔的那个抽象观念的中介，在此便为感性具体的直接性所取代了。[1] 从天上回到人间，"人"就成了自费尔巴哈之后的人道主义理论的出发点。人的先验类本质（在费尔巴哈看来，那就是"爱"，爱是每个人身上都具有的人类共同性）与现实存在的内在矛盾，就这样成为后来的思想家批判社会现实的理论之剑。当一个人要去追问"人是什么"的时候，一种终极的类本质也就被追问了。而这种类本质，最终也只是在沿着一种"应该"与"是"的理论构架，成为一种理论上的**本真**价值悬设。这是因为，"应该"总是在"是"的基础上生发出来的，没有这个"是"，也就不会有"应该"，而这个"应该"，最终目的还是回落到现实生活中来。所以，"是"正是"应该"的本体论界限。由于这一点，立根于这种逻辑建构的理论本身对现实生活的冲击就只能是脆弱的。任何人任何时候都可以以"应该"与"是"的语言来打击现实世界。这一点我们很快就会看到。

实际上，在费尔巴哈这里，直接的感性生活的真正基础其实是新兴的市民社会。天上的上帝是没有了，**人间的**上帝却产生了。费尔巴哈的那个"爱"的类本质之所以只是一种**价值悬设**，是因为他并没有意识到现实的类本质在何处藏身。这其实也就是法德式启蒙批判的问题所在。这种纯粹抽象的观念理论上的批判，与英国的具有庞大的工业现实依据的古典历史主义的批判相比，显得更为曲折和艰难。当后来的法国大革命和俾斯麦的"铁血"政策终于为本国的资本主义事业立下汗马功劳的时候，这种事业就已经

---

[1] 正像马丁·路德的宗教改革一样，信徒与上帝之间无须教会与牧师作为中介。只是费尔巴哈走得更彻底，干脆不要宗教了。他们的革命意义都是昭然若揭的。

沾染上了血腥的味道。而在英国,高昂的文明的头颅是在一片相对祥和的求实风格中得到仰视的。这与它自身的国民经济学的发达不无关联。英国人从经济学中就已经嗅到了"自由、民主和平等"的气息,而无须借助于革命的大刀。资产阶级意识形态的确立是在古典经济学那里得到最初的确证的。

二、古典经济学：自由主义的摇篮

与法国和德国相比,英国人的观念是很明确的。封建制度为什么应该被打倒？因为它是人为的,而资本主义制度则是天然的、与统治者的个人好恶无关的作为"自然秩序"(natural order)的制度。这是一种更符合人性的制度。与法德式观念上抽象的"人"不同,这是一种**形式上抽象的"人"**。如前所述,市场交换要求进入市场的每一个人都是自由和平等的,同样用10元钱买东西,王子和流浪汉在市场上是平等的。在市场中,只存在着被抽去了现实的具体社会关系(如工人、学生、农民等)的买者与卖者的简单关系。**人与人之间的无差别性**正是交换的前提,而且,每一个人都是**自愿地**出让所有物,以换取对方的所有物。由这种市场现象所构成的市民社会,是一派自由、民主和平等。因此,当古典经济学透过这些市场"行为"和"事实"来把握市场经济运作的规律时,他们看到了众人之后的那只"看不见的手"：原来这一切**由人的活动构成的**经济过程都是自主地发生着,丝毫不以人的主观意志为转移。这正是一种公正和客观的"自然秩序"。换言之,这是"天赋"的自由、民主和平等。因此,当休谟的《英国史》、斯密的《国富论》以及弗格森的《市民社会史》一同比肩站在启蒙运动的高地上时,人们完全有理由相信,自由主义的时代已经开始了。

实际上，费尔巴哈的那个从天上回到尘世的人的类本质，一踏上现实的工业化土地，便立刻在市民社会中获得了现实的实现。但是，它变形了。这不是一种激动人心的"爱"，而是一种夺走了个人所有一切灵光的世俗之事物：市场中的**资本**。古典经济学对人的形式抽象本身，与它自身的理论建构是一脉相承的。当工业生产的机械介入农耕社会中人与自然之间原初的**直接照面**的劳作关系之时，人与世界的关系就被彻底地改变了。换句话说，费尔巴哈的那种直观认识的感性基础是不存在的：**自然，不再是纯粹的自然，而一定是带上了人工印迹的自然；人，不再是传统宗族和血缘关系中的单纯的人，而一定是带上了市场关系印迹的人**。一个没有被开发出来的自然土地，只会被排斥在人类理性认识的视野之外；而一个不通过市场来实现自身价值的人，只会是被排斥在主流社会之外的边缘人。人与人的关系只有通过市场中事物与事物的关系的中介才能实现出来，市民社会正是这样的一个社会。古典经济学作为一门研究事物与事物的关系的科学，奠定了之后整个科学理性发展的基础。这就是我们刚才所提到的对人的形式抽象本身，实际上，它是把人作为事物来研究的，这是一种颠倒的前提，却是**一种科学的抽象**：透过市场现象寻求本质规律。一部古典经济学史，正是一部对人与人事物化关系的抽象的历史。从商品到货币再到资本，正是一个事物化的必然王国的完成。

对经济学史稍有了解的读者都知道，在斯密之前还有重商主义[1]和重农学派[2]。之所以这样来区分,完全是因为它们自身的理论逻辑有着重大的区别,这种区别主要体现在对财富的理解上。重商主义提倡少买多卖的货殖论,因为它看到了财富在流通领域中的**直观增殖**,而且这种财富本身还完全等同于贵金属,这依然是一种经验的可直观之物。而重农学派则看到了,财富不是在流通领域,而是在**生产领域**中被创造出来的,尽管它的生产领域还主要是指农业劳作,但这种理论逻辑的转向,为劳动价值论的诞生立下了汗马功劳。所以马克思说,"真正的现代经济科学,只是当理论研究从流通过程转向生产过程的时候开始"[3]。在斯密那里,劳动

---

1 重商主义(Mercantilism)是资产阶级最早的经济理论。代表人物有英国海尔斯、斯塔福德、托马斯·孟和法国柯尔培尔。重商主义一词最初是由亚当·斯密在《国民财富的性质和原因的研究》(《国富论》)一书中提出来的。一般来说,重商主义产生和发展于欧洲资本原始积累时期,反映这个时期商业资本的利益和要求。而从历史的视角来看,重商主义抛弃了西欧封建社会经院哲学的教义和伦理规范,开始用世俗的眼光,依据商业资本家的经验去观察和说明社会经济现象。早期重商主义产生于15—16世纪,在对外贸易上强调少买,严禁货币输出国外,力求用行政手段控制货币运动,以贮藏尽量多的货币,因而又被称为货币差额论。晚期重商主义盛行于17世纪上半期,强调多卖,主张允许货币输出国外,认为只要购买外国商品的货币总额少于出售本国商品所得的货币总额,就可以获得更多的货币。晚期重商主义为保证对外贸易中的出超,采取保护关税的政策。由于晚期重商主义力图控制或调节商品的运动并发展工场手工业,又被称为贸易差额论。

2 重农主义(Physiocracy)学派是18世纪50—70年代的法国资产阶级古典政治经济学学派。他们以自然秩序为最高信条,视农业为财富的唯一来源和社会一切收入的基础,认为保障财产权利和个人经济自由是社会繁荣的必要因素。魁奈(François Quesnay, 1694—1774)是重农学派的主要创始人。他的代表作《经济表》就是这一理论体系的全面总结。18世纪50—70年代,在魁奈的周围逐渐出现了一批门徒和追随者,形成了一个有较完整理论体系和共同信念的派别,而且是一个有明确的纲领和组织的政治和学术团体。他们有定期讨论学术问题的集会,有作为学派喉舌的刊物——《农业、商业、财政杂志》和《公民日志》。其成员之一杜邦·德·奈穆尔于1767年编辑出版了一本题为《菲西奥克拉特,或最有利于人类的管理的自然体系》的魁奈著作选集,首次提出了源于希腊文"自然"和"统治"两字的结合概念作为他们理论体系的名称。杜尔哥(Anne Robert Jacques Turgot, 1721—1781年)是继魁奈之后的重农学派最重要的代表人物,其主要经济著作是1766年写下的《关于财富的形成和分配的考察》。

3 《马克思恩格斯全集》第25卷,人民出版社1974年版,第376页。

创造了价值,这种劳动不再是单指任何一个部门的劳动——具体劳动,而是涵盖任何部门的任何劳动——抽象劳动。这是立根于经济现实的抽象的开始。抽象劳动正是古典经济学的逻辑起点。在机器大工业生产的情况之下,任何一种劳动都不再是支配一切的劳动,也不再与劳动者本人的个性有关。以我们之见,这正是一种把许多人"社会"地联系起来的无声的"类本质":无差别的劳动之下只能是无差别的人。它区别于费尔巴哈那种将人与人"自然"地联系起来的无声的感性类本质。

但是,劳动价值论在斯密那里,其抽象的背后还拖着一根直观的辫子(这根直观的辫子为后来的庸俗经济学家打开了方便之门)。这主要是因为,斯密时代的劳动主要还是手工业劳动,劳动(劳动者的手艺)与个性也并没有完全脱离,而且市场经济体系还处在早期的建构过程中,自由市场经济刚刚开始,通过利己主义的个人主体活动建构起来的市民社会看上去也还是一个无理性的盲目运作的社会,人与人的社会联系也还没有表现出彻底的社会化和事物化的形态。也正因为如此,分工在斯密的经济学里占有重要的理论地位。这其实就是一种不彻底性,这种不彻底性导致了斯密仍然**把价值等同于财富**本身。也就是说,斯密还是从财富的交换的直观角度来理解价值的。这使得他的劳动价值论成为二重的价值理论:既从价值的决定层面,又从价值的实现层面来界定他的理论。这种可悲的直观色彩,在号称"为自由主义加冕"的李嘉图那里,便被完全抽象掉了。在机械化大生产的时代背景之下,李嘉图完全无视在斯密那里至关重要的劳动分工,完成了对劳动的纯粹抽象:价值不再指向财富,而指向了一种完全不可视的、纯粹抽象的"观念"之物——资本。正是资本的创造及其积累,而不是财富的创造及其积累,成为李嘉图的理论焦点。由此,李嘉图走到了一个新的科学情境中去,这就是把各种固定的和彼此相异化的财富形式还原为它们的内在统一性,并从它们身上剥去了那种使它们漠不相关地相互独立的形式。这个内在统一性,在李嘉图看来,正是由社会化大生产所制造出来的资本的同一性。各种财富形式,包括商品和货币,最终都归结为资本:能生钱的钱。因此,**李嘉图所追求的不再是人的需要,而是资产阶级社会生产方式本身的客观需要,这就是无限制的"无主体"资本增殖和利润。这是劳动价值论的彻底完成,同时也是现代性的理论确立。**

资本同一性作为资产阶级生产方式的现代本质,意味着由这种生产方式所结成的人与人之间的关系被彻底地事物化了。人们失去了在前资本主义社会中的那种直接的人与人之间的交往和联系,但又通过一个巨大的事物的中介,重新结成一个总体需要的"市民社会"。资本作为一种事物化了的社会关系,在去除了内容的形式抽象的基础上便获得了一种复制的权力和量化的形式。一种东西如果不能被量化,不具有可计算性和可操作性,那么它是不可能走进市场的;而一种东西如果不能被复制(在今天的生物工程里,人在理论上似乎也是可以复制的,费尔巴哈的类本质走到这里,真是可怜得很),那么它同样是不能走进市场的。从斯密的自由市场经济一步步走到今天的全球资本主义,自由主义便彻底地摘取了意识形态的桂冠。

第二节
谁主中流:反抗现代性的人本主义哀歌

现代性从它产生的那一刻起,便伴随着对自身的反抗一起向前迈进。只是到了今天，反抗的现实可能性彻底地没有了，现代性却仍然健步如飞。但我们只是因为站在今天的时代高点之上才能看清楚这一点。对于为了人类自身的命运而殚精竭虑的思想前辈来说，他们既是有信心的，也是有希望的。人本主义的理论逻辑对于今天的人们来说也许是单薄的，对于刚刚对现代性有所反抗和批判的人们来说却是救命稻草。在经济学上，对古典经济学的理论逻辑进行反驳的杰出代表是法国的西斯蒙第，在哲学上，则是德国的赫斯和初出茅庐的青年马克思。

一、抽象的谎言：见物不见人

杜娜叶夫斯卡娅说，工业革命创造了把无数具体劳动还原为单一抽象的可能性，因而这些劳动的唯一特性在于它们都是人类的劳动。这样一来，劳动事物化为一件物品而采取的形式便成了一个偶像，蒙蔽了政治经济学的新科学的眼睛，使它看不到人类关系已经被颠倒为人与人之间的事物的关系和事物与事物之间的社会关系。[1] 这是对的。实际上，在古典经济学这里，正是一个被事物化了的人的必然王国。商品、货币和资本作为市场自身所产生出来的偶像，正高高在上地统治着市民社会。当演唱会上万人同呼之时，那些商业制造出来的偶像与观众一起深深地沉溺在昙花一现的市场幻觉之中了。人被事物淹没了，却还自诩为大自然的主人。费尔巴哈的那个从天上回到市民社会中的人，真的是"自由、民主和平等"的吗？实际上，这只是一个拜物教的世界。人跪

---

[1] ［美］杜娜叶夫斯卡娅：《哲学与革命》，傅小平译，辽宁教育出版社2000年版，第79页。

倒在自己的创造物面前，只不过这一次不再是虚无缥缈的上帝，而是真真切切的市场之物。在古典经济学的理论建构中，一个只黏滞了买与卖的简单关系而不再具有现实的社会关系的抽象了的形式之人，还是人吗？这不过是只见物不见人的"财富学派"：从斯密到李嘉图，抽象不是为了人，而是为了无限制地增加财富。最先意识到这一点的是法国的经济学家西斯蒙第。从古典经济学的科学抽象本身再一次回到为人的主体性的哲学抽象，人本主义的理论逻辑便第一次把矛头转向了自己已经争取过来的现实世界。

相对于斯密和李嘉图将政治经济学视为"发财致富"的只关心事物的科学，西斯蒙第认为，政治经济学应该是以人为中心的"为人类谋福利"的理论。他认为，财富是人所创造的，它应该是属于人而且是为人所享受的，但是，在这个为了生产而生产的社会中，"凡是物取得进步的地方，人就得受苦"[1]。李嘉图的抽象公式正是工人遭受现代奴役的公式。**机械化大生产越是向前发展，资本的创造本身越是抽象，工人所遭受的奴役便越是深刻和隐蔽。**今天，当白领工人以越来越"自由和休闲"的形象取代以体力为生的蓝领工人的时候，直观上的压迫和奴役没有了，观念和意识上的压迫和钳制却加深了。这种"无耻的抽象"连同市场偶像一起被人们紧紧拥在怀里。西斯蒙第说，工业主义不遗余力地增加物质财富，试图证明人征服大自然的胜利，但是事与愿违，"它更证明了人征服人的胜利"[2]。看上去自由放任的市场经济，实际上不过是一种无政府状态的盲目经济。市民社会的每一个人都在筹划自己的眼

---

[1] ［瑞士］西斯蒙第：《政治经济学研究》第 2 卷，胡尧步、李直、李玉民译，商务印书馆 1989 年版，第 131 页。

[2] ［瑞士］西斯蒙第：《政治经济学研究》第 2 卷，胡尧步、李直、李玉民译，商务印书馆 1989 年版，第 43 页。

前利益，这正是"囚徒困境"的活生生的写照。这样，斯密的那种"人人为自己，上帝为大家"的自然法则不过是一种"理性的狡计"。那个看上去似乎更公正合理的"无人统治的"市民社会并不意味着没有统治，相反，"在某些特定的情势下，它甚至有可能成为最残酷、最暴虐的统治形式"[1]。在这里，自由主义不过是穿着一套极权主义的内衣，为意识形态的铜墙铁壁添砖加瓦罢了。

所以，在西斯蒙第这里，市民社会作为一个物性的社会是被整个否定的。他认为，我们应该关心人类的进步而不是物的进步。在他看来，劳动是人的劳动，财富是人的劳动的结果，生产是为了人类更好地生活，所以，财富不过是获得社会幸福的**手段**，人不应该颠倒地为了财富而活着。这其实就是一种人本主义的哲学经济学。这里的出发点不再是古典经济学的"物"，而是"人"。为此，西斯蒙第的解决办法是限制生产，停止追求数量，而把力量放在改善质量上。不得不说，这实际上不过是一种小生产者的狭窄视域。更何况，把经济学的前提从物颠倒为人，这在经济学上是站不住脚的，其意义仅限于提出了经济学对人的伦理关注。对于西斯蒙第的经济学地位，马克思后来评述道："如果说在李嘉图那里，政治经济学无情地作出了自己的最后结论并以此结束，那末，西斯蒙第则表现了政治经济学对自身的怀疑，从而对这个结束作了补充。"[2]科学理性的最初确立，正是在拉美特利式的"人是机器"的无情宣言之下得以蓬勃发展的。当现在的"企业文化"在以另一种方式把人当作物来更好地发展生产力的时候，福利主义的经济学便像神怜悯苍生一样怜悯整日奔波劳碌的现代工人。但这不过是"欲取

1　[美]汉娜·阿伦特：《公共领域和私人领域》，刘锋译，载汪晖、陈燕谷主编《文化与公共性》，生活·读书·新知三联书店1998年版，第72页。
2　《马克思恩格斯全集》第13卷，人民出版社1962年版，第51页。

之,先予之"的古老把戏。西斯蒙第的人本主义经济学不得不拜倒在强大的自由市场经济面前。

二、经济异化：拜物教的贞节坊

否定劳动价值论的理论前提是用人本主义的理论逻辑来批判市民社会,在法国是西斯蒙第,在德国就是稍后的莫泽斯·赫斯了。从费尔巴哈对基督教的批判中,赫斯引出了对市民社会的经济批判。依循费尔巴哈的**自然类本质(感性)**异化的思路,赫斯认为,市民社会正是一个**社会类本质(交往)**异化了的社会,人在这里失去了自己的类存在,人们不能再相互真实地交往,而必须借助于市场的中介。在赫斯看来,这个中介正是非人的货币。他入木三分地指出,货币正是那个颠倒了的离我们而去的类生活（die Gattungsleben）。在市民社会中,人们拜倒在货币这个"新上帝"面前,可悲地异化了自己的类本质。而这一切又是如何发生的呢?赫斯指出：

> 人们通过把人确认为孤立的个体,通过把抽象的、赤裸裸的人格宣布为真正的人,通过宣告人权、独立的人的权利,因而**把人与人们相互的独立、分离和个别化宣布为生活和自由的本质**,证明孤立的人格就是自由的、真正的、自然的人,也就确认了实践的利己主义（Egoismus）。[1]

---

[1] [德]赫斯:《论货币的本质》,载《赫斯精粹》,邓习议编译,南京大学出版社 2010 年版,第 151 页。

这真是精辟之极。正因为人是孤立的原子式的人,人与人之间才不得不通过非人的货币来重新结成一种物质交往的社会关系,这就是市民社会的产生。在这样的一个社会里,**中介成了目的**。桥成了家(席美尔)。人们必须不断地以丧失自身的自由为代价来换取这个中介,从而维系自己的生存。在赫斯看来,更为可恶的是,如果在古代的奴隶制的强制中,人们只能不情愿地被出卖,产生痛苦是自然的和合乎人性的,而在这个货币世界里,人们自愿地自我出卖,倒是自然的和合乎人性的。他说:"人首先必须学会蔑视人的生命,以便自愿地把它加以出卖。人们首先必须把以前认为现实的生命、现实的自由是无法估价的财产的认识忘掉,以便把这种生命和自由拿去出卖。"[1]所以,资产阶级社会制度宣称"私有财产神圣不可侵犯",但对于一无所有的无产者来说,这种法权就像夜空中的星星,不过是一个美丽的空中楼阁、一个永远也兑现不了的美丽诺言罢了。所谓平等自由的交换实际上是以财富和等级上的不平等为前提的。以虚假的"普遍利益"和普遍的无差别来遮蔽有产者与无产者的区别,这不是欺诈又是什么?与赫斯同时代的蒲鲁东喊出了"所有权就是盗窃"的犀利口号,真是英雄气势,荡气回肠。

基于这个经济异化的思想,赫斯便把矛头对准了古典经济学。他一针见血地指出:"经济学同神学一样,关心的根本不是人。国民经济学是尘世的发财致富的科学,正如神学是天国的发财致富的科学(Bereicherungswissenschsft)一样。"[2] 赫斯真是德国的西

---

[1] [德]赫斯:《论货币的本质》,载《赫斯精粹》,邓习议编译,南京大学出版社 2010 年版,第 147 页。

[2] [德]赫斯:《论货币的本质》,载《赫斯精粹》,邓习议编译,南京大学出版社 2010 年版,第 146 页。

斯蒙第。他认为,人的类本质**应该是**人与人直接的相互交往,但资产阶级社会把这一切直接的交往、一切直接的生活都消灭掉了。他说,上帝对理论生活所起的作用,同货币对颠倒的世界(Verkehrte Welt)的实践生活所起的作用是一样的:这是人的外化了的能力,人的被出卖了的生命活动。赫斯认为,自由竞争不过是一切人反对一切人的战争,在最普遍的自由的假象之下是最普遍的奴隶制。他说,金钱的存在本身就是人类的奴隶制的标志。他认为,资产阶级社会经济王国真是一个社会动物的世界。在这个只见物不见人的世界里,人的类本质不断地被异化。如何才能消除这种异化呢?

如同费尔巴哈要求人从天上回到直接的感性生活中一样,赫斯也要求了一种类本质的直接实现,这就是共产主义(Kommunismus)社会。在那里,非人的、外在的、死的交往手段将被废除,人与人之间真正地联合起来,成为一个实现了人的交往类本质的社会。不难发现,不管是西斯蒙第还是赫斯,人本主义的批判最终都是想为人类的命运指明一条康庄大道。**伦理批判的结果必然是伦理要求**。这也许正是人本主义的可爱之处,也是它的致命弱点。伦理呼喊往往是最激动人心的,也往往是最空洞的。没有工业革命,便不会有人的社会"类本质"。这是人类现实的生存之根,也是人类能思之源。**没有物质前提,一切幸福和道德都是空的**。归根结底,古典经济学所研究的事物化的社会结构和运动规律,始终是绕不过去的。正确的理论批判必得站在古典经济学的劳动价值论的理论前提之上,才能继续往下批判。不幸的是,初出茅庐的青年马克思却不这么认为。他接过赫斯的旗帜,继续以一种伦理冲击来对待社会现实和古典经济学。我们不妨耐着性子,来看看这一被传统教科书所忽视,却被西方人本学的马克思主义者奉为宝典的

《1844年经济学哲学手稿》。

三、劳动异化：形而上学的含羞草

实际上，如果对费尔巴哈有进一步的了解，人们就会发现，他的人本主义异化批判与他的直接感性的唯物主义在理论逻辑上是内在背反的。以我们之见，人本主义异化史观本身同样只是一种**隐性**的观念优先，那个作为批判之根的理想化的价值悬设，是一个远离尘世的十字架上的真善美。这是一朵在历史观中不结果的唯心主义之花。而在消除异化的道路上，费尔巴哈除却了那个导致异化的非人的中介性，回归到直接的感性活动上来，但这种直接的感性活动又在哪里呢？尽管费尔巴哈勉强把物质存在界定为第一性的存在，因为正是这种第一性的存在创造了异化之物，但正如我们前面所说，在工业革命之后这种第一性的物质存在是指自然原物呢，还是指人工之事物呢？费尔巴哈本人并没有意识到这个问题。所以，他一方面要求否定感性的物质生活所产生的异化，另一方面又要回到这种感性的物质生活，而回到这种感性生活必然还会产生异化，如同我们已经看到的那样，从天上回到人间的人并不就是一个没有被异化了的理想状态的人。因此，面对这个直接的感性生活，如何只要好的方面而不要坏的方面？费尔巴哈不得不在理论上制造了一个理论断裂：肯定直接感性，否定异化。这就是我们所看到的费尔巴哈的主要理论框架。这其实就是一种典型的形而上学。这种断裂式的形而上学的思维深深地影响着青年马克思。我们认为，这也是马克思在《1844年经济学哲学手稿》中出现两种理论逻辑的原因所在。既想从现实出发，又要批判这个现实，对于既没有读懂古典经济学也没有读懂黑格尔辩证法的青年马克思来说,除了拿起人本主义这支没有子弹的枪,他还能拿什么呢?

沿着赫斯的论证,青年马克思接着说,赫斯在交换中所发现的人与人的类关系的货币异化其实是以生产为基础的,因为人们首先不是交换思想,而是交换产品,而产品只能在对象化的生产劳动中获得。马克思进而把劳动一分为二:对象化的劳动和异化的劳动。费尔巴哈指认了对象化是人的感性的物质生活,马克思则进一步说明对象化就是工业劳动。他说:"工业的历史和工业的已经产生的对象性的存在,是一本打开了的关于人的本质力量的书。"[1]在这里,马克思肯定了对象化劳动的现实意义,但这个作为古典经济学理论出发点的现实经济活动并不是这时的马克思的理论出发点。他的理论出发点依然是西斯蒙第和赫斯的"人",从这个"人"再来反注古典经济学乃至黑格尔哲学,马克思由此便建构了一个**人学社会现象学**。他要通过现象来看本质。在同样的经济现实之下,他看到了与斯密和李嘉图的理论所见截然相反的经济事实。这就是**劳动本质的异化**(Entfremdung in dem Wesen der Arbeit)。

青年马克思认为,人的真正的类本质是自由自主的劳动,这种自由自主的劳动在资产阶级社会中却成为异化劳动。以他之见,劳动异化有四个层次。第一,劳动产品异化。劳动产品本来是工人创造出来的,可是在资产阶级社会中,工人不仅不能拥有劳动产品,而且还受制于劳动产品。在一切都是为了生产的情景之下,"工人的产品越完美,工人自己越畸形"。第二,劳动活动的异化。劳动本来是自由自主的活动,是主体生命的本质体现,可是在资产阶级社会中,劳动成了一种被迫的行为,工人不得不出卖自己的劳

---

[1]《马克思恩格斯全集》第42卷,人民出版社1979年版,第127页。

动。这就造成了马克思所认为的第三个层次上的异化：人的类本质的异化。人的类本质本来是人对动物的优点：

> 动物只是按照它所属的那个种的尺度和需要（Bdürfnisse）来建造，而人却懂得按照任何一个种的尺度来进行生产，并且懂得怎样处处都把内在的尺度运用到对象上去；因此，人也按照美的规律来建造。[1]

可是现在，异化劳动使这种优点畸变为缺点，工人被剥夺了一切，自由自主的活动变成了仅仅维持自己生存的手段。第四，这三种异化的结果必然是人同人相异化。"他人就是地狱。"（萨特）工人由此生产出了自己的对立面——资本家，而这个资本家不幸只是资本的人格化，是一种直接事物化了的虚假主体。在这里，每个人都彻底地被异化了。在这个充满着不幸和苦难的现实世界里，工人创造了一切，却又从中丧失了自己本来应该拥有的一切，成为一无所有的无产者；而没有付出任何劳动的人，却从中得到了本来不属于自己的一切。我们认为，在马克思的这个精致的劳动异化理论里，实际上隐含着一个劳动价值论自身的困境：古典经济学论证了劳动创造价值在生产领域中的科学性，但这个劳动价值论为什么到了分配领域行不通呢？问题出在哪里？在马克思这时的理论无意识里，拒绝劳动价值论正是他的劳动异化理论的必然结果。

马克思进一步论证说，异化劳动的必然结果，是私有财产（Privateigentums）的出现。这是一个"跟劳动格格不入的、站在劳动之外的人同这个劳动的关系"。资本与劳动的关系实质上就是

---

[1] 《马克思恩格斯全集》第42卷，人民出版社1979年版，第97页。

一种私有的关系。劳动是属于资本家(Kapitalisten)个人的,而不是属于整个社会的。同赫斯一样,马克思也指出了一条消除异化的共产主义之路。他认为,人类的解放不是别的,就是人的类本质的真正实现,而这只有在扬弃了私有财产、由没有被异化的人(即真正的社会的人)组成的联合体——共产主义社会中才能实现。他认为这样的社会是"人同自然界的完成了的本质的统一,是自然界的真正复活,是人的实现了的自然主义和自然界实现了的人道主义"[1]。共产主义作为一种应该达到的理想状态,就像它自身的人本主义"应该"与"是"的逻辑论证那样,仅仅是一种伦理上的激动与义愤。它在拒绝现实苦难的同时也拒绝了现实本身。宗教要求人们为了上帝而献身,哲学要求人们为了理想而献身,但一个现实中活生生的人仅仅因为异化的存在就不再继续生活了吗?人本主义难道不也正是新一轮的**造神**运动吗?人们拜倒在高悬着的"应该"的脚下,与信徒拜倒在神的脚下有什么区别呢?只有在"神"的目光中,尘世生活中的"人"才是非人,才是一个需要超度和重新注入"类本质"的人。实际上,人本主义走到马克思这里,还能往前走多远?不远了,真的不远了。就在马克思完成这部手稿后不久,青年黑格尔派的另一杰出代表麦克斯·施蒂纳便出版了一本对人本主义的理论逻辑进行全面批判的《唯一者及其所有物》。

四、走进新时代:"类本质"的颠覆和人本主义的终结

19世纪40年代的德国,很多激进的青年思想家都为费尔巴哈所征服,"一下子都成费尔巴哈派了"。费尔巴哈对基督教的批

---

[1] 《马克思恩格斯全集》第42卷,人民出版社1979年版,第122页。

判适应了时代潮流,启蒙了当时的德国思想界,同时他用他的感性优先的唯物主义原则来批判黑格尔唯心主义,这对于要从黑格尔的庞大体系哲学中脱身的青年先锋来说是极具诱惑力的。但若把费尔巴哈的思想放在哲学天平上,会有什么样的分量呢?形而上的人本主义站在远离现实的哲学高岗上,到了今天又是一种什么样的结局呢?我们以为,从施蒂纳对费尔巴哈的诊断中,我们看到了一个被砸碎了的费尔巴哈的影像,听到了传统人本主义临终前的呻吟。施蒂纳远远走在与他同时代的仍以人本主义来进行理论构架的克尔凯郭尔乃至其后的存在主义者萨特之前。他开尼采之"上帝死了"的反形而上学之先河,是今天各种沸沸扬扬的所谓后现代思潮的前驱。如果人们仔细地进入施蒂纳的思想世界,就会发现我们的评价是一点也不过分的。

针对费尔巴哈的"**人就是人的最高本质**"(Der Mensch ist dem Menschen das hochste Wesen)的人本主义断言,施蒂纳一针见血地指出,费尔巴哈的人本主义不过是人的宗教。打倒了上帝,又把人抬高到了上帝的地位,这对于现实中的个人而言,不过是统治者换了一副面孔而已。他认为,在我们暂存的肉体之中却栖居着一个永恒的本质,这个作为类而抽象存在的"人",与"上帝"的概念一样,对于个人来说,"保持为一个崇高的彼岸世界,一个达不到的最高本质,一个神"[1]。只是这一次不叫"神圣的",而叫"人性的"罢了。**过去在黑格尔那里叫作观念、思想和本质的东西,现在就叫作人、类本质和人性**。这实际上就是哲学形而上学抽象的结果。费尔巴哈忘了,如果我是人,你也是人,那么我与你又有什么区别呢?活生生的个人就这样被作为一般原则的"人"的概念淹没了。在

1　[德]施蒂纳:《唯一者及其所有物》,金海民译,商务印书馆1989年版,第156页。

"人"的名义下,作为不可替代的独一无二的我——唯一者,就这样被"杀害"了。在流水线生产的机器大工业时代,启蒙时代的这个富有战斗力的"人"便已经躺在了轰隆隆的机器底下:人死了,剩下的只是流水线上缩减为一只拧螺丝的手、一只踩踏板的脚的断肢残体。个性被磨平了,资本同一性所制造出来的只是千篇一律的人的同一性,这就是费尔巴哈的"类本质"!施蒂纳说:

> 如果我知道我自己是唯一者,那么而后我就是所有者。在唯一者那里,甚至所有者也回到他的创造性的无之中去,他就是从这创造性的无之中诞生。每一在我之上的更高本质,不管它是神、是人都削弱我的唯一性的感情,而且只有在这种意识的太阳之前方才黯然失色。如果我把我的事业放在我自己,唯一者身上,那么我的事业就放在它的易逝的、难免一死的创造者身上,而他自己也消耗着自己。我可以说:
>
> 我把无(Nichts)当作自己事业的基础。[1]

施蒂纳想要说明,"我是高于一切的",这个"我"不依从于任何对象和总体性,"我"是不能被定义的,任何思辨的哲学及其概念都不可能涵及个人的这一独一无二的生存。后来海德格尔进一步认识到,**一个现实中活生生的人是一个必死者,个体生存的有限性的时间性正是形而上学所无法越过的本体性栅栏**。一部哲学史,正是一部存在的遗忘史。当它用形而上的概念去捕捉人的"本质"和"共同性"的时候,它必然会遗弃不能被盖棺定论的活生生的个人的当下生存。在这里,施蒂纳反对一切形形色色的"类"和"总体"

---

[1] [德]施蒂纳:《唯一者及其所有物》,金海民译,商务印书馆1989年版,第408页。

对现实的个人的本体论压迫和概念压迫。当一个人自称代表人类和全体人民的时候，接下去一定是一个**总体性的谎言**。当启蒙时代的人们宣称"自由、民主和平等"的时候，这个"自由、民主和平等"一定**只属于有产者**，只属于新兴的资产阶级。资本原始积累的血腥事实沉痛地证明了这一点。当然我们也还不得不说，这个"自由、民主和平等"最初**只属于资产阶级的男性白人阶层**。

所以，这个立足于现实生活中的个人，正是施蒂纳全部立论的出发点，也是后来以克尔凯郭尔为始端的全部新人本主义哲学的逻辑起点。施蒂纳深刻地指出，要求一种类本质实现的共产主义社会实际上与要求一种"非个人的统治者"的资产阶级社会一样，实现的都只是一种类的总体。共产主义如果还只是一种人本主义之上的伦理要求，那么它最多不过是以一种总体的统治取代另一种总体的统治罢了。施蒂纳说，（青年马克思的）这个"真正的社会"，是另一个把现实的个人抹杀掉的社会，"任何人都不许拥有什么，只有社会保持财产"。**在这个至高无上的"社会"的名义之下，所有人都变成平等的个人，实际上就是变成了零：个人什么都不拥有**。唯一者并不是所有者，甚至连最本能的七情六欲都被压制了。共产主义与资本主义在伦理上对立的结果，真的就是"应该"与"是"的鲜血淋漓的撕裂。施蒂纳要求斩除这种撕裂，在一种当下的历史性生存中把十字架上的真善美内嵌于现实土地之上的现实的个体存在。他认为，在仅此一次的独一无二的个体生存中，真善美并不超越于此岸中，而就在此岸中。每个人"在世间"，并没有本真存在与非本真存在、人与非人的区分。换句话说，即使作为一个被异化了的人，我仍是一个活生生的人。我只有一种存在，那就是当下的存在——一种真真切切的存在。我们以为，施蒂纳差一点就走到了历史辩证法的边缘。如果以这个当下的存在作为批判的起点,站在古典经济学的立场上来重新审视人类历史,那么人本主义的抽象逻辑在被颠覆的同时也就没有丢掉自身对异化的批判性。但很可惜,施蒂纳并不懂古典经济学。他是怎么来要求这个"我"的实现呢?不得不说,这依然是一种强暴与统治的逻辑。

他说,"没有人是我的平等者","对于我来说,没有人是值得我尊重的,即使同类的人也是如此",我把其他存在当作"一个我所关心或不关心的对象,有用或无用的个体"。说到底,只有"我"是强者,能占有对象,他者只是弱者,只配充当"我"的对象。我们以为,施蒂纳的这个"我"可以与后来尼采的"超人"相媲美了。真的很可笑,施蒂纳忘记了,"我"作为唯一者,既是确实的,又是不确实的。一个人只有在与他人的关系中才能成其为人,在我把他者对象化的同时也就被他者对象化了。我们以为,施蒂纳的这个"超人"式的个人是不存在的。尽管施蒂纳把理论出发点从人本主义的抽象之人拉回到现实存在的个人,但他并没有给这个现实存在的个人注入实实在在的内涵。这个离开了一定的人与人之间的关系的"我"实际上才是抽象之极的臆想物。如同帕斯卡尔所说,个人"对于宏观的无穷而言是虚无,对于微观的虚无而言则是全体"[1]。施蒂纳只是截取了后一段。这也许正是他在颠覆抽象的人本主义的同时仍然拖着一根抽象的辫子的原因所在。更何况,不管是施蒂纳还是尼采,一种主奴式的人本哲学的建构不过正是自工业革命以来的人对自然的控制与奴役在理论上的写照。人本主义的逻辑必定是一种奴役的逻辑,这一点无论是对费尔巴哈的"人"或者是对克尔凯郭尔的"这个人"(还有施蒂纳自己的"我",稍后的弗洛伊

---

[1] 何怀宏:《生命的沉思——帕斯卡尔漫述》,中国文联出版公司1988年版,第131页。

德的"无意识",柏格森的"生命直觉",萨特的"存在",乃至胡塞尔的"本质直观",等等)来说,都是成立的:它们都只是在用一种至高无上的"概念"来建立一个拜物教式的概念王国,这正是哲学本体论惯用的伎俩。当那个"第一性"的东西衍生出各种纷繁芜杂的解释世界的概念之时,与李嘉图把各种形式不一的财富形式统归为最后的至尊概念:价值——资本又有什么区别呢?当后来的科学主义思潮与人本主义思潮之间弥漫着经久不息的敌意的时候,阿多诺真是哭笑不得:**科学把自己打扮成纯粹的主观性,不过是在以极端的方式承认自身的主观性而已。**主体冷漠地离开客体不过是为了更方便地操纵它,无人的客观性纯粹就是一个幻想。科学是人的,更是个人的(波兰尼语)。而人本主义用自身的强暴逻辑,终于粉碎了对自由和解放的一切希望。如同以塞亚·伯林(Isaiah Berlin 1909—1997)所说,一个人的自由必定伴随着他人的不自由。这一点施蒂纳说对了。"我"的自由必定是通过对他人的奴役和压迫而实现的。

依阿多诺之见,人本主义之所以走进了自身的死胡同,原因就在于,"应该"与"是"的二元分立不是来自别处,正是来自主体和客体的绝对分离的概念体系。始作俑者当属笛卡尔的精神和肉体的二分法。这是近代形而上学的源头。在主体与客体之间只要还存在着一种统治与被统治的关系,等级制——社会现实上或概念抽象上的等级制——就不可能被彻底废除。阿多诺指出,概念拜物教不过是市民社会拜物教的理论反映:同一性哲学的社会基础正是商品经济的等价交换原则。在这个意义上,对现代性进行反抗的人本主义不过是在为现代性呐喊助威而已。反对同一性的后现代思潮正是资本同一性的最大帮凶。这正是哈贝马斯后来所说的,看似激进的后现代"主义"其实正是最大的保守主义。这一点在施蒂纳的那个消解一切却又穿上了"我"的拖鞋的"无"那里就已经昭示出来了。阿多诺为此断言,批判思想的目的是废除等级制:如果说还存在着主体和客体,那么这个主体与客体之间只会是一种非同一的相互平等的伙伴关系(本雅明的"星丛")。在这里,阿多诺宣扬了一种"无调哲学",一种祛除了同一性的企图的非同一性哲学。在这里,一切线性的奴役和强制、所有的理论体系和"主义"都被消除了,一切以人为中心的功利性意向都消解了。这也就是阿多诺所提供给我们的"后人学"。说到底,阿多诺仍在追求一种理想化了的人与人的自由和平等的关系。哈贝马斯后来的那种非同一性的交往理论似乎正是想给人们提供这样的一种理想的世界图景。

实际上,我们以为,人本主义用自身的历史不过是说明了一个再简单不过的道理:没有绝对的自由和平等。绝对即界限:存在是此在的存在,而施蒂纳的那个空荡荡的历史性生存必得注入鲜活的内容才能更具批判力。这一点正是马克思后来做的。正是马克思一句人的本质在其现实性上是"一切社会关系的总和"(Ensemble der gesellschaftlichen Verhältnisse),宣布了一个新的哲学时代。要知道,"自由、民主和平等"从来就不是政治观念和政治事件,而只是一种历史的现实关系。解放不是思想活动,而是历史活动。工业文明的历史性进步是毋庸置疑的,问题只在于如何站在这个现代性的高点来真正地超越这个历史性进步。这也正是马克思在施蒂纳出版《唯一者及其所有物》之后致力于要做的政治经济学的理论研究工作。

我们还以为,实际上,到了施蒂纳这里,一切哲学本体论的建构都是没有出路的。哲学本体论的辉煌年代从爱利亚学派始,到黑格尔就已经算是终结了。形而上学的本体论迷梦破碎了,**任何**

寻求世界的终极本原并建构一个包罗万象的体系的哲学,如果不**是太过于轻浮,就是太过于无知**。胡塞尔后来不无伤感地说,不要给我大钞票,我要的是小零钱。黑格尔式的思辨哲学的黄金时代已经一去不复返了。睿智的马克思不可能在施蒂纳之后再去建构一个"实践"第一性的或"物质"第一性的历史唯物主义的本体论哲学。这一点我们很快就会看到。

五、重返经济学之路

1844年年底的马克思,愁眉紧锁了:用什么来回击施蒂纳?马克思终于再一次把目光转向了古典经济学。当他不再以一个哲人的眼光,而以一个常人的感觉面对历史现实时,他忽然看到,这是一片人类真实生活世界的大地。

我们认为,实际上,人本主义走到了死胡同,还有另一个主要的原因,那就是它的立脚点问题:无论是"人类"还是"个人",归根到底都还只是一个哲学上的**概念**。为什么?因为它们与现实的经济生活没有任何关联。即使是新人本主义宣称要关注"存在",但除了海德格尔之外,其他人都无法给"此在"带来真正的存在——"生活世界"与其说是一个哲学上的概念,不如说是一个经济学上的概念——"此在"是通过什么得以存在于世间的呢?经济学家们不愿意回答这样的问题,哲学家们则是不知道该如何回答这样的问题。同时,当新人本主义者把理论定位在个人之上,他们并不知道,他们手中的线穿过了资本主义的针眼,从而缝结了一张资本主义的事物化之网。这就注定了它们的出路就是没有出路,用萨特的话说就是:No Exit。原因很简单:资本的事物化这一"普照的光"连人的心灵也事物化了。思想被事物化的后果,就是一切反思哲学的批判性的沦丧(最好的例子,便是风起云涌的"后现代"甚或"后殖民"理论)。个人从头到尾,都处在一种被事物化的深深的自我认同之中。"事物"夺走了个人所有的灵光。在资本的主义的铁蹄之下,单子式的、原子的个人是没有任何出路的:事物化是命定的。

但是,在施蒂纳的炮火之下,马克思的过人之处便是他勘破了一切旧唯物主义和唯心主义的这一致命的弱点,导引了对现实事物化的另一种革命性批判。这一点,马克思是从过去他激烈地否定的古典经济学那里学到的。为此,我们必须稍费笔墨,再来谈论一下古典经济学。

我们在前面已经提到过,斯密眼里的价值与财富是等同的,因为他主要是从交换所得的财富量来理解一个商品的价值的,更深一层的原因是,斯密时代的劳动主要还是手工业的劳动,资产阶级社会经济体系还处在早期的市场交换的建构过程中,自由市场经济刚刚开始,通过利己主义的个人主体活动建构起来的市民社会看上去也还是一个无理性的盲目运作的社会,而人与人的社会联系也还没有表现出**彻底**的社会化和事物化的形态。劳动(劳动者的手艺)与**个性**也并没有完全脱离。也正因为如此,分工在斯密的经济学里占有重要的理论地位,这是一个事实[1],其实也就是一种不彻底性。用马克思后来的话来说,斯密始终"用资本主义生产当

---

[1] "事实"一词其实是个陷阱。从现象学而发的格式塔心理学表述了一个很精彩的观点:日常事实其实是个最复杂的事实,而真正简单的事实是科学规律上的事实。例如,物体在真空条件下的下落速度是一样的,这是最简单的事实,但在空气中,重的物体先落地,轻者其次,这个事实的复杂性就在于它多了许多变量。我们借此想说明,当李嘉图后来完全"无视"斯密的这个"分工"时,恰恰就是去掉这许多的变量,抽象出纯粹的价值——资本。由此,政治经济学在科学的意义上达到了它自身的高峰。

事人的眼光来看待事物，完全按照这种当事人所看到和所设想的样子，按照事物决定这种当事人的实践活动的情况，按照事物实际上呈现出来的样子，来描绘事物"[1]。由于这种不彻底性，斯密为后来的庸俗经济学家打开了方便之门。这种方法还与直观式的（洛克的，尤其是法国启蒙时代的唯物主义者的）自然唯物主义牵扯在一起，"抽象"的背后还拖着直观的辫子。反映到劳动价值论，就是我们刚才所说的，斯密还是从财富的交换的直观角度来理解价值。具体说来，这就是他的二重的价值理论。他一方面从价值的决定层面界定了劳动价值论，另一方面又从价值的实现层面界定了劳动价值论。这后一个方面，说白了，也就是价值的交换的实现。一个人的商品必须通过社会交换才能成为真正的商品，所以，在斯密眼里的社会关系还不完全是生产劳动（尽管只是手工业劳动？）中结成的人与人之间的关系，恐怕主要还是指由商品交换的经济活动所结成的人与人之间的关系。但我们也必须承认，无论是由哪一种活动结成的社会关系，都是非人为的客观社会联系（在经济学家们看来，这恰恰就是一种"自然的"秩序）。这也就是斯密那著名的"看不见的手"的隐身之所：市民社会。实际上，市民社会越向前发展，就越彻底地成为一个真正的经济事物化结构占统治地位的必然王国。这个王国实质上也就是资本的王国。这一点，李嘉图准确无误地体悟到了。

我们认为，资本主义的真正完成是大工业时代的社会化大生产的劳动方式的统治地位的取得。李嘉图是这一时代的杰出人物，也是站立在现代性之上的巨人之一。在这里，政治经济学完全

---

[1] ［德］马克思：《剩余价值理论》第 2 册，中共中央马克思恩格斯列宁斯大林著作编译局译，人民出版社 1975 年版，第 243 页。

驱逐了它在斯密那里的直观的残余,达及了一种真正的科学上的抽象。劳动与个人的特性、品格彻底地不再有任何关联,流水线作业的时代开始了。劳动价值论也达到了它的真正的顶点:价值不再指向财富,而是指向了它的更上一级——资本,一个完全不可视的、纯粹抽象的"观念"之物。正是资本的创造及其积累,而不是财富的创造及其积累,成了李嘉图的理论焦点。由此李嘉图走到了一个新的科学情境中去,就是把各种固定的和彼此异化的财富形式还原为它们的内在的统一性,并从它们身上剥去了那种使它们漠不相关地相互并存的形式。这个内在的统一性就是由社会化大生产所制造出来的资本的同一性。这种同一性也就是资产阶级生产方式的现代本质,而由这种生产方式所结成的人与人之间的关系则被彻底地事物化了,也就是说,**人与人之间的关系被蒙上了一层事物与事物之间的关系的面纱,而这种事物与事物的关系最终成为一种独立的力量**。资本正是作为一种事物化的关系来生产并复制自身,并造成了一种同质化的时空,换用今天的话语,那就是"全球化"。这是现代性的彻底完成,李嘉图追求的不再是人的需要,而是资产阶级社会生产方式本身的客观需要,这也就是人所共知的无限制的"无主体的"资本增殖和利润。斯密的"经济人",终于在李嘉图那里变成了非人的"帽子"。从商品到货币再到资本,这是一个事物的王国的完成,资本的主义在这里也终于达到了它自身的逻辑顶点。人们失去了在前资本主义社会中的那种直接的人与人之间的交往和联系,但又通过一个巨大的事物的中介,重新结成一个总体需要的"市民社会"。在这样的一个社会里,质的差别没有了,只有量化、可计算性和可操作性,而一种东西如果不能量化,如果不能被复制(在现在的生物工程里,在理论上人似乎也可以复制了),那么最后的结局只能是自我毁灭。在这样一个社会里，拜物教也终于有了一个"安身立命"之所。人被事物淹没了，却还自诩为"大自然"的主人。但这所有的一切，都已作为一种最"简单明了"的事实、作为一种再也自然不过的常识，被人们所接受。

政治经济学正是在这种"事实"之下发现了再客观不过的经济运作的"自然"规律（实际上，也就是资本生产并复制自身的无人的自发运作规律，即**似自然性**，详细讨论见下一章）。正如杜娜叶夫斯卡娅所说，"工业革命创造了把无数具体劳动还原为单一抽象的可能性，因而这些劳动的唯一特性在于它们都是人类的劳动。这样一来，劳动事物化为一件物品而采取的形式便成了一个偶像，蒙蔽了政治经济学的新科学的眼睛，使它看不到人类关系已经被还原为'人与人之间的物的关系和物与物之间的社会关系'"[1]。这就是站在资本的制高点之上的李嘉图所能够给予我们的东西：劳动价值论。从斯密的自由市场经济一步步走到今天的全球资本主义经济，只要资本还在四处活动，它就依然没有失去自身的光芒，尽管创造资本的劳动也逐渐远离了体力劳动这样的一种可直观的形式，变得越来越抽象，越来越不可捉摸，但只要人类自身还在进行这样的一种生产活动，那么，资本的主义就依然是人们身边的一个最熟悉的身影。由此，李嘉图为资本的主义画了一个与他的"帽子"一样大的惊叹号：**事物化**！在这个惊叹号面前，他的双眼写满了两个字：悲观。

由此不难发现，古典经济学揭示出了一个**资本**的主义的秘密：资本，其实就是一种社会关系，并且是事物化的社会关系；资本的主义意味着，事物的力量成为社会关系的主导力量，换用马克思后

---

[1] ［美］杜娜叶夫斯卡娅：《哲学与革命》，傅小评译，辽宁教育出版社2000年版，第79页。

来的说法，那就是**人自己创造的经济力量成了奴役人的拜物教**，即**物役性**现象（详细讨论见下一章）。当马克思在1845年第二次研究古典经济学的时候（第一次是在1843年10月到1845年1月，在巴黎，其成果便是《巴黎笔记》中最负盛名的《1844年经济学哲学手稿》，但他不幸地与劳动价值论擦肩而过，根本没有理解古典经济学和黑格尔，而是掉进了人本主义之中去了），他终于跨进了古典经济学的大门。

可幸的是，马克思这一次没有空手而归。他发现，实际上，古典经济学正是建立在资本主义生产方式之上的，它的科学研究正是建立在资本主义市场经济的"事实"之上的，这是一个全新的基础。相对于费尔巴哈对实体性物相的直观指认，这实际上就是一种抽象。这种方法，如同约翰·斯图亚特·穆勒（John Stuart Mill，1806—1873）所说，"是在一种假设其他因素不变的情况之下，对某一种事实的科学研究"。这是马克思的"历史科学"（die Wissenschsft der Geschichte）的原发性基础。马克思开始对古典经济学刮目相看了。

从费尔巴哈那里回落到古典经济学的全新基础之上，马克思发现，这个全新的基础实际上就是**劳动价值论**。在现实的市民社会中，单个的人都得面对不以个人的意志为转移的价值规律。古典经济学对社会经济关系的这种抽象，使马克思意识到了一个问题：费尔巴哈把宗教的本质归结为人的本质，但是，人的本质并不是单个人所固有的抽象物，在其现实性上，它是一切社会关系的总和。这是因为，现实中的具体的个人，是处在市民社会里的社会经济关系中的个人，不同的社会经济关系会彰显出不同的特定的具体个人的生存。在这一点上，施蒂纳意义上的具体个人的当下生存，被马克思赋予了丰富的历史内涵。人是个体，但在社会生活中结合起来的人才是历史的现实的具体的人,人之所以能确立成为历史主体,恰恰是由于他自身构成的社会性生产活动。劳动价值论第一次在马克思这里获得了正眼看待。正是社会化大生产劳动,自然界才第一次臣服在人的脚下,生产力其实就是一个具有霸权色彩的语词。也正是这个社会化大生产劳动,彻底改变了前资本主义时期那种人与人、人与自然的关系。

1845年,马克思兴奋地写道:"在其现实性上,它(人的本质)是一切社会关系的总和(In seiner Wirklichkeit ist es das Ensemble der gesellschaftlichen Verhältnisse)。"[1]尽管对这个社会关系他还只是从**斯密的经济学水平之上**来理解,但用来对付一切人本主义(费尔巴哈、施蒂纳等人)以及传统的形而上学已经绰绰有余了。当他后来继续研究古典经济学,终于明白李嘉图的"帽子"的社会关系之时,他就有能力还击蒲鲁东的《贫困的哲学》了;站在**李嘉图的经济学水平之上**,他就能够轻松地驳斥李嘉图式的社会主义经济学家(当然还继续添上蒲鲁东)要在流通领域改良资本主义的幼稚之举了。但马克思后来为什么又没有陷入李嘉图的悲观主义之中呢?那是因为在完全理解了李嘉图之后,他并没有止步,而是沿着李嘉图的理路把劳动价值论往前推进一步,他认为,他终于发现了资本主义的自身否定性的科学理论:**剩余价值**。

这些就是马克思经济学研究进展的大致轮廓。我们认为,**在马克思的经济学语境中来理解他的哲学话语的转换,是一个极富吸引力的新天地**。许多关于马克思的已经有的或者将要有的误解或许都能在其中找到真正的答案。

---

[1] [德]马克思、[德]恩格斯:《费尔巴哈:唯物主义观点和唯心主义观点的对立》,中共中央马克思恩格斯列宁斯大林著作编译局译,人民出版社1988年版,第85页。

第二章　门前的风景

引　子

　　1845年春,马克思在《1844—1847年记事笔记本》上写下了《关于费尔巴哈的提纲》。这个简练而迷人的提纲,标志着一个日后响彻整个世纪,至今仍徘徊在人类上空的幽灵的诞生:马克思主义。这是一个具有魔幻般的吸引力的领域,自此以后,马克思就好像是不由自主地走下去了,而问题不是越来越少,而是越来越多:解决了一个,另一个又冒出来了。而马克思主义的精神,换一个词,也就是历史唯物主义,似乎也是越来越精致,越来越无懈可击。但不管怎样,有一个事实是明确无误的,那就是这个历史唯物主义的句号就像是鲁迅笔下的阿Q画的圆,总差那么一点点就完美无缺了。但是——谁又清楚生活中有多少个"但是"？就像一辆疾驶的汽车,总是有碰到红灯的时候,而且这样的时候似乎也并不是太少。这种独特的经济学—哲学之舞,除了马克思,还有谁会跳呢？更何况,谁又会用一生中的大部分宝贵时光来跳这种舞呢？马克思不是太伟大，而是太独特；不是太高尚，而是太用心。这个世界上既独特又用心的人不多了。当1845年的这个春天，马克思第一次自觉地、有策略地真正打破旧有的人本主义异化史观逻辑的时候，他就开始了他的历史唯物主义之旅——为什么有人会听不见，也看不见，这些都不重要了。被一个人视为珍宝的东西，在另一个人那里也许就是垃圾不如的东西。这是一个人人皆知的道理，只是，一个人板起脸说道理的时候，总是有点不太可爱。何止不可爱，简直是可恶，尤其是连说者本人都不知道什么是道理的时候。要把哲学当成原理，这的确是难为了写书的人和读书的人。马克思有一次说了一句除他之外大概谁也听不懂的话：我并不是马克思主义者。那么还会有谁是呢？——来不及想了，真的来不及了，因为我们已经叩响了历史唯物主义这个魔幻之门。

在施蒂纳"唯一者"的号叫声中，马克思听懂了一句话，那就是反对一切形而上学的抽象的本体论，回复到现实的个人（die wirklichen Individuen）。实际上，面对施蒂纳的责难，无论是费尔巴哈、马克思还是赫斯，他们都毫无招架之力：无论是"人""爱"还是"劳动"，无一不带有观念本体论的暴力企图，这实际上就是在制造一种"撇开历史进程"的抽象的主体本质。费尔巴哈的人本异化逻辑归根结底只是一种非历史的抽象，高耸在"是"的彼岸的那个"应该"，与高耸在尘世彼岸的那个"上帝"，实质上是同一个东西。由此，施蒂纳才会入木三分地说：基督教是没有历史的。而费尔巴哈以及一切人本主义都不过是在制造一种人的宗教。于是，相应地，马克思在《关于费尔巴哈的提纲》中实际上把施蒂纳的精彩批判吸纳了进来，更重要的是，马克思在现实的个人头上，又增加了具体的历史的规定。应该承认，施蒂纳是了解马克思的思想变革的非常关键的人物，而这对于那些从教科书那里来了解马克思的人来说尤其重要。概括地说,入门的第一步,就是要理解什么是历史性和非实体性。理解了这一点,我们就能够明白,历史唯物主义中的"历史"(Geschichte)和"事物"(Sache)究竟指的是什么。第二步,是我们还得注意,历史性还与时间性紧密相关。从本质上说,它主要不是一个构造性的力量,而是一种消解性的力量,因为说到底,时间性意味着一种有限性。因此,历史也就是在这个意义上生发出来的。与资本同一性所内嵌的同质均化的时间(由此,它归根结底还是带有绝对精神式世界历史的企图的)不同,历史唯物主义所指向的时间,是异质的、不会雷同的时间,它并不想提供一部雷同的世界历史(weltgeschichtlichen),而且,实际上,每一个时代都是异质于另一个时代的,历史不是停滞在某一点上,而是从某一个点上跃向另一个点,由此,马克思才会说历史的形态是有所变化,有所更替的。在这一点上,又与绝对精神的生成史存在一致性。只是在黑格尔那里,历史是有一个终点的,所以他才会从历史进一步转向哲学和美学。在古典经济学那里,历史发展到资本主义社会就终结了,内嵌在资本之中的同一时间已经生成,接下去便是世界历史,也就是资本主义的扩张,乃至全球化资本主义的完成。这是一股不可藐视的力量。但也正因为如此,我们才能够说,历史唯物主义从根本上是超越资本主义时代的,它一定会说,资本主义是历史的、暂时的。同时,也由于这个时间性,一切哲学上的形而上学本体论也终于被宣告是非法的,哲学如果是一门争取自由的学问,那么形而上学的本体论恰恰就钳制了这种自由。施蒂纳功不可没。

由此,马克思以前的那种抽象的不变的本质观也慢慢地被消解了。那个历史唯物主义中的"物",不再是费尔巴哈式的"物质第一性"上之物(Ding),因为这种第一性的物,不过也就是物质本体论，在施蒂纳的眼皮底下，马克思还有必要再去建构一个历史唯物主义的本体论吗？如果我们不能理解马克思在1845年之后所使用的概念的非本体论的意义，那么，即使重复一千遍马克思的话，我们依旧离马克思十分遥远。更何况，通过研究古典经济学，马克思发现，实际上，费尔巴哈不但在人本主义上是非历史的，在唯物主义上也是非历史的，费尔巴哈从头到脚，都与历史无缘。尽管他承认感性的物质活动，承认自然物质的存在，但这个自然物质被设定为是可以直接达及的不变的东西，是某种开天辟地以来就已存在的、始终如一的东西。这种对历史的视而不见，令马克思有点哭笑不得。他不得不承认，与黑格尔比起来，费尔巴哈是相当贫乏的。但马克思并没有到此为止。

既然历史唯物主义中的"物"不是可以直接达及的不变的东西，那么，它也就不会是我们肉眼所能看到的俯拾皆是的实体之物。费尔巴哈喜欢直观的感性，但这种直观的感性在资本主义发生之后已变得越来越不可能。自然物质对象第一次成为人类主体全面支配的客体，举目四顾，自然界又还有多少角落没有人的足迹呢？直观的感性又把自己置于什么样的基础之上呢？当这种基础已经丧失殆尽的时候，直观的感性的唯物主义就不再是唯物主义了，而毋宁说是一种唯心主义。历史唯物主义如果还可以被称为一种唯物主义，那么它显然与费尔巴哈式的唯物主义毫无瓜葛。

所以，不难理解，马克思的历史唯物主义中的"物"，说到底，其实也就是指社会关系（gesellschaftliches Verhältnis）。在马克思看来，社会关系是由物质生产活动于当下建构出来的。所以，接下来，马克思忍不住要分析人类历史性存在的四重原初关系，他以为，这是历史的起始。在这个意义上，历史唯物主义第一次向我们迎面走来。

众所周知,在德国,从赫尔德、康德到黑格尔,历史发展的思想是一条重要的线索。但马克思发现,"德国人习惯于用'历史'和'历史的'这些字眼来随心所欲地设想,但就是不涉及现实"。马克思想去言说一种涉及现实的历史。因为在古典经济学的影响之下,他也兴致勃勃地想去建构一门历史科学(die Wissenschsft der Geschichte)。这毕竟是一种蛇一般的诱惑。历史前进的动力在哪里?为什么会从一种历史形态变革为另一种形态?马克思既想做一种哲学上的总结,又想做一种具体的经济学上的分析,将"大钞票"与"小零钱"一把抓住,真是难为了这位旷世绝才。

马克思认为,人类社会的整体存在有四重原初的关系:一是物质生活资料的生产(produktion);二是物质生活资料再生产(Reproduktion);三是人自身的生产;四是构成一定生产活动的决定性因素,即一定的生产方式(Produktionsweise)。正是这四重原初的关系,提供了一个人类历史发展的最初轮廓。在历史唯物主义的视域中,社会存在(gesellschaftlichen Dasein)[1]是与一定的时间和空间相关联的,这一点不能忘记,因为它的基础,正是由一定的个人以一定的方式来进行的生产活动。人类的历史性存在的状况,是由人类社会历史所达到的生产力的状况来决定的。细心的读者也许已经发现,我们在这里避免使用"生产力决定生产关系"这样的语言,因为我们认为,马克思在这个时候的文本中并没有使用"生产关系"这个词语,而他这时所理解的"社会关系",主要也只是指"交往关系",因为他这时的经济学水平是斯密的而不是

---

[1] "gesellschaftlichen Dasein"一词应该译为"社会定在",与马克思的"一定的社会历史条件"相一致。由赫斯首先使用,马克思在《1844年手稿》《1857—1858年经济学手稿》和《政治经济学批判》中分别使用过一次,在本书中,马克思并没有使用此词。马克思在1959年写下的《〈政治经济学批判〉序言》中使用了"gesellschaftlichen Sein"(社会存在)一词。

李嘉图的。在一定程度上，他所使用的许多经济学上的概念都是不够准确的。他苦心孤诣所研究的这个历史发展的"一般规律"，并没有我们教科书上的那种确定与绝对。不管怎么说，《德意志意识形态》终究只是一个不成熟也不够成功的文本。没有了抽象的"类本质"，马克思只好老老实实地做一个初入门者，来探讨现实经济生活中的人的本质，也就是现实的社会关系的总和，但又免不了一种哲学上的提升，所以这种初步的尝试，终究不是那么令人愉悦。

所以，马克思话锋一转，就转到了分工（Teilung der Arbeit）之上。这是他的新的批判武器。人本主义异化逻辑的批判在哲学上被摒弃了，马克思的目光就盯在了经济学上的分工之上。只是他当时的经济学水平实在有限，他根本不能区分分工的不同性质和不同的历史形式，因此他就直接地指认社会经济生活中的各种矛盾都是由于分工造成的。尽管如此，他的批判还是很有力度的。为了解决这种不幸的局面，马克思指明了一个道路：消灭分工。斯密在分工上看到的"人人为自己，上帝为大家"的美好前景，在马克思这里则是苦大仇深。不再是人本主义之上的"应该"了，却又是经济学上的茫然。马克思虽然跨进了古典经济学的大门，却还有点懵懵懂懂。所以，他不遗余力地由分工又导引出了一种历史性的社会批判，把包括资产阶级社会在内的四种所有制形式都置于他的炮火之下。

《关于费尔巴哈的提纲》是马克思站在古典经济学的劳动价值论的基础之上，吸纳了施蒂纳对人本主义异化逻辑的批判，第一次自觉地、有策略地对费尔巴哈进行一个总的清算，在这之后，尤其是在《德意志意识形态》（1845年）第一章写完"费尔巴哈"之后，马克思便再也没有回到费尔巴哈的思考上来，而是把目光转向了黑格尔和李嘉图。这是他创建历史唯物主义的艰难历程的开始。广义历史唯物主义从根本上来说是马克思站在斯密（而不是李嘉图）的经济学水平之上对历史辩证法的初步探索。因此它也只是对社会历史一般原则的探讨。而这一点从根本上尚未超越古典经济学的意识形态之魔界。不幸，对这个广义历史唯物主义的误读正是斯大林教科书体系得以讹传的源头，也是很多人（包括西方许多深刻的思想家）把它看作马克思的最终思想成果的缘由，似乎马克思就停止在"历史决定论的贫困"之中不再向前。这是一个悲剧，也是一个严重的理论误释。因为它实际上把马克思后来在狭义历史唯物主义中所揭示的人类社会历史发展特定时期的运动规律，即那种由于经济对人的外在支配和统制，"在历史领域内造成了一种同没有意识的自然界中占统治地位的状况完全相似的状况"，简单地混同于一般社会发展规律；这也将人类社会的历史规律异在为自然规律的历史现象变成了人类社会一般发展的永恒法则。在马克思狭义历史唯物主义所面对的这种特定的历史时期内，由人类主体创造出来的事物化的经济力量颠倒地表现为社会历史的统治者（"物役性"），人类主体自身不能成为自己活动的主人，而畸变为经济关系的人格化，历史的发展仿佛是在人之外发生和运转，呈现出一种类似自然界盲目运动的状态（"似自然性"）。因而，人类主体的社会历史就不正常地异化为自然历史过程，人类自己构成的主体活动总体也变成一种不以人的意志为转移的客体运动，人的历史表现出反人的性质。依马克思的理解，这种经济必然性（Notwendigkeit）对人的统治不是永恒的，而是历史的暂时现象。随着生产力的发展，人自身的生产再度上升到支配地位时，经济力量对个人的决定和支配作用就不再存在了。这也就是说，随着人类社会史前时期的终结，经济的社会形态是必然要被超越的，或者说人类社会发展异在为与自然界运动相类似的状况和物役状况是必然要被超越的！

第一节
哲学是一种思

本体论、认识论和方法论作为体系哲学的整体构架，在哲学史上占据了极其重要的地位。到了黑格尔那里，体系哲学简直可以说是已经登峰造极。而当青年黑格尔派分子麦克斯·施蒂纳率先举起反对类概念和体系哲学的大旗时，青年马克思深深受到了触动。当他在1845年写下《关于费尔巴哈的提纲》之时，我们发现，哲学的这种古典构架在历史唯物主义面前第一次表示出了对自身的怀疑。哲学家只是在用不同的方式解释世界，而马克思认为，问题在于改变世界。历史唯物主义说到底，是一种革命的批判的哲学，这种革命性和批判性不仅对于古典哲学来说，而且对于古典哲学所解释的世界来说，都是一种崭新的釜底抽薪式的哲学之思。这种哲学之思以历史性的实践穿透了实体式的物相，在有限的历史时间情境之中指认了历史唯物主义独特的人类历史性生存。

一、仅使费尔巴哈成为实践的并不够

我们知道，除了人本主义异化逻辑之外，费尔巴哈还有另一个重要的理论质点：自然感性的唯物主义。这一唯物主义被我们的传统教科书说成是马克思的历史唯物主义的重要基础，其实这是一个误解。因为马克思正是在清算费尔巴哈的自然唯物主义之后

才得以向前迈进的。这才有了《关于费尔巴哈的提纲》。费尔巴哈从头到脚,都是与"历史"(Geschichte)无缘的。

其实,马克思主义的崇高精神,用这个提纲的最后一条来说就是:哲学家们只是在用不同的方式解释世界,而问题在于改变世界。在施蒂纳的炮火之下,马克思十分清楚,有一点他已经被深深触动了,那就是反对一切形而上学的抽象的本体论(ontologische),**回复到现实的具体的时间性**之上。费尔巴哈以及一切人本主义都不过是在制造一种撇开历史进程的、抽象的人的宗教。费尔巴哈的唯物主义实质上是更深层次上的**隐性**唯心主义历史观。为什么?

因为正是人的直接的感性活动,去除了黑格尔的观念的中介,从而造就了一种唯物主义的基础,这是费尔巴哈对黑格尔的颠倒。在一定意义上,这是用人的类本质**观念**来取代黑格尔的绝对观念,但是实际上,黑格尔并不比费尔巴哈乃至青年马克思更少地谈论异化。而问题就在于,把现实一分为二——好的方面和坏的方面——的费尔巴哈式的语言忘了追问一个至关重要的问题:去掉了唯心主义的前提,黑格尔为什么要用国家与法来否定性地制约市民社会? 实际上,在黑格尔那里,对象化与异化都是受到肯定的,用人们耳熟能详的话来说就是:存在的就是合理的。而"费尔巴哈们"(包括1844年的青年马克思)都在人本主义的语境之下肯定前者否定后者,在历史观上便无可挽回地陷入了唯心主义的泥潭。恩格斯后来反省地说,费尔巴哈是半截子的唯物主义,其意便在此。

实际上,在费尔巴哈的问题上,以前的青年马克思同样走了一条大大的弯路。如何只要对象化而不要异化? 人本主义的这种一厢情愿的幻想,黑格尔是彻底拒绝的。历史辩证法恐怕不是主语和谓语颠倒一下就可以被理解的。实际上，正如他后来所说，费尔巴哈在批判黑格尔的时候把洗澡水和孩子一起倒掉了（今天的先锋派会说，把工具理性和科学技术一起打倒吧）。更为主要的是，如我们前面所说，费尔巴哈不过是一个旧的唯物主义和旧的人本主义。因为我们已经知道，这种直观感性的唯物主义相比于古典经济学的对"行为"和"关系"的非直观的抽象的社会唯物主义，的确是太陈旧了，以至于马克思在进入古典经济学的大门之后不得不回过来批判费尔巴哈，更不用说，当历史唯物主义又越过社会唯物主义的高墙，进入另一番天地之后，费尔巴哈的这种唯物主义（当然还有法国启蒙派的机械唯物主义）实质上就是一种唯心主义。为什么？用马克思的一句经典的话来说就是：**对现实的无批判性的唯物主义就是唯心主义的粉饰**。这一点恐怕是费尔巴哈始料不及的。

其实，正是在施蒂纳的影响之下，马克思从前的那种抽象的不变的本质观慢慢地消解了。那个历史唯物主义中的"物"，是指我们肉眼所看到的俯拾皆是的实体之物，还是指费尔巴哈式的"物质第一性"之上的哲学之物？**都不是**。尽管费尔巴哈承认感性的物质活动，承认自然物质的存在，但这个自然物质被设定为可以直接达及的不变的东西，是某种开天辟地以来就已存在的、始终如一的东西。这种对历史的视而不见，令马克思有点哭笑不得。他认为，费尔巴哈喜欢直观的感性，但这种直观的感性在资本主义**工业**发生之后已经变得越来越不可能。自然物质对象第一次成为人类主体全面支配的客体，举目四顾，自然界又还有多少角落没有被人踩踏过呢？这种唯物主义真的就只是一种机械的唯物主义了。而物质概念一旦成为至高无上的第一性的概念，它就与唯心主义的"观念"一起堆砌起了本体论的城墙，成为一种概念拜物教。马克思不得不把目光从费尔巴哈的直观感性转向了古典经济学的科学抽象,即社会唯物主义视域中的**社会历史存在**。

相对于费尔巴哈对实体性物相的指认,马克思发现,古典经济学是一门研究"物"的规律的科学,他对"物"的理解远远超出了费尔巴哈和其他经验唯物主义者的水平。这就是直观所无法达及的,在人与人之间的关系中独立出来并制约着人与人的关系的客观规律,也就是事物与事物的关系。**"事物"(Sache)在这里并不是被直接指认为一种实体性的存在,而是被理解为一种关系性的社会定在(gesellschaftlichen Dasein)**[1]。这是后来海德格尔那个"在……之中"本体关系的真正前提。而关系只在反思中存在,只能通过抽象思考才能被发觉。在市场经济中所发生的"行为"和"事实",并不像我们身边实实在在的物质实体一样能被我们的肉眼直接捕捉到。古典经济学对"事物"的这种科学抽象的方法,如约翰·斯图亚特·穆勒所说,是一种在假设其他因素不变的情况之下,对某一种事实的科学研究。[2] 这也正是马克思的"历史科学"的原发性基础。正是**古典经济学**而不是**费尔巴哈**成为马克思历史唯物主义的科学起点。

从古典经济学出发,马克思进一步意识到,这种不能直观的"关系"实际上正是由人的实践活动在当下建构着的,它在事物化

---

[1] "一定的社会生活存在"在马克思文本中的德文原文为 Dasein,即在海德格尔存在论构序中占去个人存在位置的那个在时间中有死的"此在"。然而,马克思创立的历史唯物主义中这个有确定含义的 Dasein(一定存在),在从德文转译俄文再二次转换为汉语的过程中,却与 Existenz(生存)一同被混译为"存在"。这致使马克思文本中的 Dasein、Gesellschaftliches Dasein(社会定在)、Daseinsform(定在形式)和 Daseinsweise(定在方式)等重要概念,在我们面对历史唯物主义学说的**汉语复构**时完全不在场,这不能不说是一个严重话语构境重置中的逻辑阻断。

[2] 参见[美]斯皮格勒:《经济思想的成长》,晏智杰、刘宇飞等译,中国社会科学出版社1999年版,第329页。

市场中以事物的形式表现出来，但它又不是实体性的存在。从费尔巴哈那里回落到古典经济学的全新基础之上，马克思发现，这个全新的基础实际上就是劳动价值论。在现实的市民社会中，单个的人都得面对不以个人的意志为转移的价值规律。古典经济学对社会经济关系的科学抽象，使马克思意识到了一个问题：费尔巴哈把宗教的本质归结为人的本质，但是，**人的本质并不是单个人所固有的抽象物，在其现实性上，它是一切社会关系的总和**。这是因为现实中的具体的个人，是处在市民社会里的社会经济关系中的个人，不同的社会经济关系会彰显出不同的特定的具体个人的生存。施蒂纳意义上的具体个人的当下生存，在这里便被马克思赋予了丰富的历史内涵。人是个体，但在社会生活中与他人发生关系的人才是历史的现实的具体的人，人之所以能确立成为历史主体，恰恰是因为他自身构建着社会性生产活动。劳动价值论第一次在马克思这里获得了正眼看待。正是通过社会化大生产劳动，自然界才第一次**臣服**在人的脚下。在今天的生态伦理中，生产力（Produktionskraft）其实就是一个具有霸权色彩的语词，这是马克思没有想到的问题。也正是这个社会化大生产劳动，彻底地改变了前资本主义时期的那种人与人、人与自然的原初而直接的关系。

由此，我们可以说，马克思的历史唯物主义中的"物"的本质，其实指的正是社会关系，一种由物质生产活动所建构出来的社会关系。回想起费尔巴哈的直观感性的唯物主义，马克思有点怜悯地说：

> 这种活动、这种连续不断的感性劳动和创造（sinnliche Arbeiten und Schaffen）、这种生产（Produktion），正是整个现存的感性世界的基础（Grundlage der ganzen sinnlichen

Welt),哪怕它只中断一年,费尔巴哈就会看到,不仅在自然界将发生巨大的变化,而且整个人类世界以及他自己的直观能力,甚至连他本身的存在也会很快就没有了。[1]

也由此,我们才可以说,马克思在《关于费尔巴哈的提纲》第一条中所提到的革命的批判的**实践**(Praxis),并不是一种哲学意义上的第一性的抽象的本体论的规定,而是指有着具体的、历史的和现实的社会物质发展基础的现实**工业**实践。这种实践既改变了现实历史的进程,也改变了哲学史的进程。这是海德格尔在这一改变的基础上重写哲学时未曾想到过的历史事实。由此,农业文明被打破了,形而上学的本体论也被砸碎了,历史唯物主义在这里便不是一种本体哲学的建构了。当然,这也不是把费尔巴哈的自然唯物主义换成"历史"唯物主义或者"实践"唯物主义就可以轻而易举地完成的,一如泽勒尼(Jindrich Zeleny)所说,仅使费尔巴哈成为实践的并不够。泽勒尼的这个说法缘起于马克思恩格斯在《德意志意识形态》一书第2卷中的批评格恩律的一个表述,即格恩律误以为,"只要把费尔巴哈和实践联系起来(brauche Feuerbach nur praktisch zu machen),把他的学说运用到社会生活中去,就可以对现存社会进行全面的批判了"[2]。这句话真是说对了。

二、康德问题的解决与实践概念的庸俗化

众所周知,近代的认识论到了休谟(David Hume,1711—

---

1 [德]马克思、[德]恩格斯:《费尔巴哈:唯物主义观点和唯心主义观点的对立》,中共中央马克思恩格斯列宁斯大林著作编译局编译,人民出版社1988年版,第21页。
2 《马克思恩格斯全集》第3卷,人民出版社1960年版,第580页。

1776)那里便产生了严重的危机。每个人对这个世界的第一眼所认识到的东西并不是第一次被观照到的东西。每一个人总是根据前人的认识成果来认识这个世界，具体的表现就是概念的产生。一种认识，不管它是不是"科学的"认识，总是通过概念这个中介来面对世界的。换句话说，世界是被人们通过概念构造出来并被人们所认识的。唯心主义在这一点上多少都是有其合理成分的。人类主体只有通过概念的抽象才能把握这个物质世界的本质和规律。但是，正如唯物主义用来反对唯心主义的理论武器——概念并不是世界终极性的东西——一样是有着合理性一样，世界历史不是观念的历史，而是由人类实践能动地建构出来的物质世界的历史。唯物主义与唯心主义的这种致命的对峙，到了现代技术进步的场景里已经变得没有任何意义了。商品世界和人工制品模糊了传统的线性经验认识视域，客观之物是存在的，但它又不会是绝对的客观存在，并且很可能只能一个**伪物性**（意即非"第一性"意义上的、人工制造出来的客观物性），换句话说，**客观越来越以主观的形式表达出来**。物质与观念都带上了彼此的印迹。因此，康德对休谟的经验怀疑论的解决是：理性的认识和概念的主观构架本身是人们认识的先天不可或缺的条件和依据，但它同时又是有界限的，我们只能认识现象界本身。而现象只能以一定的样态历史地呈现出来。人们所看到的一定只能是历史地呈现出来的东西，也就是当下的历史样态。我们只能**历史地**认识这个世界。所以，在休谟那里的我们的经验所达不到的世界，在康德这里就成了与现象界对立的"物自体"。可是问题并没有得到最终解决。概念的彼岸性与客观现实仍然是对立的。

在我们看来，这场认识论危机的缘起，与工业革命所带来的认识论后果是一致的。当现代工业实践撕裂了旧有的人与自然原初照面的直观感性的线性认识论的基础,**物相**第一次直接就是**人类实践的世界图景**,人们不再是简单直观地面对自然对象,而是深刻地超越感性直观,能动地面对工业实践和交换市场关系的产物,面对周围客观世界越来越丰富的本质和规律。后来,海德格尔将其称为"用具相互引导"世界,鲍德里亚(Jean Baudrillard, 1929—2007)将其指认为"物的系统"。或者换句话说,康德的"现象"与"物自体"是同时被建构出来的。现象与本质的区别只对认识主体有意义。对于人类实践,尤其是现代工业实践来说,物是前提,但不是决定认识的东西,认识结构与实践结构的同体建构才是历史唯物主义基础之上认识论的要旨所在。物质对象本身并没有抽象,而只有人类历史的实践才会有客观的抽象。这也正是古典经济学的劳动价值论产生的现实基础。科学抽象本身不是无中生有的,概念成为人们认识世界的中介也只是工业文明之后的事情。在实践这个前提之上,概念的彼岸性与客观现实便一起回落到现实的土地上来。我们不得不说,当黑格尔把这个物质实践变成人的认知活动,再把这种认知活动及其结构变成逻辑本质,康德问题便在逻辑世界中被解决了。而当费尔巴哈去掉观念的中介,思维被立基于感性直观的物相之上时,概念的彼岸性被打倒了,但这个感性直观的物相从一开始也就不存在了。因此,马克思的这个具有**历史向度**的实践实际上才真正解决了"现象"与"物自体"的对立问题。

如今,"实践是检验真理的唯一标准"已成为一种共识,但也要注意防止把实践概念庸俗化。在现代工业生产的创造性进程中,的确只有实践才直接决定认识自然对象的性质、方式、方向和程度。社会认识本身正是对实践结构自身的认识。如我们所说,人类是通过实践的棱镜介入自身与周遭世界的关系的。但如果仅仅把实践当作人的一般感性的活动,并以此作为认识的基础,这仍然是在哲学逻辑中完成的说明。人们可以把个人的行为指认为实践,进一步也可以把现存的社会物质活动、政治斗争作为实践,并以此来确证认识的真伪性。当任何事情都可以套上一个"实践"的名义的时候,实际上已经褫夺了实践的革命性与批判性。正如阿多诺所说,当理论与实践的相统一成为一种教条的时候,它就已经泯灭了理论与实践的距离,实际上也就是泯灭了反思的能力。在实践概念的这种庸俗化中,实践自身的能动性与认识本身的反思性都已经丧失殆尽了。这种庸俗化把康德的"现象"与"物自体"重新撕裂开来了。这真是不幸。

马克思在《关于费尔巴哈的提纲》中写道:"全部社会生活在本质上是实践的(Das gesellschaftliche Leben ist wesentlich praktisch)。"[1]这是精到之语。实践作为历史唯物主义的科学抽象,总是当下在场的。我们以为,这句话其实也就是劳动价值论的重复表述。不过,更准确地说,应该是**全部当代社会生活在本质上是实践的**。实践在这里与古典经济学的"劳动"实质上是等同的。"环境的改变和人的活动或自我改变的一致,只能被看作是并合理地理解为革命的实践。"[2]这种实践与劳动一样,只能是在资本主义发生之后才被科学地抽象出来。由此,在这个似物似人的工业实践的世界图景里,古典的认识论已经失去了对自己的信心。旧有的唯物主义与唯心主义所提供的一种世界图景已经不存在,它们的世界观哲学也就不再具有任何意义。爱迪·斯泰因准确地评

1　[德]马克思、[德]恩格斯:《费尔巴哈:唯物主义观点和唯心主义观点的对立》,中共中央马克思恩格斯列宁斯大林著作编译局编译,人民出版社1988年版,第85页。
2　[德]马克思、[德]恩格斯:《费尔巴哈:唯物主义观点和唯心主义观点的对立》,中共中央马克思恩格斯列宁斯大林著作编译局编译,人民出版社1988年版,第84页。

述道:"自康德以来的批判哲学拒绝提供一种世界观哲学。它并不是去聚集各门科学的成果,而是去检验它们的前提。"[1]哲学不再是解释世界的博学游戏,而是改变世界的批判之矛。在这一点上,马克思的确是英勇地接过了康德的旗帜,为一种哥白尼式的哲学革命而战斗不已。

三、历史与时间性

理解了历史唯物主义中的"物",我们认为,这仅仅只是问题的一方面。历史唯物主义中的"历史"(Geschichte)[2]才是最令人费解的。我们认为,这个"历史"只有在施蒂纳、尼采和海德格尔反对一切形而上学的抽象中才能被有所领悟。现实的个人是有死者,具体的生存本身是一种时间性的存在。历史正是从这个意义上生发出来的。可以说,历史与时间性是紧密相关的。这种时间性不是过去的死的事件之上的时间性,也不是从过去绵延到现在的一成不变的时间性,而是一种活生生的生存之上的鲜活的时间性。因此,历史也不是过去所发生的事件的总和,更不是从过去沿续至今的历史。它是活生生的当下历史。这种历史是当下在场的人类主体的实践之上的时间性所意味着的历史。正是由于历史的这种鲜活的时间性,历史唯物主义便也获得了一种鲜活的特性,这就是人们通常所说的"活的立场、观点和方法"。值得一提的是,当实践

---

1 参见[德]爱迪·斯泰因:《世界与人》,弗赖堡,1962年,第3页。
2 马克思在文本中同时使用 Geschichte 和 Historie 两词。Geschichte 一词意为历史的、历史性的,此词的源生词义有发生和生成之意;而 Historie 在德文中意为历史、历史学,此词的源生词义有发生和生成之意。在此文本中,马克思使用 Geschichte 偏多,后来的海德格尔、卢卡奇则都重点使用 Geschichte 来表征哲学意义上的历史性。

的历史活动成为人类周围的自然界和人本身存在的基础,这种历史活动本身同时也就要求了一种对现存历史的不断变革。

与一定的、具体的、现实的历史情境相结合,这也正是去除了抽象的特性回复到现实的时间性之上的历史唯物主义的本质规定。它的批判性与革命性也正是从这个时间性中获得了真实的内涵。因为说到底,时间性总是意味着一种**有限性**。这种有限性既可以摧毁一切偶像崇拜,又可以使历史扎根于现实的土地之上。真实的人类生存一定只能是由人们的当下物质实践所建构出来的现实生存。马克思所要探讨的也正是处在真实的社会关系之中的人的存在,而不是游离在现代工业文明的事物化市场之外的人的存在。没有现代工业实践,现代历史是不可思议的。而站在现代历史的制高点上再反思过去,这个过去一定只能是已经被重构了的过去。因为无论你怎样反思,你都处于正在反思的时刻之中。在这一点上,黑格尔说对了:逻辑只能面对历史,而不能面对未来。由此,对历史本质和规律的把握只能是以当下的反思高点为基点才有可能成功。这也正是克罗齐(Bendetto Croce 1866—1952)那句"一切历史都是当代史"的精髓所在。也正是在这个意义上,梅林(Franz Mehring 1846—1919)才会说:"(历史唯物主义)只有在人类历史的一定高点上才能揭穿它的秘密。"[1]这也正是对马克思那句"人体解剖是猴体解剖的钥匙"的精确说明。

由此,在康德那里**现象只能历史地呈现出来并为我们历史地认识**的观点在这里也获得了更深一层的理解。人类历史情境中的任何一种自然对象之表象,都是"历史发展的一定的、暂时的阶

---

[1] [德]梅林:《论历史唯物主义》,李康译,生活·读书·新知三联书店1958年版,第1页。

段的产物"(Produkt einerbestimmten und überschreitbaren historischen Entwicklungsstufe)[1]。自然科学本身只是"由于人们的感性活动才达到自己的目的和获得自己的材料的"。"没有工业和商业,哪里会有自然科学呢?"[2] 在马克思为批判资本主义而全身心投入的时候,稍后的孔德(Auguste Comte,1798—1857)正在为认识的确定性而全力以赴。实证主义的方法从休谟经康德到孔德这里已渐成气候,既然我们只能认识我们的实践所能达到的现象界,那么确定这样的认识比反思这样的认识更显时代之需,这是实证主义拒绝形而上学的肇始。科学哲学作为一种方法论的哲学,也经历了与古典经济学相似的遭遇。在古典经济学那里的科学抽象和其后的几乎所有的主流经济学,都转而臣服在实证主义的脚下。宣称一种绝对的时空观念的牛顿经典力学几乎一统科学哲学的天下。

但是,建立在相对时空观念的基础之上的爱因斯坦的相对论一举粉碎了对确定性的最后一线希望。牛顿式的绝对观念已经不合时宜。海森堡(Werner Heisenberg,1901—1976)的"测不准定理"无可辩驳地指明了人类认识的历史性界限,但是他所宣称的"月亮在我们不看它的时候是不存在的"同时也僭越了这种与时间性紧密相关的历史性界限。这又是另一种极端了。而当自然主义和历史主义在胡塞尔(Edmund Husserl,1859—1938)那里都遭到了无情的批判之时,康德的思想之光便在胡塞尔的现象学批判中得到了发扬光大:我们总只是看到各个事物朝着我们的这一面。现象历史地向我们呈现出来,但这不意味着它就淹没在这个历史

---

1 《马克思恩格斯全集》第 3 卷,人民出版社 1960 年版,第 97 页。
2 [德]马克思、[德]恩格斯:《费尔巴哈:唯物主义观点和唯心主义观点的对立》,中共中央马克思恩格斯列宁斯大林著作编译局编译,人民出版社 1988 年版,第 21 页。

性的样态之中了。换句话说,宣称一种历史性并不意味着把这种历史性作为一种思想标记永远留在了现象界之中。自然界作为客体第一次臣服在人类实践的大刀之下,但这并不意味着人类自身就可以超越这种自然的界限。所以,月亮在我们不看它的时候还是存在的。哲学上的反思不是从现实的经验关系中超脱出来,而是更深地陷入了经验关系之中。这正是马克思对施蒂纳的批判。回复到了当下的时间性之上的却是一种空洞的时间性,这是施蒂纳的致命弱点。一种真实的历史时间性的反思不可能完完全全无视**自然界相对于人类存在的优先性**。马克思的历史哲学之所以是一种历史唯物主义而不是(黑格尔式的)历史唯心主义,其原因也就在这里。

而当历史主义的科学哲学到了费耶阿本德(Paul Feyerabend, 1924—1994)那里演变为"怎样都行"的时候,爱因斯坦的相对的时空观念的革命性和批判性就已经在其中丧失殆尽了。**一定的、现实的、具体的历史情境一旦成为相对主义的掌中宝,它就与绝对主义一起成为钳制人们思想的罪魁祸首**。正如同现在,一旦历史唯物主义成为无所不能的"辩证法",它也就失去了自身的批判意味。本雅明(Walter Benjamin, 1892—1940)曾经形象地描述过这种历史唯物主义:

> 传说有一种能和人对弈的机械装置,对手走一步,它就相应地回一步。这个和你下棋的木偶穿着土耳其式服装,嘴里叨着烟斗,端坐在大桌子上的棋盘前。一圈的镜子制造出一种幻觉,似乎从各个方向看,这张桌子都是透明的。实际上,一个象棋高手,驼背小人坐在木偶里面,用绳子牵着木偶的手。我们可以设想这种装置在哲学上的对应物。**这个**

叫作"历史唯物主义"的木偶每次都赢。[1]

历史与时间已经被活生生地撕裂了。所以,在历史与时间性的内在关联上,我们可以说,当历史唯物主义试图去把握人类历史发展的本质和规律之时,它一定不是我们传统的教科书所说的那种僵化的绝对规律,即适合于一切形态的人类社会的生产力与生产关系矛盾运动发展的规律,而这个生产力也一定不是传统教科书所说的那种土地、人口等实体性之物。它们都是由人当下的活生生的实践活动所建构出来,一旦没有这种动态的时间性的当下活动,无论是生产力还是生产关系,都将不复存在,更不用说历史发展的规律了。把黑格尔的历史哲学与费尔巴哈的唯物主义哲学相加似乎就是一个绝对正确的马克思历史唯物主义,这不过是传统教科书令马克思历史唯物主义出演的一场木偶戏。

实际上,我们意识到,历史唯物主义的确无法回避这样一个问题:没有了超越时空的本体论的哲学抽象和逻各斯中心主义,哲学还能做什么?更何况,纯粹哲学上的批判如果没有现实的物质手段,哪怕它的解放再彻底,现实中的人的解放也就不可能有任何进步。**物与人都是不能被蔑视的**。这也许正是马克思从哲学研究转向经济学研究的真正原因所在。历史唯物主义本身就是一个哲学与经济学的双向建构的思想成果。人们经常疑惑:马克思主义是不是哲学?回答是肯定的,但它并不是自古希腊爱利亚学派到黑格尔的意义上的古典哲学,实际上,这种哲学从头到脚,散发的都是男性荷尔蒙的芬芳。这种男性中心主义的产物,连同它自身的精英主义色彩,在这个所谓的多元时代,已经像一个远古历史遗弃

---

[1] [德]本雅明:《本雅明:作品与画像》,孙冰编,文汇出版社1999年版,第135页。

的珍宝，躲在博物馆里独自垂泪。历史唯物主义从根本上来说并不属于古典的时代，它分明是现代文明的产物，而它最终是要超越这个现代文明的。它自身的批判光芒到最后也一定会指向对自身的批判。生态学的马克思主义和女权主义的马克思主义在这个意义上的确是接过了历史唯物主义的批判旗帜，实施了对现存事物的无情批判。而我们也不得不说，这是现代文明发展到今天的历史性产物。没有这个已经高度发达的现代文明，这种"后马克思"的批判是不可能产生的。跳着独特的经济学—哲学之舞的历史唯物主义就这样以一种幽灵般的深邃之思悄无声息地征服了现时代的哲学心灵。从海德格尔到阿多诺，从德里达到杰姆逊，马克思成了这场孤独而高贵的批判游戏中的"旋转木马"。

第二节
历史正在生成

众所周知，在德国，从赫尔德、康德到黑格尔，历史发展的思想是一条重要的线索。但是马克思发现，"德国人习惯于用'历史'和'历史的'这些字眼随心所欲地设想，但就是不涉及现实"[1]。马克思想去言说一种涉及现实的历史。因为在古典经济学的影响之

---

1 ［德］马克思、［德］恩格斯：《费尔巴哈：唯物主义观点和唯心主义观点的对立》，中共中央马克思恩格斯列宁斯大林著作编译局编译，人民出版社1988年版，第22页脚注。

下,他也兴致勃勃地想去建构一门历史科学。[1] 历史前进的动力在哪里? 人类社会为什么会从一种历史形态变革为另一种形态? 马克思既想做一种哲学上的总结,又想做一种具体的经济学上的分析,由于这种复杂的理论意向,马克思对历史的唯物主义的界定也就呈现出了一种哲学抽象与实证批判并行的奇怪现象。马克思真的不是天生的马克思主义者。

一、历史是什么

历史是什么?当马克思从那种抽象至极的异化史观中抽身出来的时候,他意识到了一个问题,那就是在人本主义的视域中被视

---

[1] 他在《德意志意识形态》第一章第四手稿中写道:"我们仅仅知道一门唯一的科学,即历史科学。历史可以从两方面来考察,可以把它划分为自然史和人类史。但这两方面是密切相关的;只要有人存在,自然史和人类史就彼此相互制约。"但在后来,他又把这段话去掉了。我们认为,这可能有两方面的意思:其一,马克思意识到,只要有人存在,人与自然就会是双向的关系,而他正是要探讨历史发展的一般规律,所以他才将此命名为"历史科学",而他之所以又认为这是一门唯一的科学,是因为他所打算采用的方法,正是历史唯物主义的方法,这种方法虽源于古典经济学的科学抽象方法,但它又自认为异质于这种科学抽象的方法。因为虽然同是对本质和规律的探索,但古典经济学的科学抽象归根结底只是一种非历史的抽象,资本同一性之下只能是同质化的均一的时空观念,这正是它作为资产阶级意识形态的理论基础的原因所在;而历史唯物主义则不同,它并不是由连续不变的同质时空观念所充斥着的人类历史发展的规律,而是有着时间性所指的。其二,由于马克思在这个时期对古典经济学持有的是一种认同的态度,而没有意识到它背后的意识形态的理论根源,所以在理论话语上还受着古典经济学方法的影响,这就是假定了物质生产活动是一切人类社会存在的基础,这也是马克思在同一篇章所说的,人类为了生存,必须首先进行生产,吃喝住穿是人类生存的第一需要。在这个假定条件不变的情况之下,马克思便做了与古典经济学相似的事情:去研究历史发展的一般规律。但从本质上说,这种"一般规律"与历史的抽象的方法并不完全一致。所以必然的是,广义历史唯物主义必须走向后来的狭义历史唯物主义。广义历史唯物主义是一个未完成的也不成熟的历史哲学。后来第二国际仅仅抓住了广义历史唯物主义的这个第二个方面的意思,把马克思哲学演化为一种僵化的"经济决定论",这种庸俗的马克思主义与因斯密而致的庸俗的经济学一样,真是一个"去其精华,取其糟粕"的哲学悲剧。

为"非人"的东西,与"人的东西"一样是现代关系的产物。用一种施蒂纳式的异化反思,把"一切现实的关系和现实的个人都预先宣布为'异化'的(如果暂时还用一下这个哲学术语),把这些关系和个人都变成关于异化的完全抽象的词句",这不过是在"用关于异化、异物、圣物的空洞思想来代替一切纯经验关系的发展"。[1] 有了古典经济学的理论支持,马克思再也不会犯这种低级的错误了。所以,他宣布历史唯物主义的新起点是社会关系,他就是用这种社会关系来填充历史的构架的。

他认为,人类社会的整体存在有四重原初的关系:一是物质生活资料的生产;二是物质生活资料的再生产;三是人自身的生产;四是构成一定生产活动的决定性因素,也即一定的生产方式(Produktionsweise)。他认为,正是这四重原初的关系,提供了一个人类历史发展的最初轮廓。具体地说,第一重原初关系是人类存在的第一个前提,历史正是从人类开始生产的那一刻开始的。他说:"为了能够'创造历史',必须能够生活。但是为了生活,首先就需要吃喝住穿以及其他一些东西。"[2] 我们认为,这正是对古典经济学的劳动价值论的一种哲学提升。没有物质前提,其他一切都是无足轻重的。有产者与无产者的最根本区别就在于对物质资料的占有上。这是一种世俗的基础,是包括哲学家在内的所有人的生存之根,也是一个三岁孩童都知晓的常识。马克思认为,德国人从来没有为历史提供这样的一个基础,所以德国从来没有过一个历史学家。唯心主义在这个雄辩的物质前提面前是丝毫不雄辩的。

---

1 《马克思恩格斯全集》第3卷,人民出版社1960年版,第316—317页。
2 《马克思恩格斯文集》第1卷,人民出版社2009年版,第531页。

对于第二重原初关系,马克思称之为"第一个历史活动",准确地说,是第一个历史性的活动。他指出,新的需要是生产的历史结果,但又是生产推进的内在要求,这种新的需要的实现便构成了再生产的过程。这是一种历史过程性的生成,也是一种历史时间性的生成。"历史"之所以不再是一种空洞的抽象,就在于它的最现实的基础正是这种滚滚向前的物质生产过程。而人类的当下的历史性存在之所以是一种时间性的存在,原因也就在于这种存在正是由人类的这种当下的具体的生产力的变革所建构出来的。我们认为,马克思的这一理解仍然是站立在对经济学研究的基础之上的。物质的生产与再生产活动作为广义历史唯物主义的理论出发点,便成为建构人类历史的最根本的客观实践活动。马克思认为,"德意志意识形态"的"历史思辨"之所以只是一种观念的悬设,其原因就在于它们没有找到过渡到真正历史的现实道路。我们认为,这也是宣称观念产生历史的一切唯心主义所没有做到的事情。

至于人自身的生产,马克思认为,物质生产虽然是人类历史的现实起点,但它终究只是一种为人性。为了人本身的生存,人类才会去进行物质生产活动。这也是为了生产而生产,这是经济学要考虑的问题,但不是马克思在这里要考虑的问题。马克思还发现,人与人的关系从一开始就是社会性的关系,这也就是为什么人能够超出动物界的历史性存在。他认为,无论是哪一种生产活动,都包含着双重的关系:自然关系和社会关系。例如,在物质生产中,一方面是人与物的历史的自然关系,另一方面,这种生产从来就是人们共同活动(Zusammenwirken)的结果,这又是历史的社会关系;而在人自身的生产中,一方面是人与人的历史的自然血缘联系,另一方面又是人与人之间历史地构成的社会关系(gesellschaftliches Verhältnis)。所以,社会存在的本质是关系。主体间性也正是从这里生发出来的。在历史唯物主义的视域中,这个社会存在也就是在一定的时空之下的社会关系,是一种时间性的社会关系。这种社会关系的基础正是由一定的个人以一定的方式来进行的生产活动。这较之于古典经济学的事物化市场中的社会经济关系,有了更准确的定位。

马克思接下来说到了第四重原初关系:"人们之所以有历史,是因为他们必须生产自己的生活,而且必须用一定的方式(bestimmte Weise)来进行。"[1]他说,这个一定的生产方式及其结构在实际运作中发挥出来的程度、能力和水平,就是"生产力"(Produktivkräft)。这个生产力意味着人对自然关系的一定的历史实践功能度。也就是说,生产力本身正是人对自然界控制的能力和程度的说明。这也正是立足于古典经济学的历史唯物主义之科学抽象。马克思认为,人类的历史性存在的状况,是由人类社会历史所达到的生产力的状况来决定的。生产方式和生产力归根结底对社会总体起着决定性的作用。在这里,马克思便彻底地走出了用异化来说明历史的人本主义异化史观。他发现,在历史中所发生的人与人之间的这种物质关系并不是以前所认为的那种抽象的"类本质",而是由实实在在的物质生产所建构出来的实实在在的历史性关系。他说,人类历史"一开始就表明了人们之间是有物质联系的。这种联系是由需要和生产方式决定的,它的历史和人本身的历史一样长久;这种联系不断采取新的形式,因而就表现为'历史'"[2]。这是一种详细至极的正面确证。

---

[1] [德]马克思、[德]恩格斯:《费尔巴哈:唯物主义观点和唯心主义观点的对立》,中共中央马克思恩格斯列宁斯大林著作编译局编译,人民出版社1988年版,第25页马克思加的边注。

[2] [德]马克思、[德]恩格斯:《费尔巴哈:唯物主义观点和唯心主义观点的对立》,中共中央马克思恩格斯列宁斯大林著作编译局编译,人民出版社1988年版,第25页。

历史通过这四重原初关系,在客观上就形成了一种历史发展的总体逻辑。这就是我们所说的马克思**广义**历史唯物主义的基本逻辑架构。我们以为,这正是马克思重新理解黑格尔哲学的结果。在《1844年经济学哲学手稿》中,马克思既没有接受古典经济学的劳动价值论,也没有理解黑格尔的历史辩证法,而仅仅是从黑格尔的自我意识哲学中来反注古典经济学,洋溢在人学激情背后的是对哲学和经济学的双重误读。而在这里,马克思着力于"历史科学"的建构,这种"大写的逻辑"从本质上还是一种世界观哲学的建构。从今天的语境出发,这种广义历史唯物主义虽然已经是古典经济学所展现出来的工业实践所建构出来的世界图景,但是,由这种世界观哲学的非历史误读生成的传统哲学教科书体系,与古典的唯物主义或唯心主义所想要达到的理论意图一样,都只是一种逻各斯中心主义的产物,即试图给变动不居的历史一个抽象不变的本质。这也说明,拥有世界观体系哲学,尤其是科学式的世界观,与古典经济学的产生一样,不过是自启蒙时代以来现代文明的另一个衍生品。胡塞尔一针见血地指出,"世界观按其本质来说恰恰不是科学"[1]。

二、人是谁

人是谁?这一千古的斯芬克斯之谜到今天仍被人们苦苦追问。"认识你自己"实在是太复杂太困难了。而我们对人本主义中的那个"人"却是再熟悉不过了。那样的一种对自由和解放的积极的热切的追求,鼓舞着一代又一代的人道主义者。但由于这个

---

[1] [德]胡塞尔:《哲学作为严格的科学》,倪梁康译,商务印书馆1999年版,第66页。

"人"的双脚还悬在空中,是在任何一个时代都不可能存在的抽象之"人",所以,走出了人本主义理论逻辑的马克思,这时便想用一种历史的真实关系来述说他对"人"的解答。这是一种在科学视域之下被重新审视了的人的社会关系的本质规定性。

马克思开宗明义:"全部人类历史的第一个前提无疑是有生命的个人的存在。"[1]与施蒂纳那种无条件的绝对自由的个人不同,这是在现实关系中的个人;与费尔巴哈那种来自自然物质的感性受动性不同,这是一种历史的物质生活条件(materiellen Lebensbedingungen)的受动性和制约性。具体地说,也就是个人所无法回避的"生产力、资金和社会交往形式的总和(Summe)",这是对社会关系的进一步说明。这种社会关系的总和正是规定每一个历史时代中个人的"人的本质"的现实基础。现实的具体的历史的个人生存,主要不是一种自然性的存在,而是一种社会性的存在;主要不是一种被动性的人生过程,而是一种创造性的人生过程。在这一点上,现实的个人及其与他人所构造的人类社会的整体存在都是一种历史性的存在。而这种历史性的存在,并不是一种简单的单向性的持续性时间,而是一种将过去扬弃在自身内部,同时创造现在并走向未来的生成性时间。我们以为,这种人类的整体的历史性存在已经远远不是古典经济学所昭示出来的那种整体需要的市民社会了,历史时间性的生成不仅仅是从现代工业实践活动,而且是从人把自己与动物区别开来的最早的物质生活资料的生产那里就开始了。只是当人不再从属于自在的自然过程总体,而从自然界中站立起来时,社会历史就从间接的无意识的建构

---

[1] [德]马克思、[德]恩格斯:《费尔巴哈:唯物主义观点和唯心主义观点的对立》,中共中央马克思恩格斯列宁斯大林著作编译局编译,人民出版社1988年版,第10页。

变成了直接的有意识的建构。现代文明的历史正是一部人类被自身认识到并建构着的历史。"认识你自己"在人类成为社会历史的主体的时候便具有了丰富的历史内涵。

而人之所以成为历史主体,正如我们已经说过的,恰恰是基于他自身构成的社会性生产活动。人是个体,但处在社会生活和社会关系中的现实的具体的个人才是马克思这里所讨论的人。马克思对人的本质的社会关系的规定性,并未囊括世界中所有生存形式的所有人。历史是人类主体的历史,这一点是马克思历史唯物主义立论的起始。马克思特别强调说:

> 这里所说的个人不是他们自己或别人想象中的那种个人,而是现实中的个人(die wirklichen Individuen),也就是说,这些个人是从事活动的,进行物质生产的,因而是在一定的物质的、不受他们任意支配的界限、前提和条件下活动着的。[1]

他们一方面在完全改变了的环境下继续从事所继承的活动,另一方面又通过完全改变了的活动来改变旧的环境。这是劳动价值论的**逻辑延展**。但处于简单的买与卖关系中的市民社会的孤立的个人,在这里已经是一种社会存在,是受到除了买卖的社会经济关系制约之外还受着其他一切社会关系制约着的个人。这是一种理论出发点上的根本不同。

由此,马克思说,"一个人的发展取决于和他直接或间接进行交往的其他一切人的发展……发展不断地进行着,单个人的历史

---

[1] [德]马克思、[德]恩格斯:《费尔巴哈:唯物主义观点和唯心主义观点的对立》,中共中央马克思恩格斯列宁斯大林著作编译局编译,人民出版社1988年版,第15页。

决不能脱离他以前或同时代的个人的历史,而且是由这种历史决定的"[1]。这正是处在历史的宏大叙事逻辑中的个人,也是一种线性的进步史观。不得不说,马克思的历史科学与它自身的历史抽象方法的断裂,使他并没有意识到,批判德意志意识形态甚至整个自古典经济学以来的资产阶级意识形态,并不需要艰难地从古典经济学那里猎取一个"科学"的批判之名,与时间性相关的历史方法本身就是一种强有力的对现存事物的消解性力量。**哲学面对现实并不需要把哲学降低到对现实的无批判性之上**。一种实证性的历史哲学是无法胜任改变世界的重任的。马克思尽管并不想把个人淹没在历史发展的总体逻辑之中,但一种辩证法力量的式微使得这个作为历史主体的现实的具体的个人在很大的程度上受到历史客体,也即一定的生产力发展的制约。也就是这个历史唯物主义的一般原则——物质生产是人类历史发展的永恒前提——在这里被高高地凸现出来了,但又缺乏一种与具体的历史主体的具体的联结,所以马克思便没有办法继续从哲学构架上来进行批判。《德意志意识形态》从根本上来说还只是一个未完成的手稿。除了第一章"批判费尔巴哈"经过推敲之外,马克思在以后的时间里再也没有回到这个《德意志意识形态》中的"广义历史唯物主义"上来。而且就在这个推敲之中,对历史唯物主义一般原则的确证突然中断,转而出现了经济学上的批判。我们认为,这是一种**狭义**历史唯物主义建构的开始。历史唯物主义开始考虑如何批判现实的资产阶级社会。

---

1 《马克思恩格斯全集》第3卷,人民出版社1960年版,第515页。

三、分工与世界历史

当马克思忙于确证他的历史唯物主义的一般原则之时,他一方面打倒了自己原先的对人本主义异化逻辑的批判,另一方面又把哲学对现实的批判弱化了。当他终于想起这一点的时候,他就用从斯密那里学到的**分工**(Teilung der Arbeit)来实施了一种经济学—哲学的批判。从德文上看,分工一词就是被分离的劳动。我们以为,这个"分工"也就是人本主义的异化观在经济学上的变体。因为以马克思彼时有限的经济学知识,他根本不能区分分工的不同性质和历史形式,而是直接指认社会经济生活中的各种矛盾都是分工造成的。这是在用分工来解释历史,与用异化来解释历史的唯一不同是,他终于不再站在哲学的概念抽象之上来反注经济学。但从根本上来说,这种笼而统之的分工虽然已经是一个经济学上的概念,但马克思对它终究还只是一知半解的,并沾染上了浓厚的形而上学的色彩。马克思的思想之路并不是一帆风顺的。他是一个历史辩证法的苦苦探索者。

我们认为,与"劳动"异化一样,马克思要求对分工的消极方面予以注意。他认为,分工有三种祸害:首先,分工导致了劳动及产品的不平等分配,从而也就产生了所有制。而所有制不是别的,是指"对他人劳动力的支配"。私有制在这个意义上与分工是等同的。其次,分工的发展也产生了单个人的利益与所有相互交往的个人的共同利益之间的矛盾。例如,国家作为代表"公共利益"的一种独立形式,其实是一种"虚幻的共同体",而统治阶级也常把自己的利益说成是普遍的利益。在现实的个人生存中,这种普遍的东西往往是"异己的"和"不依赖"于个人的,并与之对立。最后,分工这种社会活动的固定化，必然造成社会存在的物役性。这是因为，"社会活动的这种固定化，我们本身的产物聚合为一种统治我们、不受我们本身控制的、使我们的愿望不能实现并使我们的打算落空的物质力量，这是过去历史发展的主要因素之一"[1]。分工所产生的这种社会物质力量，不是人们自愿地，而是自然地形成的，所以，

> 这种社会力量在这些个人看来就不是他们自身的联合力量，而是某种异己的、在他们之外的强制力量。关于这种力量的起源和发展趋向，他们一点也不了解；因而他们不再能驾驭这种力量，相反地，这种力量现在却经历着一系列独特的、不仅不依赖于人们的意志和行为反而支配人们的意志和行为的发展阶段。[2]

马克思愤愤地说，这种**物役性**，"用哲学家易懂的话来说，就是**异化**（Entfremdung）"。

所以，马克思认为，在这种情况之下，"个人关系向它的对立面即向纯粹的物的关系（sachliches Verhalten）的转变，个人自己对个性和偶然性（Zufälligkeit）的区分，这正如我们已经指出的，是一个历史过程（geschichtlicher Prozeß），它在发展的不同阶段上具有不同的、日益尖锐的和普遍的形式。在现代，物的关系对个人的统治（Herrschaft der sachlichen Verhältnisse über die Individuen）、偶然性对个性的压抑，已具有最尖锐最普遍的形式"[3]。为了解决这

1　［德］马克思、［德］恩格斯：《费尔巴哈：唯物主义观点和唯心主义观点的对立》，中共中央马克思恩格斯列宁斯大林著作编译局编译，人民出版社1988年版，第29页。
2　［德］马克思、［德］恩格斯：《费尔巴哈：唯物主义观点和唯心主义观点的对立》，中共中央马克思恩格斯列宁斯大林著作编译局编译，人民出版社1988年版，第30页。
3　《马克思恩格斯全集》第3卷，人民出版社1960年版，第515页。

种不幸的状态,就像克服异化一样,马克思指明了一个道路:**消灭分工**。斯密在分工上看到的"人人为自己,上帝为大家"的美好前景,在马克思这里则变成了"异化"的罪魁祸首。不再是人本主义之上的"应该"了,但又是一种对经济学历史的无知了。当他在《1844年经济学哲学手稿》中批评黑格尔只看到劳动的积极方面的时候,他并没有理解劳动价值论的哲学意义;当他在这里着眼于分工的消极方面时,他也并没有理解"分工"在斯密的理论建设中的地位,更不用说去理解不把分工放在眼里的李嘉图了。在这里,劳动价值论是在一种很浅显的层次上被马克思**有选择地接受了**。

历数了分工的消极方面,马克思猜想性地一一评点了人类社会上的四种所有制。他认为,"分工从最初起就包含着劳动条件——劳动工具和材料——的分配,也包含着积累起来的资本在各个私有者之间的劈分,从而也包含着资本和劳动之间的分裂以及所有制本身的各种不同的形式"[1]。以他之见,在前资产阶级社会存在着三种所有制形式:部落所有制、古代公社所有制和国家所有制、封建的或等级的所有制。这是以生产工具为标志的生产力发展的结果。但马克思的这一分析的手稿是不完整的,中间有四页手稿已经"被老鼠批判"了。到了现代,那就是资产阶级社会的私有制了。马克思对这一个所有制的分析实际上是对资产阶级社会经济发展史的改写。历史矛盾第一次通过生产力与交往关系的发展展示出来。我们认为,这实际上也是马克思对历史哲学和历史唯物主义的批判性重写。

马克思认为,资产阶级社会的形成和发展的历史是一部资本

---

[1] [德]马克思、[德]恩格斯:《费尔巴哈:唯物主义观点和唯心主义观点的对立》,中共中央马克思恩格斯列宁斯大林著作编译局编译,人民出版社1988年版,第74页。

的世界市场的完成史。它可以粗略地分为三个时期。第一个时期,是城市与乡村的对立,这是"资本不依赖于地产而存在和发展的开始,也就是仅仅以劳动和交换为基础的所有制的开始"。但随着分工的发展,地域的局限性也开始逐渐消失。第二个时期,是工场手工业的发展,与此同时,是由殖民主义商业交往所开辟出来的"世界市场"和商业与航运的发展。资本的流通在加快,而且资本本身最初的自然的性质正在逐步消失,但国家之间的壁垒以及尚不发达的货币制度,都在阻碍着资本的流通。第三个时期,是大工业发展的时期。正是这个大工业,首次开创了世界历史,因为它使每个文明国家以及这些国家中的每一个人的需要的满足都依赖于整个世界市场,因为它消灭了各国以往自然形成的闭关自守的状态。这个世界市场的出现,使"分工丧失了自己的自然性质的最后一点痕迹。它把自然形成的关系一概消灭掉(只要在劳动的范围内有可能做到这一点),并把所有自然形成的关系变成货币的关系"[1]。在这里,我们看到了赫斯的影子。

我们不得不说,马克思这时的焦点意识并不在于确证这个资本的世界历史(这是李嘉图已经做了而马克思并没有认识到的事情),而在于从这个世界历史中看到了革命的希望。这就是资产阶级社会大工业消灭了各民族的特殊性,创造了一个真正同整个旧世界脱离并与之对立的阶级,即无产阶级,同时,大工业不仅使工人与资本家的关系,而且使劳动本身变为工人不堪忍受的东西,分工所产生的那个异己的社会物质力量,不是越来越微弱,而是越来越强大。所以,马克思有理由说,在世界历史的意义上,"每一个单

---

[1] [德]马克思、[德]恩格斯:《费尔巴哈:唯物主义观点和唯心主义观点的对立》,中共中央马克思恩格斯列宁斯大林著作编译局编译,人民出版社1988年版,第60页。

个人的解放的程度是与历史完全转变为世界历史的程度是一致的"。

无产阶级只有在世界历史意义上才能存在,就像它的事业——共产主义只有作为"世界历史性的"存在才有可能实现一样。而各个人的世界历史性的存在,也就是与世界历史直接相联系的各个人的存在。[1]

革命就要爆发了。马克思激动万分,以至于在《共产党宣言》中大笔一挥:全世界无产者,联合起来!

在这里,马克思似乎不再是一个浪漫主义者:历史辩证法的主体向度(无产阶级)与现实分工的历史(客体向度)已经内在地统一起来了。共产主义不再是一种应该确立的理想状态。事情果真如此吗?我们注意到,马克思特别注意了从分工的基础上异化出来的主体状态,这正是后来他对社会关系及其事物化结构的狭义历史唯物主义和历史现象学分析的起点。但是,如我们所说,这个极有问题的"分工"真的就能成为历史唯物主义一般原则的具体阐释吗?马克思其实在这里也是制造了**两种**历史唯物主义的分界点。当他后来从李嘉图与黑格尔那里体悟到古典经济学的世界历史的真正意义时,就像李嘉图抛弃了分工对价值抽象的作用一样,他也抛弃了分工对现实事物化世界的批判意义。狭义历史唯物主义是在 1857—1858 年之后才得以完成的。而对这个探寻历史发展的一般物质前提的广义历史唯物主义原则,他并没有放弃,而是从古

---

[1] [德]马克思、[德]恩格斯:《费尔巴哈:唯物主义观点和唯心主义观点的对立》,中共中央马克思恩格斯列宁斯大林著作编译局编译,人民出版社 1988 年版,第 31 页。

典经济学的自然规律的意义上重新内化在历史辩证法之中。**主体向度**与**客体向度**的再次接合努力，是在批判蒲鲁东之后才有所进展的。马克思在这个时期所作的对哲学与经济学的不成功的理论努力，不幸被后来传统的哲学教科书体系片面强调，成为一种僵化的"经济决定论"（冷冰冰的生产力与生产关系）。在这个意义上，历史决定论失去了自身的主体能动内涵。

第三节
自然历史过程与社会历史决定论

人类社会历史发展究竟有没有规律性？这一深沉的发问，正是对马克思广义历史唯物主义的一种根本性立场的追问。对历史本身的认识，与对人自身的认识，在根本上是同一回事。当人类主体从自然物质进化中产生出来以后，一部人类的历史，正是一部人与人、人与自然的关系的动态发展的历史。我们以为，马克思的广义历史唯物主义所要做的正是从人与自然的关系的角度来探讨历史的发展（而从人与人的关系的角度来探讨正是他在其后的狭义历史唯物主义中所要做的）。这是一种前提。

一、对历史观的历史考察

在人类发展的早期，人同自然界的关系完全像动物同自然界的关系一样，完全受制于自然界的力量，因此，对自然界的意识便纯粹是一种动物式的意识。人，不管是个体还是群体，几乎都没有发现自己的力量。历史总体就像是在人的作用之外发生着，仿佛是某种超人的客观力量主宰下的自在运动。图腾崇拜和自然神话正是对这种外在的客观自然力量的一种无意识的反映。这也正是早期的历史观得以产生的重要基础。自然决定论和神创论从根本上都没有超出人臣服在自然的脚下这一无奈事实。人类把自身做不到的事情托付给神灵,宗教就这样应运而生了。在这一点上,费尔巴哈是极其深刻的:宗教的确只是人的异化。借助神的名义,便可以压倒尘世中的人,这也的确是人与自然的关系在人与人的关系中的最初反映。

如我们所知,工业革命彻底改变了人在自然界面前低声下气的这种状况。人类通过征服自然发现了自身的力量。人作为历史的主体便因此凸显出来了。上帝被打倒了,神性也为人性所取代,神学变成了人学,"人就是人的最高本质"。光芒四射的文艺复兴运动和启蒙运动正是人类主体的第一次自觉的自我确证。这是人本主义历史观的伊始。人是决定历史的终极原因。英雄史观不过也就是人间的神创论。与此同时,人强大了,自然科学也就兴起了。"知识就是力量",自然规律的发现为人进一步控制自然奠定了坚实的基础。但是,人在自己造就的工业生产之中竟隐约感到了一种新的与自身相对立的客观力量。这一点在我们已经熟悉了的卢梭那里有了深刻的反映。我们以为,这是一种社会历史观的逻辑转变:原来那种人与外部自然的逻辑对立,在这里就转化为人类主体与社会历史过程中客观力量的冲突。也因此,卢梭在一片对科学技术的赞声中率先发出了不协调的声音。

卢梭指出,"堕落而悲惨的人类,再也不能从已踏上的道路折回,再也不能抛弃已经获得的那些不幸的获得物"。技术文明是人类的一条不归途。卢梭还认为,私有制是人类社会出现不平等和各种苦难的真正现实基础。他说:"由于人类能力的发展和人类智慧的进步,不平等才获得了它的力量并成长起来;由于私有制和法律的建立,不平等终于变得根深蒂固而成为合法的了。"[1]我们没有忘记,卢梭正是人本主义"应该"与"是"的逻辑分裂的第一人。人自身发展中现实存在与先验本质之间的历史悖结,正是全部人本主义历史观的重要逻辑基础。青年马克思最初的理论思路也正是这种人本主义异化史观。

在历史观上另一个重要的转折点,是与卢梭同时期的意大利历史哲学家维柯(Giovanni Battista Vico,1668—1744)。在他那本著名的《新科学》中,维柯第一次明确界说了人类社会历史与自然历史的根本不同点就在于它是由"我们自己创造的"。他将人类社会历史分为三个相衔接的时代:神的时代—英雄时代—人的时代,这与卢梭那种从异化了的时代复归于最初的理想时代的循环历史观有很大的差别,这是维柯的一个很了不起的贡献。同时,维柯还认为,人类的确是有意图地"计划"历史,可现实的历史客体并不总是符合人们的特殊愿望,并在人类愿望的这种"不一致"和"彼此相反"中,形成一种更能体现人类心智的更为"广泛的目的"。[2]我们以为,这与卢梭的那种"不归途"也是有差别的。在卢梭那里,从人类自身产生的外在力量是在工业文明之后的事情,而在维柯这里,则是一种人类总体历史的大的视域上的发展,这是很值得我们注意的。因为从这里,我们可以看到马克思历史唯物主义的两个理论指向,具体地说,**马克思的广义历史唯物主义正是沿着维柯的思路发展而来的,而狭义历史唯物主义则是沿着卢梭的思路发展而来的**(我们将在第四章中讨论狭义历史唯物主义)。

---

1 [法]卢梭:《论人类不平等的起源和基础》,李常山译,商务印书馆1962年版,第149页。
2 [意]维柯:《新科学》上册,朱光潜译,商务印书馆1989年版,第609—610页。

在维柯之后和马克思之前,社会历史理论还有这样的几种思路:法国复辟时期的历史学理论,法国空想社会主义的历史观,英国古典经济学的自然经济史理论,德国古典哲学的哲学历史观。在法国,卢梭被罗伯斯庇尔们迎入先贤祠,而大革命之后人们就对卢梭的那种抽象的理性表示怀疑了,那种单纯从人类主体意志或上层建筑出发的观点开始被改变了,政治和法律被当作一种派生的东西,因为制度正是由"人们的公民生活,他们的财产关系"所决定的。同时,他们也抓住了以客观的利益关系为核心的阶级斗争,阶级斗争被直接看成是历史发展的推动者。这正是以基佐、梯也尔和米涅等人为代表的法国复辟时期的历史学理论。只有在大革命的背景之下才有可能对大革命的理论基点进行反思。承袭这一思路,圣西门认为,社会的存在取决于所有权的保存,而不取决于最初制定这项权利的法律的保存。在他这里,历史被划分为神学、形而上学和实证三个不同的发展阶段。我们认为,这是对维柯观点的一种延展。

与此同时,一种新的理性却开始跃动于我们已经非常熟悉的英国古典经济学中。亚当·斯密在他对人类社会经济运动的研究中发现了一种十分奇特的情形:人们在自己创造出来的非自然的社会经济运转中,并不能完全自主地支配社会生活。人们只是想实现自己的目的,但事实上像有一只"看不见的手"在操纵着人,而对于这一点,人们"既非出于有意,事先也不知道",这好像又一次回到了非主体的自然过程。我们以为,斯密的这一观点实际上与卢梭不谋而合:在现代社会历史发展中,人类主体受制于自己创造出来的不以人的意志为转移的客观经济力量,在古典经济学这里,就是价值规律。社会历史发展的规律性便这样以经济学的面目第一次出现在人们的眼前。社会科学与自然科学一并成为人们研究的主题。而这个社会科学的兴起，导致了一种哲学上的困境：哲学不从科学中抽身出来，就很难有更进一步的发展。科学理性如果没有哲学上的反思，那就是对科学和哲学两方面的伤害。这并不是危言耸听。

因此，在这个重要关头，康德的"哥白尼式的革命"举足轻重。他对人类的理性能力做了限定，将停留在自然时空中的现实和经验留给了实证科学，而把人类主体理智对超时空的永恒、自由和绝对的理解泛化在主体的价值和美中。这就造成了理性本身深刻的二元分裂。但是，就是在康德的知性现象界中，**人类主体还是通过先验综合判断在向自然界"立法"的**，**感性自然实际上是被人类主体理念重组的**（这一点我们在上文已有所分析）。在这里，康德实际上还是高扬了人类主体能动性和自由观念。在他的历史哲学中，社会历史也还是由人的理性所构造的，它不会超出经验的范畴，因而还是从属于现象界的，而在历史的背后，存在着一种超出现象界的"理想理性"。在康德看来，人类的行为是被道德律令规定和引导的，因此有着意志上的自由，但是在实际发生的历史运动中，人们"都是不知不觉地就像依照一根导线那样依照他们并不知道的自然意图前进，并且为促进这个自然意图而工作"[1]。在这里，康德便上承维柯和斯密，在哲学上发现了支配人类社会历史的"看不见的手"。社会历史决定论第一次在哲学上得到了明确的论说。康德说：

> 人们可以将人类的历史大致看成是自然的一种隐秘计划的实施，这种计划的实施为的是产生出一种内在的——而且，

1　［德］康德：《康德文集》第8卷，柏林科学院，1968年版，第17页。

第二章　门前的风景

这些目的,也是外表的——完善的、独一无二的社会状况。在这种状况之下,人所有的禀赋得以充分地发挥。[1]

社会历史的规律性便像自然规律一样成为一种**自然必然性**。这是必然王国的重要先声。

面对康德的二元分裂,费希特(Johann Gottlieb Fichte,1962—1814)和谢林(Friedrich Wilhelm Joseph von Schelling,1775—1854)重新寻求了一种主体与客体的内在统一。到了黑格尔那里,这种内在统一以一种辩证法的面目在逻辑上得到了确证。在黑格尔的历史哲学中,历史决定论被发挥到了极致。在卢梭和维柯那里不同的理论质点在历史辩证法中得到了逻辑上的统一。黑格尔认为,历史正是绝对精神展现自己本质的历史,正是绝对精神把"世界历史做它的舞台、它的财产和它的实现的场合。'精神'在本性上不是给偶然事故任意摆布的,它却是万物的绝对的决定者;它全然不被偶然事故所动摇,而且它还利用它们、支配它们"[2]。这正是"理性的狡计"。在绝对精神的这种自我展现的过程中,"各个人是供牺牲的、被抛弃的"。**在大写的历史逻辑中,人成了客观精神的外壳,淹没在"非人的"历史过程中。历史规律成了人类主体的宿命。**

更为重要的是,在工业文明之后的"小写的"历史逻辑之中,黑格尔认为,古典经济学所昭示的那只"看不见的手"实际上不过是异化了的绝对精神。事物化市场不过是一种"第二自然",是绝对精神第二次沉沦于物质。第一次:绝对精神沉沦于自然物质,人类

---

1 [德]康德:《康德文集》第8卷,柏林科学院,1968年版,第17页。
2 [德]黑格尔:《历史哲学》,王造时译,生活·读书·新知三联书店1956年版,第95页。

从自然界中异化出来;第二次:绝对精神沉沦于劳动的产物,人被自己的创造物异化。在这里,人先是受制于自然界,控制自然界后又受制于自己劳动的产物。异化正是绝对精神的必由之路。市民社会推崇备至的利己的个人主义只是一种"理性的狡计"。因此,黑格尔在肯定古典经济学在物中所呈现出来的外部经济力量的同时,用一种历史的眼光要求超越这种自然必然性,最终实现绝对精神这只"看得见的手"——**一种弘扬了人类主体理性的精神伦理**。这就是著名的从必然王国走向自由王国的理论意向。后来的马克思和卢卡奇正是从黑格尔这里汲取了反对资产阶级**自然**意识形态的养料。这是后话。

二、似自然性与物役性现象

走完了历史决定论的生成起始,我们不妨再来回答一个对马克思的历史观的苦苦追问:历史唯物主义是一种机械经济决定论吗?它真的认为人类社会历史的发展永远是一个不以人的意志为转移的自然历史过程吗?我们的回答是否定的。

我们可以先来做一个考察。早在《1844年哲学经济学手稿》中,马克思就通过对人类主体的关注,用哲学来反注经济学,造成了一种非历史性的审察。而在对经济学的实证性研究过程中,他用"分工"来代替"异化",对资本主义世界历史进行了批判,并且愤怒于一种人类主体被自己的创造物所驱使和奴役的非自主状态。在《德意志意识形态》中,这种不以个人的意志为转移的历史力量被表述为生产力发展的一般原则。历史发展的客观性力量被强调出来,正如自然界受自然规律的支配一样,人类历史也经受着社会历史规律的制约。这一次,不再是黑格尔的绝对精神,而是人类社会的生产活动本身,尤其是资本主义的生产活动本身,内蕴着某种**类似**自然界发展的规律性。

那么,人类社会历史发展究竟在什么意义上与自然历史过程相类似呢?如果对马克思的文本做一个仔细甄别,那么我们认为,马克思主要是在以下几个层面上来理解这一**似自然性**的:

第一,人类社会历史发展呈现出**在人之外的非主体性**。我们知道,自然界的运动在排除了人的作用之后是一个自在的客体运动过程,在自然存在和发展的进程中,并没有什么外在于自然并支配着它的超自然主体(如中世纪的上帝)。所以,自然界的运动当然是不以人的意志为转移的自然而然的客观过程。但在此时的马克思的哲学视界中,人类社会历史的发展就与自然过程不一样了,社会历史是人创造的,历史过程不过是人类主体的生产劳动的历史发展过程。人类社会历史的发展当然是不同于自然历史过程的主体活动过程。可是,在马克思后来的对资本主义经济过程的研究中,他却发现在资本主义生产过程中,"盛行着完完全全的无政府状态",在这里,生产的社会关系,不过是作为一种压倒一切的自然法则,面对着个人的自由意志来发挥作用。后来马克思又专门指出,在这里,整个历史过程——指重大事件——到现在为止都是不知不觉地完成的。这个人类主体的"不知不觉",也就是说社会历史进程中人的社会活动规律却成了**不以人的意志为转移的**自然界的规律,社会运动过程好像变成了在人之外的**无主体的**自然过程。

第二,人类社会历史发展颠倒地出现**违背主体个人意志的外部强制性**。在自然物质的发展中,支配物质运动的法则是客观必然性,规律并不以任何物质对象的要求为转移。而在人类社会发展中,过程的主体都是有目的有意识的个人,社会历史正是由人类创造的。在社会历史过程中，人既是编剧又是演员。可是在资本主义的经济过程中，人所创造的经济力量却表现为违背人类主体（个人）意志的外部强制。

第三，人类主体活动构成的社会历史进程表现出运动的**盲目性**。在自然存在的发展过程中，物质运动是在无目的的相互作用中盲目进化的。即使是动物的进化，也不过是由直接的生存需要驱使的。而在人类社会历史发展中，历史的进步是在人类主体手中**有目的地推进**的。然而在资本主义社会的经济运行中，作为支配这一过程主要规律的"价值规律"，在资本主义生产过程的"对单个当事人作为盲目的自然规律起作用，并且是在生产的各种偶然变动中，维持着生产的社会平衡"[1]。

第四，人类社会历史发展运动却表现出对自身进程的**破坏性**。在自然界的客观进程中，物质自身的发展经常采取了破坏性的形式，如自然界的地震、火山喷发和旱涝，以及生物界存在的互相残害的生存竞争。人类社会的发展是以人的主动建构为主体的，发展生产力、提高物质生活条件和水平是历史进步的主要线索。但是在资本主义社会中出现了相反的情形，生产力的发展表现为对生产力本身的破坏。

总之，在资本主义的经济过程中，人类社会历史发展出现了与自然界运动相类似的情况：人类主体的活动过程表现为客体的运转，个人与社会处于严重的对立之中，社会进步同时表现为社会的自我伤害，等等。我们的问题是，马克思是否在决定论的意义上肯定这种似自然性的？显然不是！在马克思看来，这当然是不正常的历史状态。我们不难看出，马克思关于资本主义社会发展出现

---

[1]《马克思恩格斯全集》第25卷，人民出版社1974年版，第995页。

的似自然性现象的说明，是在一个**否定**的基点上，而不是像传统教科书和它的反对者所理解的那样是整个人类社会发展的一般规律。更重要的是，他并不是将这种资本主义特有的历史现象作为抽象价值伦理批判的前提（如早期他的哲学逻辑思路那样），而是当作资本主义生产方式经济运作的客观**结果**。记住这一点是尤为重要的。

如果说，马克思的似自然性理论是在说明，在特定的历史条件下，人类社会历史的发展，似乎变成了一种不以人的意志为转移并在人之外的盲目自我伤害的客观过程。特别是在资本主义社会发展中，历史的发展往往是通过破坏性和灾难性的代价才实现的。那么，这里还会引申出另一个重要的观点，即资本主义社会经济过程中那种人所创造的事物和物质关系对人的压迫和奴役，是在历史辩证法主体向度的逻辑视角中呈现出来的一个不合理的主客体颠倒。这就是马克思的**物役性理论**了。

马克思在他的经济学研究中区分了在资本主义生产中所出现的两种"物化"：其一，是"个人在其自然规定性上的物化"，这也就是在一般意义上所说的，一切生产都是个人在一定社会形式中并借这种社会形式进行的对自然的占有。或者从社会历史发展的层面上来看，人类的劳动首先是人与自然之间的一个过程，在这过程中，人由他自己的活动，来引起，来调节，来统治人与自然之间的物质变换。人在生产劳动中要在一种对自己生活有用的形式上占有自然的物质。这一种意义上的物化，实际上就是马克思原来所讲的对象化（Vergegenständlichung），它是指人类主体通过劳动生产在对象的改变中实现自己目的的积极过程。

其二，马克思发现资本主义生产中人的物化还表现为"个人在一种社会规定(关系)上的物化(Versachlichung)[1],同时这种规定对个人来说又是外在的"[2]。因为在这一层面上,生产的事物化过程却表现为"产品支配生产者,物支配主体,已实现的劳动支配正在实现的劳动",马克思指出,这里的"劳动与劳动条件的关系被颠倒了"!这种事物化的实质是**人自己创造出来的事物反过来奴役人**!他认为,这是资本主义社会历史发展中出现的**独特的物役性现象**。

马克思专门指出:

关键不在于**对象化存在**(Vergegenständlichtesein),而在于**异化**,外化,外在化(Entfremdetsein, Entäußertsein, Veraußertsein),在于巨大的物的权力不归工人所有,而归人格化的生产条件即资本所有,这种物的权力把社会劳动本身当作自身的一个要素而置于同自己相对立的地位。[3]

这是一种在现代资本主义经济生活中现实发生了的人的真实**错乱**和**颠倒**。当然,与资产阶级学者的观点相反,马克思正是要确证这种颠倒的过程不过是**历史**的必然性,不过是从一定的历史出发点或基础出发的生产力发展的必然性,但绝不是生产的某种**绝对必然性**,倒是一种暂时的必然性,而这一过程的结果和目的(内

---

1 日本学者广松涉在日文翻译中,为了迎合自己的现象学(胡塞尔和海德格尔)取向,将 Versachlichung 译作"物象化",我再三思量后以为是不妥的。并且,广松涉为了突显自己的这一"发现",专门指认出马克思文本中的另一个概念 Verginglichung(物化)。其实,此词马克思只是在《资本论》第 3 卷中使用过两次,从来没有在重要的理论讨论中使用过。
2 《马克思恩格斯全集》第 46 卷上册,人民出版社 1979 年版,第 176 页。
3 《马克思恩格斯全集》第 46 卷下册,人民出版社 1980 年版,第 360 页。这里的中译文将对象化存在(Vergegenständlichtesein)误译为物化(Versachlichte)。

在的)是扬弃这个基础本身以及过程的这种形式。这是他科学社会主义理论立论的基础。而资产阶级经济家由于受到一定的社会历史发展阶段的意识形态观念的严重束缚,认为劳动的社会权力**事物化**的必然性是跟这些权力同活劳动相**异化**的必然性分不开的。这一点是由他们的阶级立场决定的。马克思发现,资产阶级学者维护历史过程中这种人与物的颠倒,正是试图证明资本主义生产方式是永恒的自然规律的意识形态之核心内容。

马克思并不抽象地否定资本主义生产过程中生产力发展创造的积极的事物化层面(社会历史的一般基础),在这里,他没有丝毫的抽象价值伦理批判和浪漫主义色彩,只是否定人的事物化对象对人类主体的奴役和盲目支配,即**仍然**反对这种事物对人的统治(反对经济力量成为支配人的主导因素)!马克思指出:"像人在宗教中受他自己头脑的产物的支配一样,人在资本主义生产中,受他自己双手的产物的支配。"[1] 在资本主义社会的经济过程中,"资本家对工人的统治,就是物对人的统治,死劳动对活劳动的统治,产品对生产者的统治"。这是在物质生产中,现实社会生活过程(因为它就是生产过程)中与意识形态领域内表现于**宗教**中的那种关系完全同样的关系,即把主体颠倒为客体以及反过来的情形。马克思指出,**从历史上看**,这种颠倒是靠牺牲多数来强制地创造财富本身,即创造无限的劳动生产力的必经之点,只有这种无限的社会劳动力才能构成自由人类社会的物质基础。这种对立的形式是必须经历的,正像人起初必须经历以宗教的形式把自己的精神力量作为一种独立的力量来与自己对立完全一样。这是人本身的劳动的**"异化"**过程。

---

1 [德]马克思:《资本论》第1卷,人民出版社1975年版,第681页。

工人在这里所以从一开始就站得比资本家高，是因为资本家的根就扎在这个异化过程中，并且他在这个过程中找到了自己的绝对满足，但是工人作为这个过程的牺牲品却从一开始就处于反抗的关系中，并且感到它是奴役过程。[1]

马克思在这里实际上是在历史辩证法主体向度的逻辑视角上，批判资本主义社会中那种特有的人与事物关系的颠倒。以他这里批判的本质来看，这是一种**人自己的创造物反过来对人类主体的驱使和奴役的现象**。概括地说，就是社会历史进程中人类主体的**物役性**。在资本主义生产方式中，资本家正是在这种物役性中通过占有物来间接地支配和奴役人的！这也是马克思对资本主义雇佣劳动制度深层**奴役本质**的揭露。[2] 依我们之见，马克思关于资本主义社会运动过程中的物役性理论，不仅是他社会批判学说的重要内容，也是他哲学世界观中历史辩证法主体向度的一个具有重大理论价值的方面。遗憾的是，这一重要的理论观点不仅被我们的传统哲学解释框架忽视了，而且与似自然性理论一样被严重地误解了。

我们还认为，这里还有一个重要的深层逻辑理论问题，即**马克思的这种物役性理论正是他在科学的历史观基础上原有的人本主义异化逻辑理论的直接转型**。前面已经提到，在1845年的哲学变革中，马克思抛弃了费尔巴哈式的人本主义劳动异化逻辑框架，但并没有放弃他在原来的主体辩证法中对社会历史进程中那种主客体颠倒状况的关注。这一点，我们在他对李斯特的"书评"和他与

---

[1] 《马克思恩格斯全集》第49卷，人民出版社1982年版，第49页。
[2] 马克思曾经对人类历史上发生过的人对人的**直接**奴役现象进行界定。参见《马克思恩格斯全集》第45卷，人民出版社1985年版，第367页。

恩格斯合作的《德意志意识形态》一书中的实际话语运作里可以看得很清楚。在马克思那里，对社会历史过程中人与事物关系的颠倒现象的否定性批判，仍然是他哲学新视界的历史辩证法逻辑和共产主义理论的重要内容。而在这里，他对资本主义经济生活的本质越是深入，就越是深刻地体验到原来还只是停留在哲学逻辑上的那种批判的重要性。因此，物役性的思想实际上构成了马克思在经济学研究和科学社会主义实践中形成的社会批判理论的一个核心话语层面。

在马克思的经济学研究中，他对资本主义社会生活中出现的物役性现象进行了比较系统的分析。概括起来看，可以有以下几个方面。第一个方面，是人类劳动生产力成为压迫个人的物役性力量：其一是劳动能力的物役性畸变，其二是人的劳动产品的物役性，其三是劳动形式、工具和科学技术的物役性。第二个方面，马克思指出了资本主义社会关系的物役性特征。第三个方面，就是整个社会历史过程的物役性颠倒。显然，马克思的物役性理论就是关于反对资本主义社会中特有的人不正常地受到自己创造物的奴役现象的学说。

这里我们还要指出一个重要的理论问题，即在马克思对资本主义社会物役性现象的批判中，已经不存在某种人本主义色彩的非历史因素。他不像原来在劳动异化理论中那样简单地贬斥人与事物关系的颠倒。在物役性理论中，他首先是承认物役现象的客观历史必然性，再从社会历史运动的内在矛盾中确证物役现象的这种必然性只是"暂时的必然性"，以确证消除物役性的客观历史条件。这是马克思物役性理论与他原来的劳动异化理论的一个很大的不同点。当然，马克思关于物役性的理论表述并没有形成一个独立的理论范式，但他这一思想的基本线索已经是十分清晰的了。

三、再论历史唯物主义

我们已经了解到，自然与社会历史的关系始终是历史观发展中的一个重要问题。自然界在人类自身发展中所扮演的角色，具有一种先验的本体优先性。这是达尔文的进化论的一个伟大贡献。在近代自然科学发展起来后，康德扭转了传统的认识论模式，意识到自然界总是历史地向我们呈现出来的，我们的认识视域中的自然界在不同时期是截然不同的。自然界并不是静止地向人们呈现，等着人们慢慢地去发现它们的规律。这正是康德要在现象界之后界立一个"自在之物"（Ding an sich）的原因所在。但如我们所知，康德同时又在用一种自然必然性来界定社会历史发展的规律性。由此，尽管康德对人类理性进行了限定，但是人类自身从对征服自然界的过程中猎取的是一种对科学理性的与日俱增的信心。因果律作为自然科学的总的法则，反映到社会历史观上，就很自然地造成了一种幻象，也即社会历史是人类主体活动所构成和创造的，而人的活动又离不开人的主观思想动机，因此，社会历史的内驱力不是别的，而就是这个人类主体的思想动机。在物质技术文明发达的地方，"英雄史观"比"唯物史观"[1]容易为人所接受。

所以，在社会历史观中长期占统治地位的正是非决定论的历史唯心主义。大多数哲学家，在面对自然对象时，直观地就将外部自然视为人类主体以外的存在，并且承认自然界本身自然而然的客观运动及其客观法则。在这一视角上，较多地会形成一种自然

---

[1] 唯物史观特指在社会历史研究领域中的唯物主义观念，不同于马克思创立的**历史**唯物主义。

唯物主义的观点。但是一步入社会历史领域，情况就有所改变了。与自然存在不同，没有了人类主体，社会生活过程就不可能自然而然地继续存在。直观地看，每一个在社会历史过程中活动的人，如我们刚才所言，都是一个有着主体意识和主观思想动机的人。这样，以人为出发点的唯心主义观点又可悲地占了上风。人们把康德的理性限定和自然必然性忘得一干二净了。这真是一个机械的理论陷阱。费尔巴哈式的哲学家和科学家就像一地鸡毛，漫天飞舞。马克思一天不清算费尔巴哈，就一天走不出这种理论陷阱。历史唯物主义中的"历史"和"物"都不是如囊中探物般那么容易得来的。从康德到黑格尔再到马克思，这真真切切就是一个历史唯物主义胎生的过程。

马克思抓住实践这个视角，把人与自然的关系提升到了一种前所未有的哲学高度。这也正是广义历史唯物主义的理论出发点。正是这个历史的现实的具体的社会实践，使人类社会历史以其历史的主体性有别于自然历史，同时又以人类社会实践的进程昭示了社会历史辩证法的决定论。马克思这时的理论意识，正是要寻求不同于自然规律的社会历史发展规律。如我们前面所说，这是一种源于古典经济学的历史研究方法。在假定物质生产作为人类社会存在的一般基础的理论前提之下，马克思完全有理由去进行他的历史科学的研究。他的广义历史唯物主义是对的，在人们还得把物质利益作为生存前提的时候，正像古典经济学所昭示的，在劳动还是人们创造价值的基础的时候，无论这样的一种规律性是如何"惨无人道"，它依然是一种自然必然性。我们的传统教科书做得不好的一个地方，就是把马克思的这个理论前提的设定去掉了，变成了一种"放之四海而皆准"的绝对真理。更不用说在马克思走出广义历史唯物主义、创立历史现象学之后，其对马克思的理解一方面离马克思越来越远,另一方面却又猎取了一个"正统的马克思主义"之名。

值得一提的是,黑格尔和马克思的这种历史总体逻辑,在今天的历史研究中式微了,人们转而去关注被历史总体的"大写的逻辑"所淹没的零碎的断裂的东西。逻各斯中心主义被毁弃了,人的当下的具体生存又以一种前所未有的浩大声势被凸显出来了。从施蒂纳到福柯以及所谓的后现代,利己主义的个人生存也就从宣称所有物变为丢掉所有物,现代性却在这些变化面前岿然不动并茁壮地成长。**真正的总体性不是别的,而就是这个把一切拒绝其文明的文化土壤吞噬掉的布尔乔亚文明情调——现代性**。人类如果不从自然界中站立起来,成为历史的主体,那么也就不会有这个现代文明;而这个现代文明本身必然是人控制自然进而控制人自己的文明。黑格尔的绝对精神之对象化与异化之路不可超越。

有一句话是对的:**辩证法不崇拜任何东西**。人们不可能倒退回衣不蔽体、食不果腹的原始时代,但也不可能放任自己对自然界的蹂躏,问题需要辩证地看待和解决。对于阿多诺来说,一部自然的历史,正是一部人类控制自然的历史,因而也是一部人类社会的历史。这是对的。社会历史决定论不过是人类本身继续着自然的无意识的历史,在这一点上,康德把社会历史的规律性用自然必然性来形容,真是再恰切不过了。而对于马克思来说,如何把这种社会历史规律与人的自由和解放结合起来,也就是说,如何把历史唯物主义与历史辩证法结合起来,是他在写作《德意志意识形态》中批判费尔巴哈的手稿之后所要做的理论工作。只有这个工作完成之后,狭义历史唯物主义和历史现象学才会向我们迎面走来。

第三章 花落的声音

引 子

每一个梦的破碎都是残忍的,即使它是最不美丽的梦。仅仅从哲学诗意上或实证科学上来批判现实世界,对马克思而言,它都是一个已经破碎或正在破碎的梦。我们已经看到,离开劳动价值论来批判异化和拜物教不过是人本主义的乌托邦,而陷入古典经济学并忙于寻求历史发展的一般规律,就有可能削弱对市民社会拜物教的批判。人类生存不能没有物质前提,但物质本身是否就是人的生存本身?布尔乔亚社会是一个现代文明的社会,但这个现代文明是否就是人类所终?在资本原始积累时代,财富被创造出来了,劳动者却生存得悲苦难耐。一种健康的理论建设,不可能无视现实生活中的苦难。精英理论不过只是上流社会的传声筒而已。古典经济学和市民社会拜物教对在哪里,又错在哪里,这是问题的关键所在。对马克思而言,历史唯物主义究竟怎样才能与历史辩证法内在地统一起来,他一无所知。《德意志意识形态》虽然明确了广义历史唯物主义的一般思路,但不难看出马克思的历史话语有点勉力为之。费尔巴哈虽然被彻底地批判了,但新的出路并没有被完全昭示出来。哲学与经济学在理论上并没有联结起来。历史唯物主义仍是易碎的,科学的方法论也并没有被完全建立起来。而只有马克思在经济学上站到李嘉图已经达到的最高水平之上,历史发展的本质才有可能被科学揭示,他也才有可能站在一个新的基点上批判资产阶级社会。

在艰难的理论探索中,马克思再一次潜心研究黑格尔和李嘉图。我们没有忘记,马克思自始至终都是黑格尔的弟子。费尔巴哈可以被马克思一笔勾销,黑格尔却不能。从《博士论文》到《资本论》,马克思一次又一次地批判黑格尔,但同时也是一次又一次地走近黑格尔。他离黑格尔不是越来越远,而是越来越近。当马克思将黑格尔的观念历史辩证法重新颠倒过来,并奠基于历史唯物主义之下时,他才真正发现,唯物主义必须由历史辩证法从内部来建构。当历史唯物主义走出费尔巴哈以及一切旧唯物主义的那种直接自然的基础,进入生产活动,尤其是大工业生产活动的世界图景时,历史唯物主义与历史辩证法就达到了同一的现代的高度。由此,历史唯物主义并不是抽象地去指认历史中某种不变的物质基始,而是运用历史辩证法去真实地面对人类社会历史生存中的每一个具体的有限的客观情境,以发现一定的、历史的、暂时的人类物质生活及其一定的、历史的、暂时的观念映现。彻底的历史唯物主义必然是革命的历史辩证法,反之亦然。而从古典经济学那里,马克思看到,人的关系向纯粹的物的关系转变,这也正是李嘉图得以创造抽象同一的资本生产理论的现实的、历史的客观基础。也就是说,在大工业生产活动的世界图景的历史情境之下,黑格尔与李嘉图实际上是站在了同一起跑线之上。

但是,当马克思准备对经济学再做进一步的研究的时候,一件事情转移了他的注意力。这就是1846年6月蒲鲁东《经济矛盾的体系,或贫困的哲学》一书的出版。书中大量的哲学与经济学的双重错误使马克思不得不起而批判,写了一本针锋相对的著作:《哲学的贫困:答蒲鲁东先生的"贫困的哲学"》(1847年)。正是在对蒲鲁东的批判中,马克思逐渐找到了把黑格尔历史辩证法与李嘉图社会唯物主义内在地联结起来的科学方法论。在这种情境之下,我们不禁要问:在黑格尔与李嘉图的这种理论支撑之下,历史唯物主义若再往前走,会是一种什么样的景观呢?

1848年欧洲爆发了革命。在这艰难时世里,激情满怀的马克思、恩格斯又怎能静静地待在书斋里品尝文字的味道呢。他们冲出书斋,拿起武器,直接融入了革命的洪流之中。结果便是驱逐、流亡、驱逐。一步一步,走得实在是太艰难太曲折。用马克思自己后来的话来说,只有不畏艰难和曲折的人,才有希望达到光辉的顶点。马克思以自己的艰辛努力,正在朝历史现象学这个光辉的顶点走去。

第一节
辩证的影子

理论之花处处盛开。站在劳动价值论的理论肩膀上,李嘉图式的社会主义经济学和黑格尔的历史辩证法作为对古典经济学和市民社会拜物教的辩证超越,是马克思历史唯物主义与历史辩证法主体向度和客体向度在理论上统一起来的先声,也是后来蒲鲁东在《贫困的哲学》中用黑格尔来重构经济学的前引。因此,如何从这种辩证的努力中汲取理论批判力,对马克思来说就显得尤为重要。

一、理论反转:以子之矛,攻子之盾

事情变得越来越有趣。在斯密和李嘉图那里,古典经济学作为"只见物不见人"的科学研究,被西斯蒙第以一种人本主义的尺度摒弃掉。实际上,古典经济学虽然是资产阶级自由主义意识形态的始祖,但它自身包含了许多反布尔乔亚的革命因子,这一点无论是青年马克思还是其他人本主义哲学家都没有意识到,但以汤普逊和霍吉斯金为代表的李嘉图式的社会主义经济学家意识到了。

作为经济学家,他们首先承认劳动价值论的基础地位。他们认为,在物质生产中,也就是在自然物质转变成人类社会财富的过程中,"大自然对于这个转变做了些什么呢?什么也没有做。人,人的劳动,做了些什么呢?什么都做了"[1]。如果把附着于手表之上的劳动去除掉,剩下的不过是一堆矿石;拿掉了木匠和泥瓦匠的劳动,建筑物也只会成为原始的自然物质。所以,物质生产,特别是劳动创造了一切社会财富和知识。在任何社会中,"生活所必需的一切东西,能使生活愉快和舒适的一切东西,都是人类的劳动创造出来的"[2]。汤普逊发现,人实际上越来越生活在一个由劳动所创造出来的"人们的周围的环境"之中,离开了他人的劳动,独立的个人并不具有独立创造财富的能力,由此,**劳动不仅是人与自然的**

---

1 [英]汤普逊:《最能促进人类幸福的财富分配原理的研究》,何慕李译,商务印书馆1986年版,第34页。
2 [英]格雷:《人类幸福论》,张草纫译,商务印书馆1963年版,第12页。

关系,同时也是人与人的关系。商品就是人与自然的关系和人与人的关系的内在统一体,这也就是它具有两个属性——使用价值和交换价值——的内在缘由。也正因为如此,劳动价值论是现代性的理论起点。马克思的广义历史唯物主义也正是从这个劳动价值论出发的。汤普逊还指出,劳动不仅是财富之源,而且还是道德和幸福之源。劳动所创造出来的物质前提,是每一个人的生存之基。没有财富,幸福不过只是一句空话。霍吉斯金说:"只要数以百万计的人们仍然吃不饱饭,一切改善他们的道德和心灵的企图(即便是沃恩克里夫勋爵的唱诗班)都是没有希望和徒劳的。"[1]

既然劳动创造价值,那么,每个人对于他用正当劳动所获得的一切东西都具有不容置疑的权利。如果他占有了他自己的劳动果实,那么他对其他人并没有做出任何不公正的行为,因为他丝毫没有侵犯别人这样做的权利。因此,他们认为,人类劳动的必要性其实正是与万有引力一样普遍的规律,它永恒地和始终如一地影响并调节全体人类的行为。也就是说,劳动既然是一切财富的源泉,那么不劳动者就不能吃、穿、用,也就没有生存的权利。劳动价值论就这样被这一群社会主义经济学家坚持到底了:在社会生产领域,劳动是唯一的尺度;到了交换领域和分配领域,劳动也是唯一的尺度。如果真是这样,那么劳动者真应该是"丰衣足食"才对。但是,他们伤心地发现,在一个生产发达、财富丰足的社会里,创造财富的大多数生产者贫穷,而极少数非劳动者却富有;生产者经过劳动所创造出来的成果,在他们本身既没有胡作非为、自然界也没有发生灾害的情况下,却被神秘地全部夺走了。这到底是为什么

---

[1] [英]霍吉斯金:《通俗政治经济学》,王铁生译,商务印书馆1996年版,第255—256页。

呢？问题出在哪里？

他们认为，不是劳动价值论出了问题，而是社会制度出了问题：“自然规律”（"看不见的手"）无罪，"贫困是由社会制度造成的"。他们的看法是，按照劳动和交换的性质来说，严格的公正的要求是交换双方的利益不仅是相互的，而且是相等的，但是，资本作为价值的最高形式，不过只是经由工人的劳动创造出来而已，但资本与劳动的交换实际上不相等，资本家不过是用工人过去的劳动成果与工人当下的活劳动相交换，并且，每一次交换的再发生，资本家又再一次多占了工人的劳动。以勃雷（J. F. Bray，1809—1895）的看法，这种交换的本质是"一方只是都给出去，一方只是都拿进来，一切不平等的实质和精神也在于此"[1]。这实际上就是以无易有。勃雷不无嘲讽地说：工人和资本家之间的全部交易纯粹是一幕滑稽剧，实际上，在大多数情况下这无非是一种无耻的（虽然是法定的）抢劫而已。这也正应了蒲鲁东在《什么是所有权》一书中所喊出来的振聋发聩的口号：所有权就是盗窃！

所以，他们最后总结道：正是劳动阶级通过劳动养活了自己，也养活了一切不劳动的人。现代交换制度正是统治文明世界的恶魔的隐身所，它以饥饿报答勤劳，以失望报答努力，并且在全国造成了一种格雷（J. Gray，1799—1883）所说的"使疯人院的病人也感到惭愧的反常现象，即在丰裕之中产生了贫困和饥馑"[2]。怎么办呢？"必须彻底摧毁现时的社会制度。"[3] 只有实施劳动和交换的平等才能改善这种情况并保证人们真正有平等权利。但是，很

---

[1] ［英］勃雷：《对劳动的迫害及其救治方案》，袁贤能译，商务印书馆1959年版，第23页。
[2] ［英］格雷：《格雷文集》，陈太先、眭竹松译，商务印书馆1986年版，第229页。
[3] ［英］勃雷：《对劳动的迫害及其救治方案》，袁贤能译，商务印书馆1959年版，第17页。

第三章　花落的声音

重要的一点就是这种社会制度的摧毁,"单凭知识的力量"是无济于事的。关键还是在于现实的物质变革。布雷认为,政治平等作为目的是错误的,作为手段也同样是错误的。**在物质匮乏的前提之下,"跑步进入共产主义"真的就只是一种"唯心主义的狂怒"。**

由此,这一群出色的李嘉图式的社会主义经济学家就把科学的客观规律与伦理要求结合起来了,对物与人的共同关注也因此成为把客体向度和主体向度结合起来的初步辩证的尝试。这是他们超出马克思的广义历史唯物主义的理论高点。社会主义的确不是一种美好的理想和抽象的"类本质"的抽象实现,而就是现实的物质生产发展所要求的一种新的生产方式和社会制度。这是很了不起的理论思路,从中我们可以窥见社会主义从空想到现实的革命萌芽。

二、逻辑超越:真理是具体的

黑格尔对于我们来说并不陌生。前面我们在提到他的历史观的时候已经提到了一点他对古典经济学的理解。实际上,黑格尔哲学真的不是用一句"博大精深"就可以囊括得了的。我们以为,黑格尔哲学并不是无中生有的冥想之物,它的背后其实是有着坚实的现实历史基础的,这就是欧洲资产阶级革命和资产阶级社会经济现实。资本主义历史的发生,的确开启了一个新的时代,而黑格尔哲学则正是这种时代精神的宝殿。这是马克思在创立历史现象学之前所始料未及的。

与人本主义对市民社会异化的空洞批判不同,黑格尔承认市民社会及其拜物教现象的历史必然性;与古典经济学宣称事物化市场规律的自然永恒性不同,黑格尔断言这种规律性是历史的、暂

时的。黑格尔是在绝对精神的总体逻辑展现中来实现这种历史辩证法的。而这个绝对精神，如我们前面所言，作为在市民社会中被异化之物，实际上就是拜物教中的那个"物"。人们跪倒在"马背上的"绝对精神和市场中的绝对精神之下。这种鲜活的历史现实，对于黑格尔而言，不啻是绝对精神的"大写的我"。黑格尔是从劳动价值论来开始确证这个"大写的我"的。

黑格尔在斯密和李嘉图的经济学中看到，在现代商品生产的"交换"社会中，每个人都在为满足某一种需要而劳动，但作为加入社会整体的个人，客观上又满足着其他许多人的需要。单个人的劳动和财产，并不是它们对他个人来说所是的那种东西，而是它们对一切人来说所是的那种东西。这也就是说，"个别的人在他的个别的劳动里本就自觉地或无意识地在完成着一种普遍的劳动"[1]。这种普遍劳动，正是我们已经提到过的劳动价值论的抽象劳动（abstrakte Aribeit）。这是一种准确的出发点。黑格尔认识到，在人类早期的传统具体劳动形式中，个人能在劳动结果中保持自己完整的个性，而在这种交换社会的普遍劳动中，个人成为社会关系的奴隶，也就是说，当劳动不再与个性相关的时候，个人的特性就只能在社会关系中表达；正是因为劳动成了为他的劳动，每个人就只有通过市场交换才能与他人进行社会关联，而个人的特性，不再是通过劳动成果，而只能是通过交换物来展现了。所以，商品、货币和资本在这里并不是纯粹之物，作为个性和能力的体现（谁拥有这些市场之物，谁就体现了自己的"价值"），它们实际上正是一种披着事物的外衣的价值关系，换句话说，人与人的社会联系

---

[1] ［德］黑格尔：《精神现象学》上卷，贺麟、王玖兴译，商务印书馆1979年版，第234页。

(gesellschaftliche Beziehung)就通过事物与事物的交换关系体现出来了。人被事物化了，事物与事物的关系一跃成为居于人与人关系之上的"经济规律"。中介成了目的。为生产而生产，这就是经济学得以存在的现实前提。用黑格尔的语言，这就是被异化了的绝对精神——理性的狡计：人被事物淹没了，个人的激情成为绝对精神实现自己的手段。人们拼命工作，终日奔波，为的是什么？一种异化了的绝对精神——商品、货币和资本而已。为"事物"（Sache）而战，在这个时候，谁说劳动价值论过时了？黑格尔给我们挖掘出来的古典经济学和劳动价值论的这种深层哲学意义，真是令人触目惊心。而马克思的那句"人的本质在其现实性上是一切社会关系的总和"不愧是真知灼见。

所以，市民社会拜物教本身正是昭示了一个新时代的来临，这个新时代就是布尔乔亚现代文明社会。市民社会作为一种新型的人与人之间的社会关系的总体，使人类的历史发展采取了一种世界历史的形式，这个世界历史也就是资本的生产及其扩张。本来是不同地域不同历史发展时期的各个国家和民族的历史，现在却为了一个共同的目标——文明而联结在一起了。本来不同质的时空，现在却均一化为同质的时空，也就是资本生产和发展的历史。用市场经济构架出来的市民社会及其文明作为一种历史发展的尺度，已经取得了统治性的力量和地位。黑格尔认为，正是这个现代文明社会，第一次使理念的一切规定各得其所。在机械化大生产之下，不是因为有了泰勒制才有了管理的理念，而是因为有了管理的理念才有了泰勒制；同样，不是因为有了信用制度才有了人与人之间的相互信赖，而是因为有了人与人之间的相互信赖才有了信用制度。这真真切切就是一种观念创造世界的"唯心主义"决定论了。黑格尔实际上正是想告诉我们，市民社会不过是一个颠三倒四的社会！这种拜物教的社会,真的就只是一个事物与人的**必然王国**。他说,"有这样一种观念,仿佛人在所谓自然状态中,就需要说,其生活是自由的",但实际上,在这种所谓的自然状态中,人"只有所谓简单的自然需要,为了满足需要,他仅仅使用自然的偶然性直接提供给他的手段"。[1] 人只能屈从在这种事物对人的统治关系之下,而且,市民社会是个人私利的战场,是一切人反对一切人的战场。这其实正是一种"恶的无限"。

黑格尔认为,在这种"恶的无限"中,市民社会似乎确立了主体的地位,但实际上,主体正是在对事物的追逐中丧失了自身的主体性。历史在这种"恶的无限"中前进,而个人则被淹没在这种前进的步伐之中了。因此,必然的是,在黑格尔的历史总体逻辑中,个人是没有多大价值的,是仅"供牺牲的、被抛弃的"。而绝对精神就不同了。尽管它在市民社会中沉沦为事物化的市场之物,但异化本身就是对象化——绝对精神也就只有通过这种异化和沉沦来实现自身了。市民社会的自然必然性其实正是一种历史必然性。但是,观念也正是在这种异化和沉沦的磨难之中使自己丰富和具体起来的。由此,尽管观念在自然物质过程和人类社会历史的这两个"必然王国"中沉沦了,但是,通过自身的否定之否定的逻辑展现,绝对精神最终会达到自身的最高点,这就是自为自在的"自由王国"。

由此,在具体的历史过程中,黑格尔把逻辑与历史、应该与是、必然与自由、事物化与超越在起点上和终点上都统一起来了。精神现象学的秘密,正是将人类社会实践中历史地形成的社会关系(包括事物化了的社会关系)抽象出来(在这一点上与古典经济学

---

[1] [德]黑格尔:《法哲学原理》,范扬、张企泰译,商务印书馆1961年版,第208页。

的科学抽象相一致),直接本体化为世界的本质,因此,具体的物质存在形式就被指认为观念本质的现象,由此,观念就成为创造世界的本质性的东西。这实际上是对康德问题的微妙肯定。当人们用理性概念来重组感性的物质世界时,理念本身就被抬高到了世界本体的地位,从哲学史上来看,自古希腊爱利亚学派的"存在"、柏拉图的"相(理念)"到黑格尔的"绝对精神",万般变幻的现象背后的本质"一"——抽象的观念本身在资本主义发生之后第一次获得了丰富的现实历史内涵,这就是我们多次提到过的价值抽象(Wertabstraktion)的最高形式"资本"——这个现实世界中唯一的本体,最高的统治者,不无反讽地意味着自古以来的概念拜物教到了今天的市民社会,就幻化成了一种真真切切的市场拜物教。**本体论哲学抽象掉了历史性存在的当下境遇,资本文明的生产与制造同样也抽象掉了各个国家和民族自身的特殊不一的历史环境和文化底蕴,这种极其相似的同一性的霸权统治,在黑格尔的这个皇皇的绝对精神的历史中达到了顶点。**真的可以说,本体论哲学到了黑格尔这里就心满意足地画上了自己的句号。资本作为唯一的、现实的、历史的本体,也已经容不下任何别的本体了。它是一个大写的我,而具体的个人就这样湮没在它滚滚向前的历史尘埃之中了。

在黑格尔这里,历史没有辩证法是不可思议的。正如马克思后来所说的:"像普罗米修斯从天上盗来天火之后开始在地上盖屋安家那样,哲学把握了整个世界以后就起来反对现象世界。现在黑格尔哲学正是这样。"[1] 历史是不是像古典经济学所宣称的那样,到了布尔乔亚现代文明就终止了呢? 在黑格尔那里,历史并不

---

[1] 《马克思恩格斯全集》第 40 卷,人民出版社 1982 年版,第 136 页。

是他的终点。逻辑只能面对过去，不能面对未来。换句话说，站在现在的高点上回望过去，我们可以发现从过去到现在的发展规律，但只有在这种面对过去的历史具体过程中才谈得上规律。因此，黑格尔断言，真理是具体的。一种超越任何时间和空间的真理是不存在的。在历史的生成中，一切都只是暂时的持存。哪怕是古典经济学所宣称的自然永恒的经济规律，也同样如此。由此，黑格尔的历史辩证法便以这种奇特的方式走出了历史本身，从而迈向了艺术、宗教和哲学。

第二节
历史打了个结

经过精心研读经济学和黑格尔的著作，马克思逐渐有了自己关于历史唯物主义和历史辩证法的新的思考。这一新的思考凸显在对历史方法的领悟上。我们记得，在广义历史唯物主义的历史决定论中，这种历史的方法是被弱化在"一般规律"之中的，马克思对古典经济学总的来说是完全认同的，所以，无论是在方法论上还是在理论观点上，都带上了古典经济学的优点和缺点。就像斯密和李嘉图没有意识到自身的理论中所包含的革命因子一样，马克思也没有从自身的历史唯物主义中体悟出与时间性紧密相关的历史性存在的革命性力量。

就在他写作《德意志意识形态》的后期，一件事情中断了他正在进行的思考，这就是1846年6月蒲鲁东《经济矛盾的体系，或贫困的哲学》一书的发表。正是这本书，促使马克思反思了自己在经济学和哲学上的研究思路和理论观点。而以他这时候的经济学水平和对黑格尔哲学的体悟,他发现在蒲鲁东的这本书中包含了大量的关于经济学和黑格尔的双重错误理解,所以他起而批驳。这一理论事件对马克思来说,最大的收获就是对历史的抽象方法的辩证认知。这种历史的抽象方法,我们以为,对于马克思最终从广义历史唯物主义走向狭义历史唯物主义起到了至关重要的作用。也是在这里,马克思对古典经济学的方法论进行了全面有效的批判。

一、理论前引:一定的历史的暂时的历史情境

实际上,我们意识到,在本体论哲学的抽象中,概念本身在总体上是对历史性的当下存在的抽象,但这种把时间性淹没了的概念的抽象本身,在微观方面上,也只是一种时间性的存在的产物。在历史性的审视之下,概念本身也是有历史性的。正如我们前面所提到的,古典经济学的抽象劳动本身也只是对工业革命之后的劳动的抽象。其他概念和范畴也莫不如此。这其实也正是一切科学研究(自然科学和社会科学)所无法走出来的科学抽象陷阱:科学事实本身实际上是"不科学"的。这种"不科学"正是它自身的**历史性向度**的缺失。马克思看到,黑格尔历史辩证法的本质,就是指认了所有观念都只是历史必然性(绝对理念)的一定的表现,在历史性的具体运动过程面前,没有任何固定和永恒不变的东西。这种历史性的革命力量在历史唯物主义之上,说明了仅仅看到社会生活中客观存在的优先性还不是历史唯物主义,历史唯物主义的历史性存在本身要求的是一种不断地客观改变着的现在历史。历史正在生成,它是一个现在式,而不是过去式。这是我们在前文中已经强调过的理论质点。马克思在这里重新把它指认出来,目的

无非是想说明,彻底的唯物主义必然是革命的历史辩证法。反之亦然。这是因为,当历史唯物主义走出费尔巴哈以及一切旧唯物主义的那种直接自然的基础,进入以生产活动,尤其是以大工业生产活动为根基的世界图景时,历史唯物主义与历史辩证法就达到了同一的现代高度和理论出发点。

因此,从一定的暂时的(bestimmten und überschreitbaren)历史情境出发,必然会发现所有人类社会具体存在的历史性、生成性和暂时性,进而达到对客观现实的科学批判认识。实际上,马克思意识到,唯物主义必须由历史辩证法从内部来建构,历史唯物主义本身意味着它不是抽象地去指认历史中某种**不变的物质基始**(这与历史唯物主义对形而上学本体论的颠覆是完全一致的,它不再去建构一种世界本体,哪怕是社会关系或社会存在本体论),而是运用历史辩证法去真实地面对人类社会历史生存中的每一具体的有限的客观情境,以发现一定的、历史的、暂时的人类物质生活及其在理论上的观念映现。这也就是说,存在和意识本身都只是一种历史性的产物,一定的时空中的社会存在决定一定的社会意识,这才是历史唯物主义的本来含义。超越一切时空的普遍规律是不存在的。直到这个时候,马克思才发现他曾经致力去建构的历史科学本身其实就只是一门与其他科学研究一样的历史性科学。他认识到,**哲学在颠覆形而上学的本体建构之后,能做的事情就只能是一种方法论的批判话语了**。因此,用哲学来直接面对历史或经济现实的做法,是被科学研究本身所摒弃的。哲学真的就只是一种方法、一种思考的前提,它不能直接代替现实。各种名目繁多的哲学,如经济哲学、历史哲学和政治哲学等等,不过是在以哲学的名义僭越各个领域中的科学研究,这种现象的最坏后果,就是既没有哲学,也没有经济、历史或政治等领域的知识研究。马克思早在

1842年就嘲讽过"盯着自己鸡眼的哲学"。所以，在马克思创立历史唯物主义之后，他不会再做一次黑格尔。庞大的**体系**哲学本身对马克思来说已经没有任何意义。更何况，一切概念实质上只是历史性的概念，还有必要再拜倒在抽象概念的脚下吗？实际上在这里，有一个很深的思想隐隐约约地浮现出来了，那就是拒绝概念拜物教与拒绝市场拜物教实质上是拒绝同一个东西：**资本同一性**——现代性。这是黑格尔哲学本身所没有意识到的自身悖反性。在今天的反对现代性的思想潮流中，后现代与后哲学实际上都是这种时代状况的历史性产物。

因此，当1846年11月1日，俄国自由派作家安年柯夫(1812—1887)写信给马克思，要求他对蒲鲁东的《贫困的哲学》作出评论时，马克思在回信中特别强调了"资产阶级生产方式是一种历史和暂时的形式"[1]。这正是海德格尔那个宏大历史话语，回落到时间之中"有死者"在世之中的思之起点。这实际上说明，一定的现实生产力发展状况正是马克思这个时候面对人类历史生活和观念的唯一出发点。人类社会的存在总是由一定的现实人类主体的活动历史地构筑起来的，而人与人的社会关系也因此不是什么随随便便的个人与他人的联系，而就是由这种一定历史条件下的生产活动所建构出来的社会联系。在这里，实际上，作为这种生产实践活动的主体，工人阶级本身不是一种实体性的概念存在，而就是这种社会联系的整体，一种历史性的存在。所以，直到这里，工人阶级作为马克思历史辩证法的主体向度才第一次被真实地呈现出来。

---

[1] 安年柯夫当时是布鲁塞尔共产主义通讯委员会驻巴黎的通讯员。他在巴黎看了蒲鲁东的《贫困的哲学》一书后，于1846年11月1日写信给马克思，谈了自己对这本书的看法，并征求马克思的意见，由于书商的拖延，马克思到这年的12月底才看到蒲鲁东这部著作，他用了两天时间浏览了一遍，就给安年柯夫写了这封回信。参见《马克思恩格斯全集》第27卷，人民出版社1972年版，第476—488页。

而从李嘉图式的社会主义经济学家那里，马克思的确已经体悟到，社会变革本身不能没有物质前提。这是一种客体向度上的直接肯定。马克思已经在做一种辩证的理论努力了。

也因此，当马克思看到蒲鲁东在《贫困的哲学》所犯的经济学和哲学上的双重错误时，他忍不住写道：

> 蒲鲁东先生不幸在欧洲异常不为人了解。在法国，人家认为他理应是一个拙劣的经济学家，因为他在那里以卓越的德国哲学家著称。在德国，人家却认为他理应是一个拙劣的哲学家，因为他在那里以最杰出的法国经济学家著称。我们是德国人同时又是经济学家，我们要反对这一双重错误。[1]

那么，蒲鲁东在经济学上错在哪里？在哲学上又错在哪里？马克思在《哲学的贫困》中详细地为我们解剖了蒲鲁东的错误。

二、帽子与人的论战：反对蒲鲁东

令马克思哭笑不得的是，蒲鲁东重蹈了他在《1844年经济学哲学手稿》中用哲学来反注经济学的错误做法。他认为，蒲鲁东最核心的错误，就是他从头至尾，都是一种唯心主义的观念决定论的梦呓。我们看到，在《贫困的哲学》中，蒲鲁东开篇明义："社会的历史无非是一个确定上帝观念的漫长过程，是人类逐渐感知自己的命运的过程"，对这个社会历史的"理性"把握，在他看来，便是对

---

[1] 《马克思恩格斯全集》第4卷，人民出版社1958年版，第75页。

"社会规律的认识"。[1] 因此,这个普遍的理性就成了蒲鲁东的理论出发点。在这里,蒲鲁东真是一副老年黑格尔派的样子。对青年黑格尔派对黑格尔以及基督教的批判,他们对自由和解放的热忱,蒲鲁东如果不是孤陋寡闻,那就是对黑格尔的认识的先天不足。为此,马克思只好自我反省:"在长时间的、往往是整夜的争论中,我使他感染了黑格尔主义,这对他是非常有害的,因为他不懂德文,不能认真地研究黑格尔主义。"[2] 在马克思眼里,蒲鲁东只学到了黑格尔的皮毛,却要自称拥有哲学辩证法。蒲鲁东正是用这种辩证法的思维,在宣告了"普遍理性"之后,接着宣布:"经济学依我看来是形而上学的客观形式和实现",这种富有逻辑性的科学正是一种富有具体性的形而上学,根本改变了过去哲学的各项基础。那么,哲学能为经济学做点什么呢?蒲鲁东发现,过去的经济学家都只是看到经济学中的正题或反题,而没有看到它们的合题,他认为,这是他们不懂辩证法的缘故。他说:二律背反是政治经济学的主要性质。他还认为,使用价值和交换价值是一对矛盾,而这对矛盾可以通过构成价值得以调和,这是一个合题的完成。于是,蒲鲁东心满意足:社会的任务就在于不断地解决它的二律背反,办法很简单,通过经济的组合把原先由于另一种经济的组合而逸出社会的那些财富归还给社会。换句话说,在政治经济学中使财产的理论转过来反对财产。在这一点上,蒲鲁东与李嘉图式的社会主义经济学家不谋而合。这样,**蒲鲁东不是要打倒资本家,而是要使人人(尤其是贫困的人们)都成为资本家。**

蒲鲁东在《贫困的哲学》中就这样以黑格尔哲学来反注经济学

---

[1] 参见[法]蒲鲁东:《贫困的哲学》第1卷,余叔通、王雪华译,商务印书馆1998年版,第24页。
[2] 《马克思恩格斯全集》第16卷,人民出版社1964年版,第31页。

了。马克思真是目瞪口呆。面对蒲鲁东的辩证法,马克思反问道:"蒲鲁东先生的整个辩证法是什么呢?就是用抽象的和矛盾的概念,如稀少和众多、效用和意见、一个生产者和一个消费者(两者都是自由意志的骑士)来代替使用价值和交换价值、需要和供给。"[1]这是一种当事人的眼光。在斯密那里拖着的直观的尾巴,一度被李嘉图砍去了,在这里却被蒲鲁东再次捡起来了。而且,蒲鲁东对李嘉图的科学抽象的不满,与马克思在1844年时的看法如出一辙:李嘉图的公式是工人遭受现代奴役的公式,这是一种"无耻的抽象"。如果时光能够倒流,马克思兴许还是蒲鲁东的盟友。但对于已经从人本主义哲学逻辑中解脱出来的马克思来说,这时的他只能说,这不是因为李嘉图观点的"无耻",而是由于事实本身就是无耻的、刻薄的。面对蒲鲁东的"构成价值",马克思认为,蒲鲁东这是在把所有的经济范畴逐一取来,把一个范畴当作另一个范畴的辩证消除("消毒剂"),由此,新范畴产生的秘密就是,两个矛盾方面的共存、斗争以及融合就成了一个新范畴,这就是蒲鲁东的经济学发现:在商品的使用价值和交换价值之外发现了一个"构成价值"。人与自然的关系和人与人的关系这两个向度还不够蒲鲁东理解这个现代商品世界,马克思苦笑着说:"李嘉图把现社会当作出发点,给我们指出这个社会怎样构成价值;蒲鲁东先生却把构成价值当作出发点,用它来构成一个新的社会世界。"[2]由此,马克思认为,蒲鲁东的范畴及其顺序不过只是"一种脚手架"而已。

面对蒲鲁东的普遍理性历史,马克思认为,蒲鲁东实际上是把黑格尔的历史辩证法降低到了极可怜的程度。马克思说,在蒲鲁

---

[1] 《马克思恩格斯全集》第4卷,人民出版社1958年版,第87—88页。
[2] 《马克思恩格斯全集》第4卷,人民出版社1958年版,第93页。

东这里，

> 正如从简单范畴的辩证运动中产生群一样，从群的辩证运动中产生系列，从系列的辩证运动中又产生了整个体系。
> 把这个方法运用到政治经济学的范畴上面，就会得出政治经济学的逻辑学和形而上学，换句话说，就会把人所共知的经济范畴翻译成人们不大知道的语言，这种语言使人觉得这些范畴似乎是刚从充满纯粹理性的头脑中产生的，好像这些范畴单凭辩证运动才互相产生、互相联系、互相交织。[1]

充满革命性的历史辩证法到了蒲鲁东这里，就成了几个幻想出来的范畴的单调的正、反、合的"辩证"运动，范畴本身已经失去了自身的内在生命。这不由得使人想起了"正统的"马克思主义把马克思的历史辩证法同样变成了辩证唯物主义原理和历史唯物主义原理的"合题"的理论悲剧，马克思哲学成了几个一成不变的概念和范畴的"公理"般的阐释，这是一个极深的误解。

不得不说，面对劳动工人的现实苦难，蒲鲁东与马克思一样充满了同情和革命的情怀。但就是在怎么办的问题上，蒲鲁东的"把逸出的部分还给社会"的办法毕竟只是一种小资产者的良好愿望。面对蒲鲁东的改良主义，马克思指出，蒲鲁东不过是想保留这个社会中好的方面，改革坏的方面而已。如何只要好的方面不要坏的方面？这种提问题的方式本身就是错误的、非辩证的。不得不说，这也正是马克思在《1844年经济学哲学手稿》中的做法。但时过境迁，这时的马克思早已不是当年的马克思了。他指出："每一种

---

[1] 《马克思恩格斯全集》第4卷，人民出版社1958年版，第142—143页。

经济关系都有其好的一面和坏的一面；只有在这一点上蒲鲁东先生没有背叛自己。他认为好的方面由经济学家来揭示，坏的方面由社会主义者来揭发……他对两者都表示赞成，企图拿科学权威当靠山。而科学在他的观念里已成为某种微不足道的科学公式了；他无休止地追逐公式……他希望成为一种合题，结果只不过是一种总合的错误。"[1]

对于劳动工人的现实苦难的理论态度，马克思做了一个历史性的总结。他说：

> 宿命论的经济学家，在理论上对他们所谓的资产阶级生产的否定方面采取漠不关心的态度，正如资产者在实践中对他们赖以取得财富的无产者的疾苦漠不关心一样。这个宿命论学派有古典派和浪漫派两种。古典派如亚当·斯密和李嘉图，他们代表着一个还在同封建社会的残余进行斗争、力图清洗经济关系上的封建残污、扩大生产力、使工商业具有新的规模的资产阶级。从他们的观点看来，参加这一斗争并专心致力于这一狂热活动的无产阶级只是经受着暂时的偶然的苦难，并且它自己也把这些苦难当作暂时的。亚当·斯密和李嘉图这样的经济学家是当代的历史学家，他们的使命只是表明在资产阶级生产关系下如何获得财富，只是将这些关系表述为范畴和规律并证明这些规律和范畴比封建社会的规律和范畴更便于进行财富的生产。在他们看来，贫困只不过是一种暂时的病痛，正如自然界中新生出东西来和工业上新东西出现时的情况一样。

---

[1]《马克思恩格斯全集》第 4 卷，人民出版社 1958 年版，第 158 页。

浪漫派属于我们这个时代,这时资产阶级同无产阶级处于直接对立状态,贫困像财富那样大量产生。这时,经济学家便以饱食的宿命论者的姿态出现,他们自命高尚、蔑视那些用劳动创造财富的活人机器。他们的一言一语都仿照他们的前辈,可是,前辈们的漠不关心只是出于天真,而他们的漠不关心却已成为卖弄风情了。

其次是人道学派,这个学派对现时生产关系的坏的方面倒是放在心上的。为了不受良心的责备,这个学派想尽量缓和现有的对比;他们对无产者的苦难以及资产者之间的剧烈竞争表示真诚的痛心;他们劝工人安分守己,好好工作,少生孩子;他们建议资产阶级节制一下生产热情。这个学派的全部理论建立在理论和实践、原理和结果、观念和应用、内容和形式、本质和现实、法和事实、好的方面和坏的方面之间无限的区别上面。

博爱学派是完善的人道学派。他们否认对抗的必然性;他们愿意把一切人都变成资产者;他们愿意实现理论,因为这种理论与实践不同而且本身不会包含对抗。毫无疑问,在理论上把现实中每一步都要遇到的矛盾撇开不管并不困难。那样一来,这种理论就会变成理想化的现实。因此,博爱论者愿意保存那些表现资产阶级关系的范畴,而不要那种构成这些范畴的实质并且同这些范畴分不开的对抗。博爱论者以为,他们是在严肃地反对资产者的实践,其实,他们自己比任何人都更像资产者。[1]

经济学家、浪漫派、人道学派和博爱学派,这真是详细而精到

---

[1] 《马克思恩格斯全集》第4卷,人民出版社1958年版,第156—157页。

的总结。在马克思眼里，蒲鲁东正是属于"博爱学派"。这是名副其实的。蒲鲁东如此真诚地相信自己的理论构造，以至于为此贡献了毕生的精力。我们以为，这个总结实际上也是马克思对自己到目前为止走过的理论思路的反省与总结。只有站在现在的理论出发点上才有可能对自己以前的理论努力有着清醒的认识。这已经是老生常谈了。马克思深有感触地说，

> 在无产阶级尚未发展到足以确立为一个阶级，因而无产阶级同资产阶级的斗争尚未带政治性以前，在生产力在资产阶级本身的怀抱里尚未发展到足以使人看到解放无产阶级和建立新社会必备的物质条件以前，这些理论家不过是一些空想主义者，他们为了满足被压迫阶级的需求，想出各种各样的体系并且力求探寻一种革新的科学。[1]

在这里，工人阶级的解放和现实物质生产的发展是一致的，它们是变革资产阶级社会的两个不可或缺的必要条件。也是在这里，马克思便与勃雷等人的李嘉图式的社会主义经济学家的思路走到一起了。单纯理论上和知识上的解放就像施蒂纳的"唯一者及其所有物"一样，哪怕再彻底，现实历史的解放活动仍然不会因此有所进步。马克思明确地说：当使资产阶级生产方式必然消灭，从而也使资产阶级的政治统治必然颠覆的物质条件尚未在历史进程中、尚未在历史的"运动"中形成以前，即使无产阶级推翻了资产阶级的政治统治，它的胜利也只能是暂时的。马克思是在给蒲鲁东他们上历史唯物主义的入门课。

---

[1] 《马克思恩格斯全集》第 4 卷，人民出版社 1958 年版，第 157 页。

三、历史性：戳向布尔乔亚意识形态的匕首

正如马克思自己在"序言"中所说，要反对蒲鲁东在哲学和经济学上的双重错误，真是一件"不讨好"的事情。因为他不得不撇下蒲鲁东，转而批判政治经济学的方法论。苏联学者卢森贝准确地评述道，马克思"反对蒲鲁东的论战就变成反对整个资产阶级政治经济学的，首先是反对其方法论的论战"[1]。这是因为，在方法论上，蒲鲁东犯了与政治经济学家一样的错误，那就是非历史的抽象。马克思说："经济学家们在论断中采用的方式是非常奇怪的。他们认为只有两种制度：一种是人为的，一种是天然的。封建制度是人为的，资产阶级制度是天然的。"[2]而他们之所以认为现存的制度（资产阶级生产关系）是天然的，是想以此说明"这些关系正是使生产财富和发展生产力得以按照自然规律进行的那些关系。因此，这些关系是不受时间影响的自然规律。这是应当永远支配社会的永恒规律。于是，以前是有历史的，现在再也没有历史了"[3]。由此，"自然性"作为资产阶级意识形态的重要特征，在古典经济学宣称这些自然永恒的规律的时候就已经表露无遗了。在这里，这种"自然性"与"历史性"是截然相反的两种理论尺度。也是在这里，马克思意识到，无时间性或者说凝滞不动的时间性正是一切意识形态的根本特征。所以，当历史唯物主义在历史辩证法上凸显了一种"历史性"的时候，我们也就可以说，历史唯物主义从根本上

1　[苏]卢森贝：《十九世纪四十年代马克思恩格斯经济学说发展概论》，方钢、杨慧廉等译，生活·读书·新知三联书店1958年版，第246页。
2　《马克思恩格斯全集》第4卷，人民出版社1958年版，第153页。
3　《马克思恩格斯全集》第4卷，人民出版社1958年版，第154页。

超越了资产阶级意识形态。**历史性**是戳向资产阶级意识形态的一把利刃。

由此,马克思说,蒲鲁东和一切资产阶级政治经济学家一样,都不了解他们的观点只不过是一定的社会经济关系的反映,而且这些社会经济关系及其理论上的概念和范畴都只是"一定的暂时的历史发展的产物"(Produkt einerbestimmten und überschreitbaren historischen Entwicklungsstufe)。他说,经济学家们都把分工、信用、货币等资产阶级生产关系说成是固定不变的、永恒的范畴。而我们已经知道,仅就商品本身的使用价值和价值的两种属性来说,它们并不是永恒的人与自然的关系和人与人的关系的理论映现。一种东西对人来说是否有用,在不同的生产发展时期是截然不同的。而一种劳动产品是否具有(交换)价值,在不同的生产发展时期也显然是不同的。商品本身不过也只是到了近代文明才出现的一个历史性概念。经济学本身同样也只是工业文明的产物。**所以,当经济学家宣称一种超越时空的自然规律时,他们就把附注在这些概念和范畴之上的现实历史内涵一笔勾销掉了。**在政治经济学的社会唯物主义的前提背后,隐藏的同样是一种与费尔巴哈式的自然唯物主义(我们没有忘记过,经济学上的这种唯物主义比自然唯物主义在"物"的理解上达到了更高的历史水平)相似的**非历史的隐性唯心主义**。在这个意义上,历史唯物主义的确是一种在新的立场和出发点之上的新的唯物主义。

因此,马克思说,经济学家们向我们解释了生产怎样在上述关系下进行,但是没有说明这些关系本身是怎样产生的,也就是说,没有说明产生这些关系的历史运动。回到蒲鲁东身上,马克思评述道:

> 经济学家蒲鲁东先生非常明白,人们是在一定的生产关

第三章　花落的声音　　　　　　　　　　　　　　　　　　　*159*

系范围内制造呢绒、麻布和丝织品的。但是他不明白,这些一定的社会关系同麻布、亚麻等一样,也是人们生产出来的。社会关系和生产力密切相联。随着新生产力的获得,人们改变自己的生产方式,随着生产方式即保证自己生活的方式的改变,人们也就会改变自己的一切社会关系。手工磨产生的是封建主为首的社会,蒸汽磨产生的是工业资本家为首的社会。

人们按照自己的物质生产的发展建立相应的社会关系,正是这些人又按照自己的社会关系创造了相应的原理、观念和范畴。

所以,这些观念、范畴也同它们所表现的关系一样,不是永恒的。它们是历史的暂时的产物。[1]

在这里,生产力和生产关系本身都不是一种凝固不动的实体之物,它们都是由人类的生产活动所历史地建构出来的,在现代商品社会里,它们采取了事物的存在形式,但又不是纯粹的物,而是一种历史性的存在和关系。经济学以事物作为前提是对的,但事物毕竟不是历史运动的主体。而且,在现代事物化市场中,把人当作事物来研究,其实也就是把仅仅作为表现形式的中介性的事物当成了人与人之间真实的关系。政治经济学的伟大之处和不足之处都是从这里而来的。事物是一种关系性的存在,这是对的;但这种关系性的存在仅仅是人与人的关系在物相层面上的表现,经济规律本身并没有人的影子,这也正说明了经济学的这种颠倒的以人当事物的前提的最终结果就是人拜倒在事物面前。实际上,市场拜物教、资产阶级意识形态与政治经济学正是起源于同一个东

---

[1] 《马克思恩格斯全集》第4卷,人民出版社1958年版,第143—144页。

西:当资本主义的生产方式打破了人与自然的原初视界之时,在人遍踩自然界的同时,它自身的理论说明却以**无人的自然性**为荣。我们以为,这恰恰说明了,"自然"这个概念也并不是开天辟地以来就存在的理论概念,尤其是作为一种经济学上的印记,它真的就只是与经济学一样是现代文明的产物,也即只是一种历史性的概念。更不用说在自然法的意义上"自然"一词所包含的现实历史内涵了。

由此,也正是在这个历史性的方法之下,马克思阐发了一个很精彩的观点,这就是人在历史的具体生成过程中**既是剧作者又是剧中人**的观点。他说:"每个原理都有其出现的世纪。例如,与权威原理相适应的是 11 世纪,与个人主义原理相适应的是 18 世纪……为什么该原理出现在 11 世纪或者 18 世纪,而不出现在其他某一世纪……"[1]这是很值得我们认真研究的。他认为,探讨这个问题本身实际上正是要"研究每个世纪中人们的现实的、世俗的历史",也就是"把这些人既当成剧作者又当成剧中人物"。[2] 这是因为,人类通过物质生产建构出了自身的历史,一部历史也就是一部人类的历史,特别是自工业革命以来,一方面,人们周围的物质世界成为人类实践认知的世界图景,另一方面,人本身又参与这种周围的物质世界的改变。在这种动态的实践格局和实践构序中,人就微妙地处在了剧中人和剧作者的双重角色之中。也正因为如此,透过现象看本质的经济学上的科学抽象就不由自主地陷入了一种认知困境之中:透过现象看本质是对的,但现象就一定是本质的展现吗?在颠倒的理论前提之下,经济学实际上正是一种**颠倒视域**中的科学认知。经济学直接接受事物化市场中的现象之展

---

[1] 《马克思恩格斯全集》第 4 卷,人民出版社 1958 年版,第 148 页。
[2] 《马克思恩格斯全集》第 4 卷,人民出版社 1958 年版,第 149 页。

现,而我们已经知道,事物化的市场本身充斥着的是一种拜物教的气息,这种拜物教本身不是人的生存状态的颠倒又是什么呢？人被事物化了,只能通过事物本身来表现自己,但事实是事物是由人创造出来的。本来人是历史的主体,现在历史却变成了事物的发展的历史,也即资本生产的历史。主体颠倒为客体,客体翻转为主体,但是不幸的是,经济学的规律正是对这种颠倒了的现象的科学透视。"科学规律"(自然规律)本身必须被再次透视,经济学本身必得再往前走,这就是马克思在1857年之后的狭义历史唯物主义和历史现象学中主要做的理论工作了。

实际上,在这里,我们已经很清楚,马克思一方面承认政治经济学的科学抽象的**合理性**,另一方面又要去指出这种科学抽象的**非历史性**,由此,历史唯物主义牢牢地站在资本主义生产方式的历史性进步的批判之根上。不难理解,当后来的西方马克思主义思潮乃至各种风情万种的后现代思潮摒弃了资本主义社会(现代性)的历史合理性之时,它们的批判最终还是会跌落入资产阶级意识形态的窠臼之中;同时我们也不难理解,张扬着一种主体向度的现实社会主义实践最终还是回到现代化的建设之路上来。正如我们前面所说,历史唯物主义和历史辩证法在本质上是同一个东西。牢记这一点,对于我们理解马克思最终能够创立历史现象学是至关重要的。

第三节
认识论再研究

历史唯物主义与历史辩证法在本质上的同一,实质上给我们提出了一个问题,那就是关于历史认识论的问题。在我们传统的教科书中,自然、社会和思维之领域的三大规律——质量互变规律、对立统一规律和否定之否定规律,被指认为唯物辩证法的核心内容。我们以为,这是对黑格尔和马克思历史辩证法的极低层次的生吞活剥。且不谈这些规律本身的历史性问题,就是它们的这种概括本身,我们以为,事情恐怕也没那么简单和机械。实际上,当马克思用当下的历史性生产实践来奠定历史唯物主义的立论之基时,当历史唯物主义与历史辩证法在革命性和批判性之上内在统一起来之时,一种历史的认识论就产生了,这就是列宁后来在《哲学笔记》中所体悟出来的"辩证法、认识论和逻辑学是三个不必要的词",它们三者实质上就是同一个东西。如果事情真像教科书所说的那样,辩证唯物主义是一种科学的认识,那么,我们以为,这种科学认识不过也就是科学实证主义以及庸俗唯物主义的认识论法宝:**透过现象看本质**。这实际上很不幸地意味着一种"摹像论"的机械认识论尺度,这就是对现象的认识本身直接就是对本质的认识。但是本质是静坐在现象的背后等着科学家(自然科学家和社会科学家)去发现的吗?认识与客体是否相符,这一点在方法论上就应该首先被追问。换句话说,一种镜子式的反映论实际上就是一种"现象学的近视"。为了更好地理解这一点,我们还是得从康德谈起。在康德那里和古典经济学那里有着难能可贵的现象学萌芽,但之后认识论就不幸地沦落为实证主义的认识论了。以我们之见,历史认识论从根本上不同于后来肆行无忌的自然主义和历史主义认识论,毋宁说,它是上承康德和黑格尔、下接胡塞尔的现象学认识论。

一、假象的客观性

当康德用先验综合判断来告诉人们,现象世界在我们的认知视域中是被理念重构之时,他实际上是指明了,**直接的认识**是不存在的。以为自己的认识直接就等于事物的本来面目,这不过是认识论上的一种预设。这种预设在认识的起始就应该被摒弃。我们知道,在休谟那里存在着一个认识论的危机,实际上这场危机正是由认识的直接性导致的。传统的唯心主义认识论在反对素朴实在论的过程中,将直接性回归为主体一边,客体不再是直接性的对象,而是被当作主体的材料或属性。这也就是我们前面多次提到过的人从自然界站立起来之后就自以为是地把自然界当作一种完全外在于自身之主体性的客体。人与自然之间的直接性被打破了,一道主体与客体之间的鸿沟也就出现了。这是笛卡尔的身心二元分裂的现实基础。而对于经验主义来说,经验是一堵墙(列宁语),人们不可能穿越感性经验走向客体,这一点在休谟那里的"废除事物"中达到了顶点。既然我们的认识只能是在经验范围之内,那么经验之外的一切对于认识主体来说就没有任何意义了。我们以为,这种直接性与世界本体(第一性)的问题是紧密相关的。唯心主义和唯物主义都在坚守自己的领域。唯心主义把直接性留给主体,唯物主义则把直接性留给了客体。实际的情况是,客体被主体理念重构了,而客体仍然是某种优先于主体的东西。因此,很自然的是,康德一方面否定了认识的直接性,另一方面又把客体之本体搁置为彼岸的"自在之物"。现象与物自体的分裂是一种比认识理性本身更深的分裂。由此,在康德这里,人们一方面找到了从休谟那里沿袭而来的对现象界(经验)认识的实证主义的种子,另一方面又找到了放弃现象的直接给定性（现象所呈现出来的并不就是事物的本来样子）的现象学认知的最初萌芽。实证主义本身拒绝寻找现象背后的"物自体"（形而上学），而现象学认知则拒绝赋予实证主义的"科学认识"以直接的有效性。这场认识论上的恩怨到了当代，其结局是，对科学的崇拜导致了实证主义的泛滥并最终沦落为一种意识形态，而现象学则以胡塞尔般的执拗在各个领域取得了辉煌的成就。在这一点上，康德问题便以这种方式继续着思想本身所固有的迷人风采。

回到马克思上来。当他意识到人本身既是历史的剧中人又是剧作者，实际上他是在一个很深的层面上回答了康德问题。在人类的实践**构境**（Situating）之下，康德的"现象"与"物自体"实际上是同时呈现出来的。只有在客体面对主体的意义上，才有现象与本质之分。"本质"不是非历史的凝固实体，不是静止在现象背后的东西，而是与现象一样，在人类的当下的历史的具体的实践活动中变化着。人的认识总是**历史地生成**的，而不仅仅是反映。因为，如果就像黑格尔那样，认识永远是绝对本质的自我体认，"太阳底下没有新东西"，那么认识本身便永远没有新的可能性，永远都只是对必然性的认识，在本体的意义上，认识结果永远是现成的。这实际上不过是一种**神目观**，一种十足的教徒对上帝的仰视。历史唯物主义并不是这样的一种东西。它在承认自然客体和社会存在的优先性的同时要求客体本身不断变化发展着。历史唯物主义本身永远充满着革命性和批判性。在这里，唯物论不仅仅是一种简单的理论前提，它还是一种深刻的理论上的自我意识。所以，当它颠覆了第一性的本体哲学，瓦解了横亘在传统的唯物主义和唯心主义之间的界限，冲破了认识的直接性的樊篱时，一种内嵌于历史辩证法之上的认知视域也就出现了。"我对我环境的关系是我的意识"，本质的形而上学只能靠废除自己走向唯物论来拯救自己。这也是后来阿多诺所认为的，唯物论不是他聪明的对手所指出的教条，而是要解决被理解为教条的事物。主体和客体的分裂在实践的中介之下被重新统一起来，人既是主体又是客体，这一点在马克思《关于费尔巴哈的提纲》中有着生动的说明："环境的改变和人的活动或自我改变的一致，只能被看作是并合理地理解为革命的实践。"[1]

由此，当人们在一定的历史实践的条件之下形成了某种历史性的认知结果，这种认知结果既不会是主观性的臆造，也不会是直接的客观性。正是在这一点上，历史唯物主义坚持了一种康德的"现象学"传统，一方面承认古典经济学的"科学规律"的客观性，另一方面又要质疑这种客观性的超时间性。实际上，它忠贞不渝地诠释着黑格尔"假象的客观性"这一名言，这对于停留在现象界之内的实证科学来说是当头一棒。在事物化市场中，人与人的关系以事物与事物的关系的形式表现出来，在这里的确是"只见物不见人"，人被事物淹没了，但这是否意味着人就没有了呢？经济规律用事物性来遮蔽了人，它的本质是现象界的本质，而这个本质对于现象界背后，也即对于事物背后的人来说，则就只是一种表象，一种"只见物不见人"的假象。科学认识被事物性规律中介了，而它所赖以研究的"事实"本身，说到底也只是一种被事物化了的事实。对这个事实的崇拜以及对科学的崇拜，最终一定会导致对事物化现象和客观性的迷信。阿多诺说得好，只有不倦的事物化意识才相信，或者才说服别人相信：它拥有客观性的照片。这种意识的幻

---

[1] [德]马克思、[德]恩格斯：《费尔巴哈：唯物主义观点和唯心主义观点的对立》，中共中央马克思恩格斯列宁斯大林著作编译局编译，人民出版社1988年版，第84页。

觉变成了教条的直接性。经济规律本身不过是一种事物化了的意识的认知结果(即便它是科学的)！市场拜物教的认识论根源在这里终于被彰显出来了。对此我们只能叹息：实证主义最终沦为意识形态是它自身的宿命。

所以，很自然，穿越古典经济学的科学迷墙，历史唯物主义就准备在"经济规律"和"拜物教"之上盖上一个"时间性"("历史性")的印章。在这里，所谓的客观性就在于它的时间性，而不在于它本身并不一直所是的客观性。放弃事物化市场现象的直接给定性和经济规律的直接有效性，马克思的双脚便要跨进历史现象学的大门了。有意思的是，他以辩证的中介——实践否定了认识的直接性，但对"中介"这一概念是充满着敌意的。正是在事物化市场上，中介成了目的，成了统治者。他要拆除中介所圈起来的事物的领地，达到对人的世界的"本质直观"。正是在这个意义上，历史认识论使马克思走出了广义历史唯物主义中对一般规律的痴迷，转而探寻对事物化规律的认识与超越。马克思终究是站在现代性的门槛之上来达到对布尔乔亚社会的本质认识的。

二、认识的异化

马克思在《关于费尔巴哈的提纲》中很明确地指认了历史唯物主义的出发点不再是孤立的个人，而是社会化的人或者说是人类社会。他认为，以前的旧唯物主义和一切唯心主义最多只是达到对市民社会孤立的个人的直观。如赫斯所提到的那样，对这种孤立的个人的自由设定，正是拜物教理论的秘诀。而在认识论上，人所共知的是，从笛卡尔到胡塞尔，对这种孤立的原子式的个人的反思能力抱有了过高的期望。无论是"我思故我在"的"我"还是"超验自我(纯粹的自我)"，都沉溺于对绝对的主体性的迷信之中。实际上，在个人的当下的历史性生存中，这种绝对的自我反思意识就像一成不变的本质一样是不真实的，也是不存在的。假设反思的意识本身具有一种超越时空的绝对性，这真的就只是一种假设而已。实际上，当现象世界被理念重构的时候，认识的异化便已经像市场的事物化一样确凿无误。这就是我们刚才所说的认识的直接性的缺失。就像人与人之间原来的直接交往被市场中介了一样，认识本身也被概念中介了。每个人对这个世界的第一眼认识并不是真正意义上的第一次，人们看到的只是被理念重构了的世界，就像人们在市场中看到的只是被事物中介了的世界一样。这种异化本身如果还算可以忍受的话，那么，当人从头到脚都被打上了事物化的标志之后，这种认识的主体性就更加变成了一种空中楼阁。它只不过是一种事物的堆积。在这种情况之下，反思本身不过也就只是事物化意识本身的反思。纯粹的自我是不可能纯粹的。

所以，作为一种不同的根本出发点，历史唯物主义指出了一个根本的事实，这就是作为主体设立的个人是一个历史的结果，而不是前提。在市民社会中，社会联系的各种形式作为一种外在必然性独立于个人之外，个人与社会之间似乎存在着一条不可跨越的鸿沟，这其实只是一种"美学上的假象"。尽管它并不缺乏客观性，但这种客观性恰恰不是由它自身赋予的，而是由社会关系赋予的。个人比以前任何时候都更独立和自由，但也比以前任何时候更不独立更不自由。个人的孤立性本身反而加强了个人与他人之间的社会联系，而市民社会正是这种社会联系的整体存在。所以，人的生存本身也是一定的社会关系之和。而在市民社会中，由于拜物教无所不在，社会关系和独立的个人都无一例外地被事物化了，而不幸的是，实证科学正是以这种事物化了的事实作为理论前提，实际的情况却是这种理论前提并不是一种先验的存在，而是历史性的存在。所以，历史唯物主义要从根本上颠覆这种颠倒了的前提，就必须超越这种事物化事实和事物化意识，寻求另一种理论上和实践上的出口。换句话说，历史唯物主义必须超越古典经济学的立论基础，而这种超越本身同时也只能是一种科学的超越，而不能像西斯蒙第那样对古典经济学的科学立论视而不见。由此，尽管马克思在《哲学的贫困》中批判了古典经济学的方法论，但他还必须从一切细节上超出古典经济学。从劳动走向雇佣劳动（Lohnarbeit），从价值走向剩余价值，这正是马克思在后来被指责为抛弃哲学研究，转向大量的实证性经济学研究的《资本论》的杰出思想成果。与这种指责不同，我们认为，这恰恰是马克思一生的思想巅峰。深邃的哲学思考在经济学话语中大放异彩。马克思不可能再回到《1844年经济学哲学手稿》中重来一次思辨的游戏。

由此，在马克思那里，正如戈尔曼所说："马克思充分而准确地看出了把资本主义和资产阶级哲学连在一起的链环。"[1] 这个链环，我们以为，就是方法论的个人主义。**个人在被抽象成了纯粹形式上的人的同时，这种个人主体就像个人自由一样被当作抽象的东西抽象地对待了。**作为一种假设，这种认识的主体离开了当下的历史性生存，而成为不变的抽象的认识主体。实际上，正是由于这种抽象的待遇，在现实的事物化市场中，个人连自己的主人都不是。尊严、肉体和学识都不属于自己，而属于整个巨大的事物化市场。不幸的是，这种主体的幻觉却被作为一种认识上的优先性而

---

[1] ［美］罗伯特·A.戈尔曼主编：《新马克思主义研究辞典》，中央编译局当代马克思主义研究所译，社会科学文献出版社1989年版，第Ⅵ页。

被确立为理论的前提。任何认识都是人的认识,这是对的,科学并不在人之外,而就是人本身的一种存在形式。但正如阿多诺所认为的,主体性的第一性不过是达尔文生存斗争的一种精神化的继续罢了,坚持一种虚假的自我意识的优先权,正是自古以来的认识论得以存在的基石。但在马克思那里,正如列宁所说:

> 虽说马克思没有遗留下"逻辑"(大写字母的),但他遗留下《资本论》的逻辑,应该充分利用这种逻辑来解决这一问题。在《资本论》中,唯物主义的逻辑、辩证法和认识论[不必要的三个词:它们是同一个东西]都应用于一门科学,这种唯物主义从黑格尔那里吸取了全部有价值的东西并发展了这些有价值的东西。[1]

在人类当下历史性实践的理论基石上,历史认识论并不去确证某种形式上的先验性,诸如主体和客体、主观和客观、现象和本质等等。历史的总体发展本身就是人类社会对自身的辩证认识。尽管历史唯物主义同样承认一切历史的前提是有生命的个人存在,但这种个人存在只有成为一个社会化了的劳动主体才是一种历史性的存在,而个人的当下的历史性生存并不赫然与社会相对抗。而实践本身也的确不是以个体原则为原则的,它必定是人类的总体行为。正是在这一点上,历史认识论摒弃了对孤立的原子式的个人的直观,而要求立足于社会关系之上,达到一种社会的完成了的直观。也因此,历史认识论便以这种方式打破了黑格尔的神目观,并延续着历史决定论的光辉道路。

---

[1] 《列宁全集》中文第二版第 55 卷,人民出版社 1990 年版,第 290 页。

由此，在批判性的个人反思之中，当事物化把人与事物之间的明确界限打破，这种事物化就把认识论上的主体和客体一同打倒在地，并深深地渗入了这种批判性的反思意识之中。在今天，对事物化的批判就像农贸市场上遍布的便宜货一样因廉价而被人们青睐。这种方法论的个人主义的悲剧性反讽正像李嘉图的双眼一样写满了悲哀。"没有出口"成为一个事物化时代的事物化宣言。这正是事物对人的胜利，而人的生存，包括来之不易的科学认识，都在广而告之的资本的扩张中被涂上了浓浓的异化脂粉。马克思想告诉我们，要终止这场事物与人的竞技游戏，关键还是在于揭开事物化之谜，达到对科学的认识之上的科学认识，也即为异化了的认识画上一个休止符。这正是狭义历史唯物主义和历史现象学的不朽功勋。

第四章 历史现象学之光

引　子

"现象学，那就是我和海德格尔。"胡塞尔有点悲怆。他在期待一场釜底抽薪式的哲学革命，当海德格尔用"此在"来颠覆一切形而上学和本体论，可以说，他的希望并没有落空。而我们说过，这场革命与马克思是相通的。不用说，理论上的牵强没有任何意义。胡塞尔的现象学只能发生在20世纪，正如同陀思妥耶夫斯基的复调小说只能发生在资本主义时代的俄国。这样的论断毫不奇怪。当人们饱受人本主义和科学实证主义相互撕裂之苦时，是胡塞尔在默默地把犁轧过思想史上的每个角落。在这种情境之下，谈论哲学是一件极其奢侈的事情。何况，两次世界大战彻底摧毁了欧洲人原有的思想构架。人们窥见了资本同一性的最初的狰狞与兽光。集中营作为一种隐喻，痛彻人们的骨髓。资产阶级所享受到的不再是旧日的柏拉图和自由的美餐，而是现代性的人血馒头。为了寻找一个绝对可靠的出发点，胡塞尔抱着本体论的迷梦与马克思擦肩而过。在资本主义的世界里,最可靠的出发点正是资本的同一性,资本的同一化的过程与包罗万象的笼而统之的哲学的企图在本质上是一样的,形而上学是打在资本的额头上的该隐的记号——如果说胡塞尔是要寻求一种"作为科学的"哲学,那么马克思则是要寻求一种历史科学。然而,现象学方法的颠覆性力量是他们始料未及的。对马克思来说,是黑格尔而不是其他人把他引入了与精神现象学相似却又相异的历史现象学之中。笛卡尔式的孤立的原子救得了胡塞尔,却救不了马克思。现实的资本主义世界是他摆脱不了的梦魇,所以,他必得去跳一个特立独行的经济学—哲学之舞。正是在这一点上,他把自己与黑格尔、胡塞尔等一切从前的和以后的思想家分开了。我们认为,马克思的真正高足,如果说只有一位的话,那么他就是我们后面将遇到的西奥多·阿多诺。

19世纪50年代,马克思进行了对古典经济学的第三次研究。这新一轮的批判,还得从我们已经不陌生的古典经济学谈起。当1845年马克思跨进古典经济学的大门之时,他忘记了在《1844年经济学哲学手稿》中所做的一件事情,那就是对"国民经济学"和"精神现象学"的批判。那个时候他既没有理解李嘉图,也没有理解黑格尔,却对他们满腹成见。这种批判纯粹是一种哲学思辨上的批判,所以在施蒂纳的攻击之下很快被扬弃。而当他在《德意志意识形态》中对国民经济学和黑格尔有所理解的时候,他一心想从现实出发去批判资产阶级社会,却又丢掉了可贵的现象学哲学批判。即使蒲鲁东促使他对政治经济学进行批判,但不难看出这种批判仅仅是从最基本的前提出发来批判它们的方法论,而且哲学的批判与经济学观点的批判是分开进行的。这本身就是一种理论上的不成功。所以,尽管马克思有了一个比古典经济学高明得多的历史的抽象,尽管他也有了一个比一切旧唯物主义和唯心主义都科学得多的广义历史唯物主义,他还是不得不继续研究古典经济学,不得不继续研究黑格尔。

作为结果,马克思在《1857—1858 经济学手稿》中从广义历史唯物主义走向了狭义历史唯物主义,批判的科学的历史现象学第一次浮出了水面。对马克思来说,是黑格尔和李嘉图而不是费尔巴哈把他引入了与精神现象学相似却又相异的历史现象学之中。

与广义历史唯物主义不同,狭义历史唯物主义没有再仅仅从物质生产活动这一客体向度出发,而是站在客体向度之上从资本主义特有的生产关系出发。这重新生成了一种主体向度的深切价值关怀。这是因为,物质生产活动虽然是任何社会存在和发展的一般前提和基础,但这种物质生产活动到了资本主义社会化大生产的方式和现代商品经济之下,产生了一个特殊的产物,那就是很大一部分经济活动是由市场竞争的交换系统建构出来的流通与分配的中介性过程。在这个过程中,人与人,人与自然的关系均发生了事物化和颠倒,这就意味着,生产力和生产关系虽然不是直观可视之物,却是以事物的形式表现出来,具有物的特性。这种致命的事物化,使得人的社会历史属性和物的自然属性都以同一种表象呈现出来,更进一步,这种事物化的关系不幸就成了遮蔽真实的社会关系的假象。在经济运作过程中,事物化了的社会关系成为决定性的力量,这是人类自身的物质生产活动中创造出的不以人的意志为转移的一种新的外部力量。古典经济学的不足,就是它停在了这种事物化的关系之上,指认出经济关系成为社会生活的决定性力量,并发现了经济运作的规律这样一种外部力量。这是它的光荣,也是它的祸根。毕竟,结果成为原因,现象成为本质。例如,独立的个人本来只是历史发展的结果,古典经济学却以它作为市民社会的前提;事物与事物的关系本来只是人与人的关系的表象,现在却成决定社会发展的本质和规律。这种事物化的颠倒,产生了三个至今仍然发挥作用的重要后果,这就是生产至上、拜物教的意识形态以及概念成为人们面对世界的真实起点。

从商品生产来说,由于生产的目的从直接的使用价值变为间接的交换价值,而交换价值的实现,既要以生产中人的一切固定的依赖关系(Abhängigkeitsverhältnisse)的解体为前提,又要以生产者互相间的全面的依赖为前提;每个人的生产,都依赖于其他一切人的生产,同样,他的产品转化为他本人的生活资料,也要依赖于其他一切人的消费。这样,前资本主义时期的那种人与人之间的直接联系就被事物打破了,构成了通过事物的中介联系起来的市民社会。同时,交换价值作为一般等价物,从商品到货币再到资本,这是一个历史的过程,作为一般等价物,它们都不是一般的可视的实体之物,而是如我们刚才所说的,内蕴着丰富的社会关系,没有这种丰富的社会关系的内涵,劳动成果的交换就不可能历史地发生,市民社会也就不会历史地出现。交换价值的这种抽象的等价性之"一",本来是随着人类的物质生产活动而出现的,现在却决定着商品本身的生产,这本身就是一种颠倒。但古典经济学恰恰就是在这种颠倒的表象之上研究经济活动的本质和规律,也即将交换价值作为抽象的"一",于是,古典经济学达到了它自身的顶峰。但也正由于这种抽象的"一",古典经济学落入了这种虚假的永恒必然性之中,科学抽象的历史性界限是它们越不过的高墙。作为它们的研究基础的市民社会成了拜物教和意识形态的藏身之所。

由于人与人的关系颠倒地表现为事物与事物的关系,并且这种事物与事物的关系获得了独立的形式,在人之外独立地存在并反过来决定着人,所以,当古典经济学从生产出发,一步步地从这种事物化的社会关系中抽象出经济活动的本质和规律,它们所发现的只是市民社会生活的现象,而这种现象现在却颠倒为本质和规律。因此,历史现象学的首要任务,是要去掉古典经济学作为全部理论的肯定性前提的这种客观的假象,从而发现人类社会生活的真正的本质和规律。于此,古典经济学的最高点"资本"就成了马克思历史现象学的起点。作为事物化了的社会关系,资本是资产阶级社会的支配一切的经济权力。资本的生产决定着其他一切生产的地位和影响,因而它的关系也决定其他一切关系的地位和影响,用马克思的话来说,这是一种"普照的光",一种"特殊的以太"。资本的这种统治地位意味着,抽象成了资产阶级社会的统治力量。也就是说,事物与人都笼罩在物相之中,通过感性的直观是不可能把握社会生活中的关系和规律的,只有通过科学的抽象才能把握。而抽象的结果,只能是概念和范畴的出现。近代唯心主义,实际上就是从这里生长出来的。在现代资本主义社会中,无论是商品、货币还是资本,作为劳动的本质抽象,它们既有着物的自然属性,又有着社会关系的历史属性,更为复杂的是,随着历史的发展,商品、货币和资本都逐渐丧失了自身的自然属性。因此,市民社会的那种原子式的个人直观在这种复杂的物相面前就无能为力了。个人对事物的依赖性越大,他就越只能看到物的自然属性,并从常识的角度来指认这种自然属性,其结果只能是将社会关系的历史属性一并指认为事物本身的自然属性。拜物教的最大特点,不在于人跪倒在事物之下,而在于人占有事物的时候并不认为是事物统治了自己,而是以为自己统治了事物。被奴役的实质以一种平等的甚至是奴役的形式表现出来,这时候的常识就成了一种谬误。而如果说拜物教是人类的某种堕落,那么这种堕落恰恰不是人本主义异化逻辑的哲学颠倒，而是现实的历史发展的结果。在这里，黑格尔的精神现象学所给予我们就不是一种唯心主义的狂怒了，而是一种沉淀了丰富的历史内涵的深邃之思。

马克思的科学的历史抽象，在古典经济学和精神现象学的双重支持之下，生长出了古典经济学和精神现象学都不能包容的历史现象学，他对资本主义的批判既是一种经济学上的批判，又是一种哲学上的批判。历史唯物主义和历史辩证法在历史现象学的意义之上获得了彻底的革命性和批判性。这一点我们很快就能看到。

历史现象学的真正动人之处，不仅在于它对事物化的社会关系的剖析，而且在于它的这种剖析实际上铭写了资本同一性的自我复制的形而上学。这也就是《资本论》通向我们今天这个的时代的一座至关重要的桥梁。社会关系事物化的结果，便是世界图景的事物化。

由此不难理解，在这样的一个时代里，实际上，事物化关系作为一种"普照的光"，借助复制的形而上学，实现了对现实的时间和空间的统治。资本主义的同质化的时空依然是人们所面临的唯一现实。问题不在于"资本主义"还是不是一个有效的批判的概念，而在于历史唯物主义在什么意义和什么程度上超越"资本主义"的魔法世界。换句话说，革命是如何可能的。这个问题不是太荒唐，而是太严肃。我们怎能忘记，马克思终生都把枪口对准资本主义，无非为了两个字：革命。这个字眼是如此醒目，以至于人们不得不擦亮眼睛，生怕错过什么精彩的片段，就像法国大革命里路易十六的血淋淋的头颅，昭示了一个血腥时代的到来。

社会关系的历史性和暂时性，划破了资产阶级意识形态的铁幕和拜物教的物相，使历史唯物主义、历史辩证法和历史现象学在这个基底之下获得了彻底的革命性和批判性。如我们前面所说，社会关系是在生产领域中被建构出来的，那么它的变革也只能在生产领域中得到实现。事物化的社会关系的变革只能通过物质手段来实现。而这种变革的动力，就在于生产力和生产关系的内在矛盾及其运动。这似乎是一种老生常谈。但是，一旦我们从历史现象学的高度来重新玩味这句话，许多前所未有的东西便向我们呈现出来了。何况，如果没有生产力和生产关系的矛盾线索，历史唯物主义也就不可能发现历史发展的本质和规律。

作为科学的历史的抽象的结果，生产力和生产关系作为一种似物性的社会存在，不可能直接地向人们呈现出来。它们也只能通过物质载体表现出来。人们在生产活动中结成的人与人之间的关系，在市场交换中以事物与事物之间的关系虚幻地表现出来，并且这种事物与事物之间的关系获得了一种独立的存在，于是，生产中人与人之间的关系被遮蔽了，但这并不意味着这种关系没有了，恰恰相反，它正是现实生活中脱掉事物的外衣之后人们之间的真实的本质关系。马克思认为，人们在什么样的生产力之上进行物质生产活动，就会建构出什么样的生产关系。而人们一旦停止物质生产活动，无论是生产力还是生产关系，都将不复存在。由此，生产力和生产关系都是一种人们无可逃避的事物化劳动活动。但问题不在于劳动本身，而在于雇佣劳动。资本主义的祸根正是埋在这里。因为雇佣劳动，资本作为它的对立面才被生产出来；因为雇佣劳动，资本主义的一切生产力才表现为资本的生产力；因为雇佣劳动，工人与资本家一开始就处于对抗的关系。历史辩证法力图说明，在资本主义大机器生产这一现代发展的最高点上，资本的生产力作为一种抽象的"一"，被无限地创造出来，历史进步的基础就在于这种生产力的进步，但从生产力本身来说，它自身的不可遏止的事物化活动，是它前进的动力，也是它前进的障碍，原因就在于与之同体建构的生产关系的事物化也趋向于一种无限的前景。这种无限制事物化的必然结果，是时间和空间的无限拓展。资本主义的同质化的时空，就像一个水中之波，不断地从中心溢出，漫向四周。如果有可能，资本家一定会愿意到月球或其他星球上投资生产；如果有可能，他们也一定会愿意把各国迥异的历史都篡写为资本主义发展的历史，资本主义的全球化就是各个国家和民族在本土上依据本土的国情、习俗等来发展资本主义。在这一点上，资本从头到脚都流着肮脏的血，财富的创造是被强制出来的，文明的建成是以牺牲多数来获得的。具有反讽意味的是，比如在非洲的许多部落里，科学技术不是发展社会的主要因素，而是成为上层阶层的奢侈品，是一种可以炫耀的"资本"，就像18世纪法国奢侈品是专门为贵族制作的。历史不是太残酷，而是太柔弱。资本的生产过程表明，它作为绝对观念，作为唯一者，作为大写的我，作为绝对的中心点，不断地扩张自己，复制自己，在每一个角落里都打下自己的印迹，却没受到太大的阻力。资本用它的铁蹄，它的导弹，连同它的温情脉脉，向世界宣告了自己的胜利。古典的革命早已是尸骨无存：资本太刚强，以至于它足以粉碎任何革命的企图；资本又太柔弱，以至于它见不得任何一滴血腥。这是一种精神分裂，它却还在向世界呼告它的强壮，它的健康。

马克思终生都把批判的矛头指向了资本主义，但难能可贵的是，马克思首先是要去说明资本主义无论在哪一方面都比过去的时代要进步得多，但也正是在这种客观进步的历史性过程中，马克思又要去确认无产阶级革命的客观必然性。这是他整个理论生涯的核心。站在社会关系的立足点之上，马克思牢牢抓住了"事物化"这一最具批判性的历史性现象。在古典经济学和精神现象学的双重支持之下,历史唯物主义和历史辩证法在历史现象学的意义之上获得了彻底的革命性和批判性。它要思考的是:资本是什么？什么又是资本的同一性？这些看似纯粹是经济学上的问题,实际上却埋藏着最真的哲学之思。资本的同一化过程与包罗万象的哲学形而上学的企图在本质上是一样的,形而上学正是打在资本的额头之上的该隐的记号。这并非危言耸听。当两次世界大战彻底地摧毁了欧洲人原有的思想构架,人们窥见的不仅是华尔街股市的涨落,还有是听着音乐按下毒气装置按钮的理性之手。这种同一性的狰狞与兽光,就像财富一样从 G—W—G′ 到 G—G′ 的自身增殖中变本加厉。集中营作为一种隐喻,已经痛彻人们的骨髓。但是,庞大的事物化市场本身又何尝不是一种无形的集中营呢？同一性的屠刀切割了不合标准不可量化的特质,一个准备走进交换市场的人是不允许有自己的棱角的。这种常人的世界,就与事物化市场上的常识一样,成了人们生存的自拘性。现代性的自我认同不再需要炮弹与刀剑的威逼(尽管这种威逼偶尔会发生),而直接就是人们的生存基质。要知道,马克思不是离我们太远,而是太近,近得人们看不见他。历史现象学并不是高高地站在十字架的真善美之上要求人们放弃物质生存,而恰恰是站在物质高冈上为一种现世的真善美而战。在这个意义上,马克思是闪烁在事物化时代的精神上空中最耀眼的一颗星。

第一节
跨越古典经济学的栅栏

19 世纪 50 年代,马克思对古典经济学进行了第三次有系统的研究。伦敦股票交易所里的喧哗意味着资本主义正绽开着迷人的笑容，而大英博物馆里散发的诱人书香则把马克思引入了对资本主义的新一轮的批判之中。作为结果，《1857—1858年经济学手稿》给我们展现了马克思在经济学上和哲学上的双向建构的完整思路。关于这一手稿，马克思自己说，这是15年来——他一生的黄金时代——的研究成果，它第一次科学地表述了对社会关系具有重要意义的观点。我们可以说，正是由于对"社会关系"的科学理解，马克思达到了古典经济学的最高水平，并最终超越了古典经济学。

一、资本：理论的起点和终点

实际上，当李嘉图把各种形式不一的财富形式内在地统一于资本，资本的决定性力量就产生了。这就是说，劳动创造价值，而这种劳动与价值本身都指向了资本的创造及其过程。这也是古典经济学对社会经济关系的抽象所能达到的顶点。作为事物化了的社会关系，资本成为资产阶级社会中支配一切的经济权力，资本的生产决定着其他一切生产的地位和影响，因而它的关系也决定着其他一切关系的地位和影响。用马克思的话来说，这是一种"普照的光"，一种"特殊的以太"（Äther）。但是问题也就出在这里。

在现代资本主义社会中，作为劳动的本质抽象，价值本身既有着物的**自然属性**（naturliche Eigenschaften der Dinge），又有着**社会关系的历史属性**。作为一般等价物，抽象的价值关系获得了一种物的形态，并且这种物的形态是一种与它的自然存在不同的存在。换言之，商品、货币和资本随着历史的发展，自身的自然属性逐渐消失了，并且抽象化为一种同质的存在，成为一种纯粹的经济存在。在这里,它们自身蕴含着的丰富的社会关系的内涵便以事物的形态获得了独立的存在。商品、货币和资本都是一种事物化了的社会关系,这种事物化了的社会关系对于古典经济学来说具有理论上的先验性。在商品经济的现实运作中,这种事物化了的社会关系作为一种决定性的力量,成为一种外在于人的自然必然性。这就是古典经济学所奉献给我们的市场经济规律。我们以为,在这里,劳动价值论本来的对人的主体性的确证,最终却给我们揭示了人与人之间的社会关系受制于事物化了的社会关系(也即事物与事物的社会关系)的科学结论。历史的结果成了历史的前提。这正是工业文明带给人们的历史告示。要知道,人受制于经济力量同人对自然的控制是一致的。生产力的发展导致了人们更深地陷入了经济力量的制约之中。这也正是一种颠倒了的假象,而这种颠倒了的假象却以一种不以人的意志为转移的经济规律的形式宣告了它自身的客观性。如何摆脱古典经济学的这种理论怪圈,成为摆在马克思面前的一道难题。

　　实际上,马克思意识到,当古典经济学从生产出发,一步步地从这种事物化了的社会关系抽象出经济活动的本质和规律之时,它们所发现的只是市场社会生活的现象,而这种现象现在却颠倒为本质和规律。由于宣称了一种自然必然性,市民社会就将这种事物化现象当作一种常识来直接地认同了。有人可以一夜暴富,也有人可以一夜之间从富翁沦为乞丐。这就是所谓的市场常识,不正常的现象正以一种再正常不过的姿态显现出来。的确,股票交易所正是资本的皇宫,在这里你可以窥视资本的主义是如何肆行无阻的。权力不再是政治上的尔虞我诈,而是资本掠夺的明目张胆。而在这种"本质和规律"面前,没有人可以打翻资本的这种统治制度和秩序。我们已经知道,**经济决定论不是历史唯物主义**

的最终结论,而是古典经济学为资产阶级意识形态所谱写的辉煌乐章。

所以,历史现象学的首要任务,是要去掉古典经济学作为全部理论的肯定性前提的这种客观的假象,从而发现人类社会生活的真正本质和规律。于是,作为古典经济学最高点的"资本",在这里就成为马克思历史现象学的起点。马克思发现,当生产的目的从直接的使用价值转向间接的交换价值,一种同质化的量上的抽象就发生了。也就是说,本来生产的目的是产品的使用价值,现在却抛却了这种特定的、具体的使用价值,转而追求一种抽象的等价之物——价值。[1] 而资本作为这种价值抽象的最高点,把这种同质化发挥到了极致。把所有的产品都磨平为同一个质,这个质就是它们都是人类的劳动,而这种人类的劳动最终都是为了资本本身。资本的同一性因此便从这种同质化的时空中喷薄而出。但同时马克思也意识到,资本作为现代商品经济发展的最高点,它必须成为起点又成为终点。这是因为,由于社会关系颠倒为事物的关系,经济过程主要以颠倒的表象呈现出来,因此市场经济中现象并不是本质的呈现,在这个意义上,事物化的关系本身只是一种对本质的遮蔽,而不是本质的呈现。强调这种事物化的社会关系是一种自然规律,不过是加深了这种遮蔽而已。马克思指出,在为生产而生产的经济学那里,社会历史的具体规律"被描写成局限在与历史无关的永恒自然规律之内的事情,于是资产阶级关系就被乘机当作社会一般的颠扑不破的自然规律偷偷地塞了进来"[2]。富有讽刺

---

[1] 原先是有了使用的实际需求才去生产,如今却是有了生产才去人为地制造需求,并使这种需求黏附上了"好"与"不好"的伦理诉求,这就是广告得以日甚一日壮大声势的原因。

[2] 《马克思恩格斯全集》第46卷上册,人民出版社1979年版,第24页。

意味的是,这种事物与人的颠倒,使古典经济学局限在事物化的社会关系之内,而抓不住真正的人与事物的关系:在它以为是人的地方却存在着事物,在它以为是事物的地方却存在着人。在这里,事物与人都在古典经济学面前玩起了捉迷藏的游戏。而古典经济学则不幸是一个失败的游戏者。

在这里,历史现象学实际上是说明了,一方面,恰恰是由于商品经济才有了人自己创造出来的世界,有了同质的交换价值才有了资本主义社会这个目前为止的人类社会生存的高级阶段,这正是古典经济学劳动价值论的积极意义;但另一方面,这是一个资本的逻辑在时空中展开的人的世界及其历史,一切都是为了资本的生产及其猎取,这真的就是一个颠倒的人类历史了,在这里,**人的发展采取了事物的发展形式**,人类历史不再是人本身的历史,而是资本发展的历史。这也就是事物化了的社会关系所能够拥有的历史。古典经济学的最大问题,就在于把这种事物化了的颠倒的社会关系看成是一种社会天然具有的客观自然属性,从而阻碍了它自身去揭示出隐藏在物的外壳之下的社会关系。对于这种客观自然性,马克思一语道破天机:

> 经济学家们把人们的社会生产关系和受这些关系支配的物所获得的规定性看作物的自然属性,这种粗俗的唯物主义(Materialismus),是一种同样粗俗的唯心主义(Idealismus),甚至是一种拜物教(Fetischismus),它把社会关系作为物的内在规定归之于物(Dingen),从而使物神秘化。[1]

---

[1] 《马克思恩格斯全集》第46卷下册,人民出版社1980年版,第202页。

正是由于这种非历史的抽象，古典经济学便把自己与拜物教和资产阶级意识形态紧紧地纠缠在一起了。更为不幸的是，由于一种原子式的孤立的个人直观，事物与人都笼罩在拜物教的物相之下，人们便不再能够穿越这种物相，从而达不到对物相背后的本质的认识。还是阿多诺说得好，人们对马克思存在着两种倾向，一种是将马克思哲学变成一种重新面对现象的直观实证描述，通俗化导致庸俗化，从而成为一种同样无法透视现实的教条化概念体系。另一种是以拒绝深奥的形而上学为借口拒绝马克思。这是很值得我们引以为鉴的。

由于对资本的这种量上的抽象上的认识，马克思接下来才有可能沿着李嘉图的思路，达到一种质上的抽象。正是由于这种质上的抽象，马克思便改写了古典经济学的劳动价值论，实现了他一生中的"第二个伟大的发现"——**剩余价值理论**。

二、历史的真相

我们知道，马克思的历史唯物主义始终是站在资本主义社会的历史性进步之上的。他首先是要说明人类社会历史发展的规律和永无止境的客观进步——资本主义无论在哪一方面都比过去的时代要进步得多，但也正是在这种客观进步的历史性过程中，他又要去确证无产阶级革命的客观必然性。这是他整个的理论生涯的核心要旨。站在社会关系的立足点之上，马克思牢牢抓住了"事物化"这一最具批判性的历史性现象。因此，他的历史现象学便像剥洋葱一样一层层地剥掉事物化现象，使披着事物的外衣的真实的社会关系表露出来。他首先是从货币入手的。《1857—1858年经济学手稿》正是从"货币章"开始的。这是因为，货币是资本主义的历史发生过程中最重要的事物化现象,是资产阶级拜物教最关键的一层。拨开了这一层迷雾,对资本主义的历史运作规律的探寻和理解就会容易得多。

我们以为,历史唯物主义的最根本的理论要点,是生产力和生产关系在生产领域的当下的同体建构。单一的生产力线索(客体向度)或单一的生产关系线索(主体向度)都不足以科学地说明历史发展的规律。在这个基础上来看货币,作为一种事物化关系,它在流通领域中大显身手,是流通领域中的"上帝"。所有的东西,无论是不是商品,都要转化为货币。在这里,一切东西都成了可以买卖的东西。在货币这个一般等价物身上,人与人之间的社会差别消失了,只剩下纯粹的形式上的买者与卖者。作为一种事物化了的社会关系,货币在形式上完全抹杀了社会关系的痕迹,留下一个单纯的物的形象。这是一种**障眼法**。马克思要指出的是,那些妄想通过流通领域的改良来改变资本主义社会中的不平等的经济学家,首先,是一种现象学的近视,因为停留在这种事物化的现象之上,是不可能从根本上超出资本主义的拜物教意识形态的,他们要实现的平等,最终也不过是资本主义社会中的平等。其次,这是一种经济学上的幼稚,因为只要货币仍然存在,只要它仍然是一种事物化的关系,那么任何货币形式(包括蒲鲁东他们的"小时券")都不可能消除货币关系本身所固有的矛盾。一种社会关系的根本改变只可能在生产领域而不是在流通领域得到实现。货币并不是资本主义生产方式的本质(如我们所知,资本才是资本主义生产方式的本质),流通领域也只是资本主义社会的表象,资本主义的本质恰恰不是在这种表象之上被建构出来的。最后,这是一种历史的无知。交换价值的物质形式、符号、象征,是交换本身的产物,而不是一种先验地形成的观念的实现。而且,在这种象征出现之后,交换价值的物质形式就与交换价值本身分离开来了,并取得了一个和它的自然存在完全不同的存在。货币与它所代表的商品价值并不都是一致的。随着生产的历史发展,货币这个一切价值的代表,在现实的经济生活中,一切实在的产品和劳动竟成了货币的代表。形式成了本质。中介成了目的。货币作为一般形式的财富,成了人们争相追逐的猎物。正是在这个过程中,货币这种不一般的事物实际上牢牢地控制着交换关系。人们以为,货币就是经济生活中最重要的东西了,比如蒲鲁东。如果我们走出流通领域,将会发现什么呢?

马克思认为,货币虽然是流通领域中最重要的一般等价物,但是货币作为货币只是一种简单之极的规定,因为它并不是货币自身的最高实现,套用李斯特的一句话,"财富的创造力比财富本身更为重要",能生钱的钱才是最诱人的。所以,必然的是,货币作为"能生钱"的**资本**终于粉墨登场了。**这才是资本主义最本质的关系**。马克思注意到,作为资产阶级意识形态核心内容的自由和平等,从来都是被界定为一种天赋人权,一种自然的权利,但如果从经济关系上来透视这种"天赋人权",马克思发现,这绝不是什么"自然的权利",而是在资本主义经济活动的历史发生过程中,在人与人的关系上历史地形成的法权观念。这种观念正是从流通领域的交换过程中生长出来的。作为一种形式的规定,所有的人都只在一种最简单的关系中活动,这就是买者和卖者的关系。这是一种在形式上废除了等级制和消灭了各种质的差别的关系,交换价值作为一种同质的等价规定,是买者和卖者联系的唯一桥梁。也就是说,在走出市场之后,买者和卖者之间没有任何关系。由此,通过交换联结起来的市民社会,其中的每个人都是孤立的原子,都是独立的自由人,与他人是完全平等的。如我们所说,自由和平等的现实基础,正是市场经济。作为纯粹的观念,自由和平等是交换价值在现实中的一种理想化的表现。不幸的是,古典经济学走到交换价值这一点就停下了脚步。马克思不禁要问,交换价值是如何被创造出来的呢?我们不得不从流通领域走入生产领域,从交换价值走向价值。

人们不难发现,如果社会关系被定位在交换关系之上,那么在现实中就不会再有不平等和不自由,但实际上这不是事实。真正的事实是,等级制依然存在,社会关系依然是狼与羊的关系。问题出在哪里呢?福柯对此说了一段十分到位的话:

> 根据资本主义生产的条件,根据它的根本法则,它必然要产生不幸。资本主义存在的目的并不是要让工人挨饿,但是,如果不让工人挨饿,它就不能发展。马克思用对生产的分析来代替对掠夺的谴责。[1]

实际上,马克思的社会关系是被定位在生产领域中的。资本作为一种事物化了的社会关系,正如同货币和商品一样,在流通领域中赢得了自身的实现,但它们是在生产领域中被创造出来的。交换关系只是一种表象,生产关系才是本质的规定。在生产领域中发现的一切,都与在流通领域中发现的一切是如此不同,**工人在走出劳动力交易市场之后**,不得不听命于资本家,**自由和平等消失得无影无踪**。这正是问题的关键所在。资产阶级社会制度的迷魂药,正是在一种不自由和不平等的实质之下肆无忌惮地,而且是恬不知耻地承诺自由和平等。换句话说,没有一个奴隶会认为自己

---

1 [法]福柯:《权力的眼睛》,严锋译,上海人民出版社1997年版,第37—38页。

与主人是平等的，但是没有一个现代职员会认为自己与雇主不是平等的自由主体。在人与人的平等和自由的意识形态之下，人们忘了还有不平等和不自由。每个人都只为自己的平等和自由而奋斗，而人类历史的理性也没有给现实的社会带来总体上的自由和平等。现实的物质利益依然是人们所摆脱不了的生存的圈套。从人类本身的物质生产活动来说，它本身并不创造物质，而是使自然物质获得某种社会存在的形式。这些形式，如同我们所知，正是商品、货币和资本。马克思并不关心这种物质生产活动本身，他关心的是，资本家是从哪里多得到财富的呢？他发现，古典经济学家只关心劳动量的交换，资本家用一定量的货币买回工人一定量的劳动，这似乎是确凿无误的。这种量上的抽象的平等，使他们无法透过这种等价交换的现象，来发现真正的本质。当资本家和工人之间的关系仍只是一种买与卖的简单关系的时候，实质上能生钱的钱的质的规定就被抽象掉了，而纳入了交换价值的同质化的交换神话之中。

在马克思看来，资本家的秘密就在于，他用货币换回的不是一定量的劳动，而是全部的劳动能力及其支配权。这不是量的占有，而是质的占有。剩余价值就是从这里被偷偷地生产出来了。对工人而言，他从资本家那里则只是换回了一定量的货币，这就是所谓的工资。在这里，事物化和颠倒进行了最彻底最无耻的表白：**真相明明是工人通过劳动养活了资本家，可却颠倒地表现为资本家给工人发工资养活工人**。资本之所以得以无限制地自我扩张，原因就在于工人本身持续地劳动活动。这种劳动活动存在一天，资本自身的生产力的源泉就存在一天，滚滚的财富流向了资本家的口袋，而工人只能眼睁睁地看着这一切，梦想着有一天自己也能成为资本家。在今天的网络扩张中，这种梦想以一种广告上的巨型字体漫画式地夸张地被表述出来。资产阶级意识形态不是被遗忘在历史的角落里,而是正在以一种前所未有的浩大声势被人们悄悄地从阴沟里捡起来。马克思说:

> 资本主义生产方式的神秘化,社会关系的物化,物质生产关系和它的历史社会规定性直接融合在一起的现象已经完成:这是一个着了魔的、颠倒的、倒立着的世界。在这个世界里,资本先生和土地太太,作为社会的人物,同时又直接作为单纯的物,在兴妖作怪。[1]

美好无比的资本主义世界,实质上却是一个精神错乱的世界。这个结论不无嘲讽,不无狰狞。

第二节
拜物教的画像

西洋镜再完美再客观,也终有被戳穿的时候。巨大的事物化市场本身作为拜物教的生动画面,就像那堵横亘在经验主义面前的感觉之墙,横铺在市民社会中的每一个人面前。《资本论》饱蘸着革命的血与泪,人们却给它贴了"保守主义"的标签,就像一百年前的人给它贴上"僵化的"老年马克思的标签一样。我们究竟是过于聪明还是过于愚笨? 20世纪初,列宁黯然写道:半个世纪以来,没有一个马克思主义者是理解马克思的。一个世纪又过去了,这

---

[1] [德]马克思:《资本论》第3卷,人民出版社1975年版,第938页。

句话依然使人如芒在背,惴惴不安。实际上,马克思留下的遗产有多丰富,只要看一看历史的表情就知道了。理论本身所固有的批判光芒却在这种风云变幻的历史表情中沉默地耕犁着思想的领地。在这里,历史现象学为我们所描画的商品、货币和资本三者本身的拜物教画像,是活脱脱的一幕市民社会献祭的宗教仪式和基督复活的恢宏场面。在这个"使一切理念各得其所"的事物性幻景中,每个人都可以从事物的映像上找到一个自我的影子。这正是意识形态的魔法。而这种魔法不费吹灰之力就把进入其中的每一个人成功地俘虏住了。真不知道这是一种滚滚而至的精神失败还是一种绵延不绝的生存之痛。拜物教的最大特点,不在于人跪倒在事物之下了,而在于人占有事物的时候并不认为是事物统治了自己,而是以为自己统治了事物。被奴役的实质以一种平等的甚至是奴役的形式表现出来,这不是事物对人的胜利和嘲讽,又是什么。

一、倒立跳舞的桌子和商品神

马克思在《资本论》第 1 卷第 1 章的最后专门设了一个目,题为"商品的拜物教性质及其秘密"。在这里,马克思的分析是从我们的感官可以直接达及的经验层面开始的。他说,我们在日常生活中面对任何一个物品,一般都不会具有什么不能认知的神秘感。如一张桌子,木制有形,可站立并能放置物品,此时,桌子并没有任何"形而上学的烦琐性和神学的微妙性"。费尔巴哈和一切旧物主义的正确前提都基于这个直观的真实性。在这里,桌子作为人类劳动的产品已经得到承认,在使用中,它实现着一种事物对人的需要的社会生存的功用性。但就是在效用这一层面上,桌子也没有出现什么神秘感。但是,同样是这张桌子,"一旦作为商品出现,就变成一个可感觉而又超感觉的物了"。它不仅用脚直立在地上,而且在它对其他一切商品的关系上用头倒立着,并从它的木脑袋里生出比它自动跳舞还更不可思议的幻想。马克思用这种超级辩证的语言想告诉我们什么呢? 人类劳动作为同质的东西凝结在劳动产品的价值形式上,正是价值本身所内含的社会性的关系(即人们通过劳动所结成的社会关系)使这些劳动产品获得了均质的量上的抽象,能够在市场上作为商品出卖。但由于这些独立的商品生产者之间缺乏一种直接的社会联系,通过市场这个巨大的中介系统重新联结起来,这样,他们之间内在的社会生产关系便只能通过商品与商品之间的关系表现出来,这就是我们前面多次提到过的人与人的关系颠倒地表现为事物与事物之间的关系。正是这种被事物与事物的关系遮蔽起来的人与人之间的关系,无法通过费尔巴哈式的直观感性乃至古典经济学式的科学认识为人们所认识,因此这些商品本身就具有了神秘的性质。这也正是我们前面已经提到过的,经济学家们把人们的社会生产关系和受这些关系支配的事物所获得的规定性看作物的自然属性,这种粗俗的唯物主义,是一种同样粗俗的唯心主义,甚至是一种拜物教,它把社会关系作为物的内在规定归之于物,从而使物神秘化。

对此,马克思详细地加以说明:

> 正如一物(Dings)在视神经中留下的光的印象,不是表现为视神经本身的主观兴奋,而是表现为眼睛外面的物的可感觉的形式。必须补充说,在视觉活动中,光确实从一个外界对象射入另一对象即眼睛;这是物理的物之间的物理关系(physisches Verhältnis zwischen physischen Dingen)。但是,价值形式和

劳动产品的价值关系,是同劳动产品的物理性质完全无关的。这只是人与人之间的一定的社会关系(bestimmte gesellschaftliche Verhältnis der Menschen selbst),但它在人们面前采取了物与物之间的关系的虚幻形式(die phantasmagorische Form eines Verhältnisses von Dingen)。我们只有在宗教世界的幻境中才能找到这个现象的一个比喻。在那里,人脑的产物表现为具有特殊躯体的、同人发生关系并彼此发生关系的独立存在的东西。在商品世界(Warenwelt)里,人手的产物也是这样,这可以叫作拜物教(Fetischismus)。劳动产品一旦表现为商品,就带上拜物教的性质,拜物教是同这种生产方式分不开的。[1]

说到底,商品拜物教并不是自古就有的现象,它只是资本主义生产方式下特有的物相。这正是一种历史性的指认。

马克思接着分析道:

商品是使用价值或使用物品和"价值"。一个商品,只要它的价值取得一个特别的、不同于它的自然形式的表现形式,即交换价值形式,它就表现为这样的二重物。孤立地考察,它绝没有这种形式,而只有同第二个不同种的商品发生价值关系或交换关系时,它才具有这种形式。[2]

因此,作为使用价值,各种商品首先是异质的;作为交换价值,它们却只能是异量的,所以不包含任何一个使用价值原子。我们可

---

[1] [德]马克思:《资本论》第1卷(法文修订版),中国社会科学出版社1983年版,第52页。
[2] [德]马克思:《资本论》第1卷,人民出版社1975年版,第75页。

以看到,马克思所说的这些商品的属性和表现形态本身,都不是我们通过感官能够直接把握的东西,这是历史唯物主义所指认的社会存在和社会关系的本质规定。马克思说,商品的价值纯然是这些物品的"社会存在"(gesellschaftliche Dasein),所以它也只能通过商品的全面社会联系(allseitige gesellschaftliche Beziehung)来表现。

正是由于商品的这种二重性,资本主义生产的当事人便生活在一个由**魔法**控制的世界里,而他们本身的关系在他们看来是物的属性,是生产的物质要素的属性。这实际上正是一种极大的神秘倒错。仅仅由于无法透视颠倒了的社会关系,人们便想当然地把这一关系产生的非实体性社会存在错认成物品本身的属性。商品拜物教就这样以一种不知不觉的方式占领了现实经济生活的土地。以马克思之见,这种商品的二重性,追根溯源是由于劳动本身所具有的二重性。马克思认为,在现代商品社会中,"一切劳动,从一方面看,是人类劳动力在生理学意义上的耗费;作为相同的或抽象的人类劳动,它形成商品价值。一切劳动,从另一方面看,是人类劳动力在特殊的有一定目的的形式上的耗费;作为具体的有用劳动,它生产使用价值"[1]。这正是历史地形成的劳动的二重性,抽象劳动和具体劳动在不同的层次上形成了商品本身的两种价值关系。我们以为,这也正是古典经济学劳动价值论的理论推演。

就这样,在社会关系的解剖刀之下,充满着"形而上学的烦琐性和神学的微妙性"的商品拜物教便被揭开了神秘的面纱,使人与人的关系在事物与事物的关系的表皮之下敞露,并浮现在历史认识论之上。马克思认为,只要我们逃到别种生产形态中去,商品世界的一切神秘,在商品生产基础之上包围着劳动产品的一切魔法

---

[1] [德]马克思:《资本论》第1卷,人民出版社1975年版,第60页。

妖术，就都立即消灭了。在这里，比起《1844年经济学哲学手稿》，这显然已经不是人本主义价值悬设之上的"应该"了，而是现实历史发展的结果。资本主义社会作为历史性的进步，将在大写的历史逻辑中为未来奠定雄厚的物质基础。

二、一般社会财富和货币之圣

我们以为，马克思对商品拜物教的分析是他的历史现象学批判所剥离的第一个现象层面。这种物相的颠倒对人的迷惑还不是拜物教的深度模式。也就是说，商品世界所具有的拜物教性质还只是第一现象层级的，用马克思的话来说，商品形式是资产阶级生产的最一般和最不发达的形式（所以它早就出现了，虽然不像今天这样是统治的，从而是典型的形式），因而，它的拜物教性质显得还比较容易被看穿。而**货币拜物教**，则是马克思对资本主义复杂的事物化和颠倒的社会关系结构的第二层级的揭露。

不难理解，资本主义社会是一个金钱的世界。在现实的资本主义经济运作中，商品的交换和价值的实现本身都是以兑换成货币为终结的。所以，在这样的一个社会里，

> 一切东西，不论是不是商品，都可以变成货币。一切东西都可以买卖。流通成了巨大的社会蒸馏器，一切东西抛到里面去，再出来时都成为货币的结晶。连圣徒的遗骨也不能抗拒这种炼金术，更不用说那些人间交易范围之外的不那么粗陋的圣物了。[1]

---

[1] ［德］马克思：《资本论》第1卷，人民出版社1975年版，第151—152页。

货币成了资本主义社会的人与事物通过社会实现的唯一道路。**中介本身成了目的**。一个新的神——货币也终于在宗教神学之外的世俗社会中诞生了。

面对这种现象的迷误,马克思雄心勃勃地说,我们现在要做一种资产阶级经济学从未尝试过的工作,那就是指出这个货币形态的发生过程,研究商品价值关系中包含的价值表现,怎样从最简单最不引人注意的形式,发展到迷人视觉的货币形态。在马克思看来,商品的交换价值还是通过与另一种物品的交换关系表现出来的,这还有可能让人想到其中隐匿着某种社会关系,而在货币形式上,连社会关系的这点痕迹都消失了。拜物教的性质在货币上加深了。

在历史认识论的基础上,我们不难理解,货币是在商品交换中历史地形成的。开始是物物交换,随着商品交换量的增加和规模的扩大,人们需要一种作为交换尺度的等价物,这一"等价物就是人类的劳动"——交换中必然出现的劳动(价值关系)。我们说过,这种人类劳动的共同的唯一的质就在于它是人类劳动。这是劳动价值论的前提。正是由于价值的关系的抽象通过具体物品代表的特殊等价物来表现,在交换的历史发展中,特殊的等价物(具体的物品)逐渐发展为一般等价物。在这个一般等价物身上,物品的价值现在"成了一切人类劳动的可见的体化物、它的一般的社会蛹化物"。最终,便出现了代表一般社会财富的货币。

正如商品的一切质的差别在货币上消灭了一样,货币作为激进的平均主义者把一切差别都消灭了。但货币本身是商品,是可以成为任何人的私产的外界物。这样,社会权力就成为私人的私有权力。[1]

于是,看不见的交换关系,现在终于有了自己感性的物质呈现体。货币消灭了真实发生在人与人之间的一切差别,遮蔽了现象背后的一切。社会关系的神秘性现在干脆成了不解之谜。

马克思认为,正是在货币这个等价形态上,实际上发生了经济现象的三重颠倒。第一,"使用价值成为它的反对物价值的现象形态"。本来,"使用价值"是任何产品的自然规定性,可是在不断发展的交换过程中,充当事物与事物交换中介物的价值反倒成为人们首先追逐的目标,因为有了货币就可以占有一切,这样,"使用价值"反而成为货币实现出来的表象。货币使人与人的关系颠倒了。第二,"具体劳动成为它的反对物的抽象人类劳动的现象形态"。本来,具体劳动是真实改变物质对象的活动,抽象劳动不过是具体劳动的一种一般等值(同质)规定,可是现在货币这种抽象劳动的代表却成了一切具体劳动的统治者。第三,"私人劳动成为它的反对物的现象形态,即直接社会形态上的劳动"。个人劳动与社会劳动成为直接对抗的矛盾。本来,个人劳动是一种活劳动,现在却只在货币的意义上作为事物化劳动而存在。在整个社会化大生产之中,个人劳动变成了无足轻重。任何人都可以取代这种看似个人性的劳动,这正说明了这种个人性的劳动是最没有个人性的,也即它是最社会化的劳动。由于这三重颠倒的物相,货币拜物教也便成为事实。

马克思说:

1　[德]马克思:《资本论》第1卷,人民出版社1975年版,第152页。

当一般等价形式专门同一种特殊商品结合在一起,即结晶为货币形式的时候,这种假象就完全确立起来了。一种商品成为货币,似乎不是因为其他商品都通过它来互相表现自己的价值,相反,似乎因为这种商品是货币,其他商品才都通过它来表现自己的价值。起中介作用的运动在它本身的结果中消失了,而且没有留下任何痕迹。商品没有出什么力就发现它们自己的价值表现并固定在一个与它们并存、在它们之外的商品体中。这些简单的物,即银和金,一从地底下出来,就立即表现为一切人类劳动的直接化身。货币的魔术就是由此而来的。[1]

因此,马克思总结道:货币拜物教的谜,就是商品拜物教的谜,不过它已经变得显著,迷惑着人们的眼睛。并且,这个事物化和颠倒了的"价值表现的秘密,即一切劳动由于而且只是由于都是一般人类劳动而具有的等同性和同等意义,只有在人类平等概念已经成为国民的牢固的成见的时候,才能揭示出来"[2]。

三、能生钱的钱和资本上帝

分析了商品拜物教和货币拜物教,我们已经可以初步了解到市民社会拜物教的发生和基本状况。这也是我们在现实生活中能够直接碰到的现象。可是,在资本主义社会的经济生活中,还有一种绝大多数人根本无法直接面对的拜物教——资本拜物教。这也正是马克思历史现象学主要透视的社会本质关系。马克思自己总

---

1 [德]马克思:《资本论》第1卷(法文修订版),中国社会科学出版社1983年版,第73页。
2 [德]马克思:《资本论》第1卷,人民出版社1975年版,第74—75页。

结说,拜物教的"一种神秘性质,它把在生产中以财富的各种物质要素作为承担者的社会关系,变成这些物本身的属性(商品),并且更直截了当地把生产关系本身变成物(货币)。一切已经有商品生产和货币流通的社会形态,都有这种颠倒。但是,在资本主义生产方式下和在资本这个资本主义生产方式的占统治的范畴、起决定作用的生产关系下,这种着了魔的颠倒的世界就会更厉害得多地发展起来"[1]。

马克思认为,货币作为交换和商品流通的产物,"正是资本的最初的现象形态"。从历史上看,资本总是以货币的形态出现,它作为商业资本和高利贷资本与土地所有权对立。而一个新的资本总是以货币的形式出现在市场之上。产业资本家来到劳动力市场,或者商业资本家来到商品市场,又或者金融资本家来到市场,手上握着的一定是钱。正是这个钱,经过一定的过程,就摇身一变,成了资本。马克思为我们详细地分析了这种由货币到资本的嬗变过程。

他认为,在市场经济中存在着两个不同的流通过程:一是为买而卖的商品—货币—商品(W—G—W);另一个是为卖而买的货币—商品—货币(G—W—G)。他说,前一个过程中的货币是"当作货币的货币",而后一个过程中的货币则是"当作资本的货币"。在前者,货币是真的付出了,而在后者,人们让货币走开,只是因为他怀着狡猾的意图,要把它再取回,而且是要加倍取回。所以,货币只是被垫付。在这里,前者为的是使用价值,后者为的则是交换价值。更为重要的是,在前一个过程中,交换中的商品与商品是等值的,而在后一个过程中,最终从流通中取出的货币,会比原来投

---

[1] [德]马克思:《资本论》第 3 卷,人民出版社 1975 年版,第 934—935 页。

入的货币更多。G—W—G 成了 G—W—G′。正是这个 G′ 的"多",这个能生出钱来的钱,使货币成为资本。也因此,马克思把这个 G—W—G′ 称为"流通领域中出现的资本的总公式"。这个公式再简化一下,就出现了"最富有拜物教性质的形式",即 G—G′,也就是生息资本。在这里,资本终于彻底地抛弃了它自身的社会关系及其社会历史属性,成了一种纯粹的形式存在。生息资本作为自动的拜物教,它自行增殖和复制的能力,使拜物教达到了一种完善的程度,一种真正的"美学上的假象"。马克思说,在这个形式上再也看不到它的起源的任何痕迹了。**社会关系最终成为事物同它自身的关系**。这是一种"充分的事物化、颠倒和疯狂"!

正是资本产生的这个秘密,使资本家从工人那里掠夺过来的剩余价值暴露无遗。正如我们前文所说,当资本家从市场流通领域中以一定量的货币购买回一定量的劳动之时,实际上他购买到的不是与工人所交换的劳动量,而是对劳动力的支配权的这种质上的占有,而工人只能从资本家那里得到一定量的货币(所谓的工资)。在这里,等价交换的面纱被揭开了,露出了经济生活中赤裸裸的剥削与掠夺。也正是在这一点上,古典经济学的劳动价值论必然从量上的抽象走向马克思劳动价值论的质上的抽象。资本主义意识形态在这里便被连根拔掉了。对于这一点,马克思反讽地说道:

> 因此,让我们同货币所有者和劳动力所有者一道,离开这个嘈杂的、表面的、有目共睹的领域,跟随他们两人进入门上挂着"非公莫入"牌子的隐蔽的生产场所吧!在那里,不仅可以看到资本是怎样进行生产的,还可以看到资本本身是怎样

被生产出来的。赚钱的秘密最后一定会暴露出来。[1]

马克思深刻地指出,资产阶级的自由平等只是一种社会经济假象之上的意识形态幻觉。劳动力的买卖是在流通领域或商品交换领域的范围内进行。这个领域,实际上是天赋人权的真正乐园。资产阶级和一切"庸俗自由贸易贩子",是从简单流通领域或商品交换领域,借取观念、概念和标准,来判断资本和工资雇佣劳动的社会的。这是资产阶级**政治无意识**的本质。而一旦离开这个虚假的平等交换和流通过程,那里只有作为吸血鬼的资本家和等待被剥皮的工人。"作为资本家,他只是人格化的资本。他的灵魂就是资本的灵魂。而资本只有一种生活本能,这就是增殖自身,获取剩余价值,用自己的不变部分即生产资料吮吸尽可能多的剩余劳动。资本是死劳动,它像吸血鬼一样,只有吮吸活劳动才有生命,吮吸的活劳动越多,它的生命就越旺盛。"[2] 这就是在交换领域和流通领域之外发生的一切,也是被表象所遮蔽起来的真相。这正是平等假象背后的真实的不平等,公正假象背后的不公正。在这里,社会关系被彻底地事物化和颠倒了。历史的真相也因此被颠倒地表象出来了。

到这里,我们已经看到,这个表面美好的资本主义从根本上真的就是一个颠倒的世界。用科西克的术语,这正是一个以假象遮蔽本质的"伪世界"!我们还是重复马克思的那段话吧:"资本主义生产方式的神秘化,社会关系的物化,物质生产关系和它的历史社会规定性直接融合在一起的现象已经完成:这是一个着了魔的、颠

---

[1] [德]马克思:《资本论》第1卷,人民出版社1975年版,第199页。
[2] [德]马克思:《资本论》第1卷,人民出版社1975年版,第260页。

倒的、倒立着的世界。在这个世界里,资本先生和土地太太,作为社会的人物,同时又直接作为单纯的物,在兴妖作怪。"[1] 我们以为,这不是冷漠的嘲讽,而是热切的控诉;不是复仇的快感,而是苦难的悲吟;不是高高在上的怜悯批判,而是要求现状的变革。历史唯物主义为人类的彻底解放而奋斗不已。也正是在这一点上,我们完全有理由相信,马克思主义是一项极其崇高的事业。

第三节
复制的形而上学

我们认为,历史现象学的真正动人之处,不仅仅在于它对事物化的社会关系的剖析,而且在于它的这种剖析实际上铭写了资本同一性的自我复制的形而上学。这也就是说,《资本论》是通向我们今天的时代的一座至关重要的桥梁。当 G—G′ 作为纯粹的形式存在,资本便以这种自我增殖和自我扩张的能力在社会的各个领域打下了深深的印记。当事物化以它自身所固有的坚定步伐大踏步前进,正是资本同一性的自我复制为这种前进提供了现实的物质手段。而事物化的社会关系对真实的社会存在的遮蔽,在今天的网络世界中达到了"登峰造极"的地步。纯粹的物质存在形式因其自身担负的社会关系的完全形式化而忠实地诠释着"抽象成为统治"的事物化宣言。这既是它的光荣,也是它的祸根。形式与内容的内在分裂在更深的层次上宣告了资本自身的精神分裂。在这一点上,形而上学不是被打倒了,而是以一种前所未有的悲剧性力

---

1 [德]马克思:《资本论》第 3 卷,人民出版社 1975 年版,第 938 页。

量竖立起了现代性的擎天大旗。

一、抽象成为主子

在分析了资本主义经济生活中人与人的关系颠倒地表现为事物与事物的关系之后,马克思话锋一转,提出了一个著名的口号:"个人现在受抽象统治,而他们以前是互相依赖的。"[1]这是什么意思呢？实际上,在这里,抽象指的正是那些统治个人的物质关系的理论表现,这也正是我们刚才所说的商品、货币和资本作为一种价值的抽象形式内嵌着人们之间的社会历史关系。他说：

> 价值建立在这样的基础之上,即人们互相把他们的劳动看作是相同的、一般的劳动,在这个形式上就是社会的劳动。如同所有的人的思维一样,这是一种抽象,而只有在人们思维着,并且对可感觉的细节和偶然性具有这种抽象能力的情况下,才可能有人与人之间的社会关系。[2]

这其实也就是我们曾经提到过的"关系只能在反思中存在"。关系从来都不是一种可直观的实体性存在,即使是事物化了的关系,也只有通过古典经济学的科学抽象才能把握,更不用说再透过物相本身来把握隐藏在事物外衣之下的人与人的关系了。**关系只能表现在观念中**。这正是现代唯心主义的一个重要起源。

实际上,我们以为,**抽象成为统治**远远不止在唯心主义这个层

---

[1] 《马克思恩格斯全集》第46卷上册,人民出版社1979年版,第111页。
[2] 《马克思恩格斯全集》第47卷,人民出版社1979年版,第255页。

面得到反映。它在客观历史抽象的唯物主义的思考之上同样是适用的。在马克思的自然历史观中，我们说过，自然界总是历史地向人们呈现出来，人与自然、人与社会的关系本身作为一种先于个人的有生命存在的客观存在，并不是一种实体性的存在物相，而是由人类的当下实践所形成的功能性的存在关系，这就是实践格局。这不是一种静止的把握，而是一种动态的发展，因为在人对周围世界的认识和把握中，实践总是当下在场的。在这个意义上，作为历史唯物主义的重要概念"生产力"和"生产关系"就远远不是传统教科书所说的那种土地、人口等实体性存在的指认，这在当前已经成为一种共识。这种社会性的历史存在采取了事物的存在形式，但它本身并不就是这种事物。而且，一方面，这种功能性的关系因人类活动的存在而存在；另一方面，在特定的历史条件下，事物化了的功能性关系就有可能颠倒地表象自己，并直接反过来成为支配人类生存的统治力量。这是历史唯物主义对自身的最清醒的意识。不是用一句"生产力决定生产关系"就能轻而易举地把复杂的历史物相回落到自身的本质性关系之上。也是在这里，广义历史唯物主义也就成功地走向了狭义历史唯物主义和历史现象学。

我们还认为，"抽象成为统治"其实也正是市场拜物教的凝练概括。历史决定论的意义不仅在于指出了人在一定的历史时期受一定的历史规律的制约，更重要的在于表明了这种历史规律在现代社会中以一种事物的纯粹客观性来昭示一种似自然性和物役性，事物与事物的关系赢得了对人与人的关系的主宰地位，这种颠倒的表象作为历史规律把人约定在事物的必然王国中，那个抽象的"看不见的手"作为一种无人性完全把人的逻辑淹没在历史的总体发展逻辑之中了。在这里，不是抽象本身的无情，而是抽象的立脚之点——现实历史发展的无情。

我们以为，也正是在这里，马克思历史唯物主义的基础因素（物质生产作为人类生存的基础）和主导因素（人受经济力量的制约）之间的理论界线清晰地展现出来了。实际上，如果我们对马克思了解得更多，那么我们对《政治经济学批判》"序言"中的那个经典的历史唯物主义的表述的理解就会更准确得多。马克思精辟地写道：

> 人们在自己生活的社会生产中发生一定的、必然的、不以他们的意志为转移的关系，即同他们的物质生产力的一定发展阶段相适合的生产关系。这些生产关系的总和构成社会的经济结构，即有法律的和政治的上层建筑竖立其上并有一定的社会意识形式与之相适应的现实基础。物质生活的生产方式制约着整个社会生活、政治生活和精神生活的过程。不是人们的意识决定人们的存在，相反，是人们的社会存在决定人们的意识。社会的物质生产力发展到一定阶段，便同它们一直在其中活动的现存生产关系或财产关系（这只是生产关系的法律用语）发生矛盾。于是这些关系便由生产力的发展形式变成生产力的桎梏。那时社会革命的时代就到来了。随着经济基础的变更，全部庞大的上层建筑也或慢或快地发生变革。[1]

马克思接着说："无论哪一个社会形态，在它们所能容纳的全部生产力发挥出来以前，是决不会来灭亡的；而新的更高的生产关系，在它存在的物质条件在旧社会的胎胞里成熟以前，是决不会出现的。所以人类始终只提出自己能够解决的任务，因为只要仔细

1　《马克思恩格斯全集》第 13 卷，人民出版社 1962 年版，第 8—9 页。

考察就可以发现,任务本身,只有在解决它的物质条件已经存在或者至少是在形成过程中的时候,才会产生。"[1]这真是抽象之极的论说。其中既包含了广义历史唯物主义的一般基本原则,又包含了狭义历史唯物主义的一些重要观点。这也同时就是历史决定论的自我表白。从抽象的历史唯物主义概念回落到具体的社会形态,也即资本主义社会中,科学的批判的历史现象学就与黑格尔的精神现象学站在了同一的现代高度之上。这就是我们并不陌生的历史的"**大写逻辑**"。

面对抽象成为统治,精神现象学让我们想起了黑格尔与古典经济学的丝丝缕缕的关联。正是那个抽象的"一"(本质)——绝对精神幻化成了资本在现实经济中占据统治地位的"普照的光"。而在历史现象学中,马克思让我们看到了被精神的生成史和先验的逻辑结构误释出来的资本的主义中的层层拜物教的物相,绝对精神的否定之否定的手段变成了物质发展和无产阶级共同作用的历史发展。马克思自称是黑格尔的弟子。

我们以为,正是在抽象成为统治的意义之上,也即在世界历史的意义上,人们可以说,李嘉图、黑格尔和马克思站在了同一起跑线之上,为解开现代性之谜奉献了自己一生中最可贵的思考年代。当资本在 G—G′ 的抽象形式上获得了绝对的统治地位,世界历史也就迈开了自己的步伐。这一步一旦迈开,它就停不下来了。哪里有利润,哪里就有资本。它的孜孜不倦的活力把它自己卷进了世界市场的每一个角落,或者说,世界的每一个角落都被它已经或即将卷进来了。这是一出现代性的戏剧,人与事物都站在了同一个竞技场上,令人伤感的是,人们猜出了这个历史之剧,却猜不出

---

1 《马克思恩格斯全集》第 13 卷,人民出版社 1962 年版,第 9 页。

它的结局。

马克思说:"人体解剖对于猴体解剖是一把钥匙……资产阶级经济只有在资产阶级社会的自我批判已经开始时,才能理解封建的、古代的和东方的经济。"[1]这正是历史辩证法的精髓。事物化的关系作为"普照的光",而历史现象学作为对这种"普照的光"的批判理论,在我们看来,问题不在于"资本主义"还是不是一个有效的批判概念,而在于历史唯物主义是在什么意义和什么程度上超越"资本主义"的魔法世界的。换句话说,革命是如何可能的。这个问题不是太荒唐,而是太严肃。

二、最后一种革命

社会关系的历史性和暂时性,划破了资产阶级意识形态的铁幕和拜物教的物相,使历史唯物主义、历史辩证法和历史现象学获得了彻底的革命性和批判性。如我们前面所说,社会关系是在生产领域中被建构出来的,那么它的变革也只能在生产领域中得到实现。事物化的社会关系的变革只能通过物质手段来实现。我们说过,作为科学的历史的抽象的结果,生产力和生产关系作为一种似物性的社会存在,不可能直接地向人们呈现出来。它们也只能通过物质载体表现出来。人们在生产活动中结成的人与人之间的关系,在市场交换中以事物与事物之间的关系虚幻地表现出来,并且这种事物与事物之间的关系获得了一种独立的存在,于是,生产中人与人之间的关系被遮蔽了,但这并不意味着这种关系没有了,恰恰相反,它正是现实生活中脱掉事物的外衣之后人们之间的真

---

[1] 《马克思恩格斯全集》第46卷上册,人民出版社1979年版,第43—44页。

实的本质关系。

　　基于这一点,马克思认为,人们在什么样的生产力之上进行物质生产活动,就会建构出什么样的生产关系。而人们一旦停止物质生产活动,无论是生产力还是生产关系,都将不复存在。由此,生产力和生产关系都是一种人们无可逃避的事物化劳动活动。但问题不在于劳动本身,而在于雇佣劳动。资本主义的祸根正是埋在这里。因为雇佣劳动,资本作为它的对立面才被生产出来;因为雇佣劳动,资本主义的一切生产力才表现为资本的生产力;因为雇佣劳动,工人与资本家一开始就处于对抗的关系。历史辩证法力图说明,在资本主义大机器生产这一现代发展的最高点上,资本的生产力作为一种抽象的"一",被无限地创造出来,历史进步的基础就在于这种生产力的进步,但从生产力本身来说,它自身的不可遏止的事物化活动,是它前进的动力,也是它前进的障碍,原因就在于与之同体建构的生产关系的事物化也趋向于一种无限的前景。

　　因此,这种无限制事物化的必然结果,是时间和空间的无限拓展。资本主义的同质化的时空,就像水中之波,不断地从中心溢出,漫向四周。如果有可能,资本家一定会愿意到月球或其他星球上投资生产;如果有可能,他们也一定会愿意把各国迥异的历史都篡写为资本主义发展的历史,资本主义的全球化就是各个国家和民族在本土依据本土的国情、习俗等来发展资本主义。世界历史正是一部资本主义现代文明在世界各地生根开花的历史。在这一点上,资本从头到脚都流着肮脏的血。**财富的创造是被强制出来的,文明的建成是以牺牲多数来获得的。**具有反讽意味的是,在所谓的"不文明国家",比如非洲的许多部落里,科学技术不是发展社会的主要因素,而是成为上层阶层的奢侈品,是一种可以炫耀的"资本",就像18世纪法国奢侈品是专门为贵族而开工的。历史不是太残酷,而是太柔弱。资本的生产过程表明,它作为绝对观念,作为唯一者,作为大写的我,作为绝对的中心点,不断地扩张自己,复制自己,在每一个角落里都打下自己的印迹。

我们说过,孤立的单子不是马克思历史唯物主义的出发点。在他眼里,革命总是大多数人的事业,而不是一小部分集团的利益。他寻求的是一种总体的解放,是被压迫群体的解放。他相信,工人阶级从一开始就是被压迫的。当拉萨尔与俾斯麦勾结起来,无怪乎他是如此震怒。他也相信,在生产力发展到一定程度时,工人阶级的主体意识的觉醒,对事物化压迫的反抗,将会给革命带来一线希望。但1848年欧洲革命之后,他再也没有看到任何激动人心的革命,即使1871年的巴黎公社,也没有给他带来太多的信心。如果把历史唯物主义贯彻到底,解放总只是一定的历史情境之下的解放,而后来的大多数社会主义革命,其发生**不是因为事物化的压迫,而是因为事物化根本就没有开始**。革命以它的另一种面目向世人昭示了它的欢欣和它的困境。在这里,解放的哲学不幸就有点像纸上谈兵,也或许我们并不是站在革命的门槛上。总体性的东西总想一劳永逸地解决社会的危机以及理想与现实之间的某种鸿沟,但正如安琪拉·戴维斯,一位黑人共产主义哲学家所说,

> 我并不完全相信这种黑人解放,我不相信它的实现方式能够真正意味着这就是我的解放。我不敢肯定,当我"放下我的枪"的时候,人们不会再把扫帚塞回我的手里,就像我的许多古巴姐妹们一样。[1]

---

1 [美]杜娜叶夫斯卡娅:《哲学与革命》,傅小平译,辽宁教育出版社2000年版,第165页。

在中国，不仅事物化刚刚开始，哲学也刚刚开始。那些宣称读《资本论》是一种不可救药的保守性的现时代的先锋，把拳头当作面包，终有一天会自食苦果。太平盛世总是令人向往的。本雅明说，只因没有希望，希望才给予我们。强求一种革命，就像是强求太阳从西边出来一样，既是自欺欺人，也难免有欺名盗世之嫌。黑格尔与马克思的乐观不是一去不复返了，而是被挤进了历史的窄门里，隐身在来来往往的人群之中。革命的最后希望藏身在这里，它就像卡尔·克劳斯的天使，眼睛盯着前方，后退着飞向未来。人们很清楚，自由和平等远远没有在现实中生根发芽，而没有一个人会愿意放弃自由和平等的美餐。谁来拯救人类？海德格尔一声忧叹：人们不能像失去随身携带的小刀那样失去上帝。我们只有默然。逃向诗歌、艺术和音乐，这种真实的谎言，就像一个落难的书生，指望满腹的经纶多少会给黯淡的日子增添一丝光亮。人们尝够了革命的苦头，不会在这种苦涩还残留在心头的时候想着革命的乐园。马克思也许会说，我播下的是龙种，收获的却是跳蚤。资本同一性的复制以及它与形而上学的纠缠堵住了社会关系的自我生产和复制，历史现象学却始终不肯关上历史的大门，唯恐幻象堵住革命的最后一线光芒。

三、伪物性和市场偶像

如果说资本同一性的自我复制与形而上学的纠缠在它自身的世界历史发展中仅仅是一种宏观上的展现，那么，如果我们深入它的微观方面，也就是具体的市场运作之上，我们会发现，形而上学在这里得到了最彻底也最忠诚的践行。社会关系事物化的结果，便是世界图景的物相化。在资本主义的商品世界里，本质与现象一起呈现出来,常识的迷误就在于它把本质当作现象,把现象当作本质。但其中的原因不在于常识本身,而在于物相本身。笼罩在商品、货币和资本之上的物相,一方面是社会关系的唯一表达,另一方面,又是人们透视社会关系的唯一障碍。它们自身采取了物质存在的形式,却又具有致命的反物质形式。它们是一种关系,不是一种物质,但这种关系又要通过物质形式表现出来。社会关系的这种虚幻性,连同它自身的这种物质形式的虚幻性,一同构成了一个虚幻的世界图景。

在闹哄哄的事物化市场里,我们以为,资本主义的商品交换是一个"万国博览会",丰富多彩的商品给人们展示的是一个被包装出来的商品图像的世界。这种伪物性,实质上就是一个伪世界。在这里,一切旧唯物主义的世界观不是被证实了,而是被证伪了。在商品经济高度发达的世界里,唯物主义和唯心主义的清晰的二元世界,已经被商品本身无情地打乱了。虚幻的物质形式连同它自身的大量的复制品,越来越以它们的迷人风采取得了自身的独立。一部电脑制作出来的高科技电影,连同它的大量的廉价宣传复制品,公开地满足了伪物性的野心,私底下也满足了人们越来越膨胀的自我亮相的虚荣心。在商品的镜子里,人们看到了另一个自我。由此,商品、货币以及资本,本来只是一种物质生产劳动所建构出来的社会关系的象征和符号,现在这种符号大量地复制自身,但无论它的本事有多大,有一点是它不能做到的,那就是它并不能复制它自身内蕴着的社会关系。我们以为,这实际上就是一种形而上学。物质形式的复制品离开了这种物质形式原来所蕴含着的社会关系的内涵,这是它的辉煌时刻,也是它没落的开始。

这里,我们又想到了马克思那张奇妙的桌子:当一张普通的桌子作为商品出现,"它就成了一个可以感觉而又超于感觉的东西。

它不仅用脚直立在地上,而且在它对其他一切商品的关系上,用头倒立着,并从它的木脑袋里,展开比桌子自动跳舞还更不可思议得多的幻想",这个时候,桌子就充满了"形而上学的烦琐性和神学的微妙性"。[1] 在这里,我们找到了拜物教、意识形态以及宗教神学这三者的同一个社会历史根源。这种魔术般的商品形态,已经完全蒙蔽了人们的眼睛,使人们在它们的身上再也看不到人与人之间的关系,社会关系完全成为事物(商品、货币、资本)同它自身的关系。因此,在纯粹的形式的最高阶段 G—G′,资本能够是生钱的钱,就一点也不高深莫测了。在这些物质形式上,社会关系因它的被遮蔽而被呈现,因它的不可感觉而被感觉,历史现象学在这里脱下事物的外衣,同时也就脱掉了笼罩在这些事物之上的社会关系的所谓**天然属性**。资本主义世界里的社会关系连同其他的资本的衍生品,不过是一种历史的暂时的产物。历史唯物主义中的"物",这个"社会关系",在这里终于登台亮相了。历史现象学、历史辩证法和历史唯物主义要告诉我们的只有一个东西,那就是社会关系的历史性暂时性。

但是,让我们回到刚才的话题。在机械复制时代,复制品冒充原本,但又失去了原本的社会关系的内涵,于此,事物化的颠倒不是越来越微弱,而是越来越疯狂,其结果必然是:复制品不是越来越像原本,而是原本越来越像复制品;不是麦当劳和肯德基的社会化,而是社会的麦当劳化、肯德基化。社会关系越来越不可捉摸,越来越不可透视。人们沉醉在由大众传播、网络技术所营造出来的现实幻象里,并把自身的社会关系属性自觉地隐藏起来:姓名、性别、职业等等,都可以隐去不谈。这种虚拟的世界,连同它的虚

---

1 [德]马克思:《资本论》第 1 卷,人民出版社 1953 年版,第 46—47 页。

拟把戏，与商品、货币和资本的形而上学的把戏如出一辙。也由此，一个必然的问题随之而来：历史现象学意味着什么？在这里，马克思不是越来越淡出，而是越来越突出。问题不在于解释世界，而在于改变世界。当轻而易举地从复制的形而上学中领略到事物化的这种历史进步，人们早已经用双手把这种事物化的另一面挡起来了。革命的哲学连同哲学的革命一起被人们推向了万丈深渊。剥去一个马克思主义者的外皮，你会发现里面是一个拜物教徒或者说是宗教徒。

实际上，我们以为，人们跪倒在三文铜钱所买来的艺术复制品前虚荣得不可自拔时的心理，与那些在演唱会上万人同唱的市场幻象中的人拜服在自以为是的偶像面前的心理没有任何区别。而这种主体性的幻觉最终不是揭示了人与人的真实关系，而是更深地埋进了事物与事物的关系之中。当廉价的事物化批判泛滥成灾，与那些自称是精品的文学丛书或者是自标为另类的摇滚音乐一样，都比任何没有贴上"批判""精品"或"另类"的标签的其他商业操作更为商业化和事物化。**批判是为了更深地认同事物化现实，精品是为了更大众化的普及，另类是为了更好地加入主流**。在这里，否定之否定的逻辑所超越的就不是事物性的市民社会，而是更加精致地论证了市民社会拜物教和现代文明。阿多诺入木三分地指出，"把否定之否定等同于肯定性是同一化的精髓"[1]。回落到现实生活中，资本主义的理性的狡计就在于它不同于封建专制的简单否定（不准说"不"），而是让你说"不"，让你在议会大厅制度化地圈圈点点和在大街上按政府划定的路线举行抗议游行。这样做的目的恰恰是肯定这种"民主"制度！这正是一种对"自在之物"

---

[1] 参见［德］阿多诺：《否定的辩证法》，张峰译，重庆出版社1993年版，第156页。

的赤裸裸的崇拜。形式本身成了一种空洞的纯粹无内容的形式。这种空洞无物就像对它的空洞无物的批判一样不是减弱了资本本身的分裂,而是加深了它自身固有的事物与人的紧张关系和内在分裂。这种分裂就像是横亘在形而上学的彼岸与此岸之间的鸿沟一样醒目而张狂。而资本同一化的恶劣后果,是资本(物)把它自身的精神分裂带给了与它沾染上哪怕只是一丁点关系的人。精神分裂在作为资本命运的同时也作为主体的命运一起在这个颠倒了的事物化世界中携手共进。在这里,形而上学本身便充满了悲剧的气息。

实际上,我们以为,在马克思那里,G—G′的确是一种抽象的极点,但是坚持一种抽象本身的现实社会历史内涵是它不变的立场。因此,即使在抽象之极的数字化生存——网络世界中,虚拟的依旧归于虚拟,真实的依旧归于真实。从网上冲浪回来,依旧得面对工作、家庭等等。一个在网上犯罪的人与一个在现实生活中犯罪的人同样要受到法律制裁。所以,当资本同一性的自我复制夸张地抹去了自身的社会关系的痕迹,它并不意味着从社会关系中抽身出来了,而是更深也更彻底地沾染上社会关系的浓脂厚粉。所以,反对资本同一性,打倒市场偶像,掀开伪世界的表皮,只能从根本上超出事物化意识本身,用物质的手段来现实地变革着社会历史。

在这里,我们绕过 20 世纪,又回到了马克思的批判理论之中。

第五章　凡墙都是门

引　子

马克思之后的马克思主义是一张色彩斑斓的拼贴画。如戈尔曼所说,形形色色的马克思主义用同一本书或同一个现象来说明自己的正确性,每一个人都相信自己的理论准确地描述了大师的理论。从古典经济学和启蒙时代的文明之歌那里,我们听到了激扬的自由主义的宣言;从人本主义的反抗现代性的悲歌那里,我们看到的是一个现代之人的现代挣扎;从漫漫的马克思历史现象学之旅中,我们感受到了辩证法的爱抚。然而,站在现代性的门槛之上来回望对现代性的批判,我们却感到了一种深深的历史嘲讽。精神自由在物质堆积的时代不过是昙花一现的文化忧伤,而在没有哲学的年代里谈论哲学,也不过是一种知识分子的多愁善感在作祟。所有的后现代思潮都想把过去一笔勾销,却更深地埋在了过去的泥沼里。批判是否已经离我们远去,我们不知道。我们只知道,人总是一再地处于开始的位置,既拒绝向过去致敬,也拒绝向未来招手。

马克思给现时代的人们带来了什么呢？战争、饥饿、疾病，这些大地的疮痍、现代性的人血馒头注定是医治不了的，它们正是现代性得以为继的不可或缺的元素。但是它们最终也会像疽一样腐烂在现代性的躯体里。马克思对现代性的批判远远不像人们所想象的那样愚不可及。马克思主义的崇高也不像人们所想象的那样高不可攀。我们并不想说，通达马克思的道路是我们往昔景仰的一道疤痕。实际上，马克思主义是一项崇高的革命事业。这项革命事业为现实的社会主义实践指引了一条平等幸福的人类主体解放之路。不管现实的社会主义实践走过了一条怎样的坎坷之路，马克思主义依然是人类前进的一面鲜红的旗帜：它关心人类的命运，关怀社会弱势群体，关注人的自由与解放。

实际上，马克思主义是一项崇高的事业。这项崇高的事业连同它的深奥思想一起在人类头顶上的天空中写下了自己的光荣。这种光荣首先是由乔治·卢卡奇[1]带来的。当事物化和无产阶级意识为革命留下火种，《历史与阶级意识》就成了一部马克思主义

---

[1] 卢卡奇（György Lukács, 1885—1971）：匈牙利著名马克思主义哲学家、美学家，西方马克思主义哲学思潮的"奠基人"。卢卡奇1885年4月13日出生于布达佩斯的一个富裕的犹太银行家的家庭。中学毕业后，卢卡奇去布达佩斯大学学习法律和国家经济学，并攻读文学、艺术史和哲学。1906年获法学博士学位。1918年12月加入匈牙利共产党。1933年当选苏联科学院院士。1944年任布达佩斯大学美学和文化哲学教授。1946年—1956年任国会议员，1956年曾任纳吉政府教育部部长。1971年6月21日死于癌症。其主要著作有：《历史与阶级意识》(1923年)、《理性的毁灭》(1954年)、《美学》(1963年)、《社会存在本体论》(1970年)等。卢卡奇的代表性著作，除去早期几本文艺美学方面的著作和手稿（如《海伦堡美学手稿》《心灵与形式》和《小说理论》），相当一部分都已经被翻译为中文了：《历史与阶级意识》(商务印书馆1995年版)、《社会存在本体论》(重庆出版社1993年版)、《理性的毁灭》(山东人民出版社1988年版)、《青年黑格尔》(商务印书馆1962年版)、《存在主义还是马克思主义》(商务印书馆1962年版)和《审美特性》(中国社会科学出版社1986年版)等，另还有《卢卡奇自传》(社会科学文献出版社1986年版)和大量论文。

的"圣经"。这种比喻是毫不过分的。历史现象学在沉寂多年之后在青年卢卡奇这里找到了知音。尽管总体性给了卢卡奇光辉，也给了他暗淡，但他终究没有像萨特那样在总体化与马克思之间犯下这么多的错误。的确，历史现象学在卢卡奇之后，是在海德格尔和阿多诺身上，而不是在萨特和阿尔都塞身上受到款待的，尽管在海德格尔和阿多诺身上，还有太多的东西纠缠不清。对资本同一性的愤怒，把马克思与卢卡奇以及法兰克福学派的批判理论联结起来了。马克思主义的彻底的批判性第一次在阿多诺这里挥洒出来了。当后来的诸多的历史反思无一例外地加上"马克思主义"的后缀，批判的哲学便在一种复杂的表情中默认了这种亲近，尽管没有人知道这种亲近意味着什么。

正是在第二国际和斯大林教条主义的阐释历史中，青年卢卡奇第一个站出来说："历史唯物主义最重要的任务是，对资本主义社会制度作出准确的判断，揭露资本主义社会制度的本质。"这句话基本是正确的。由于青年卢卡奇不可能区分广义历史唯物主义和狭义历史唯物主义，他对历史唯物主义的科学批判性的定义是站在马克思1857年以后创立的狭义历史唯物主义的意义之肩膀上而发出的。在他看来，与历史辩证法同质的历史唯物主义同时也是对人类社会运动及全部历史性存在的批判性审视，历史唯物主义科学的任务就是透过现象，揭露全部历史的本质。用马克思的话语正确地来说，这是一种科学的批判。这一点，与历史辩证法的革命性是一致的。历史唯物主义是科学，但它的首要任务不是消极地反映对象，而是批判，是对现实的革命性改造。这是至关重要的一种理论认识。马克思主义的理论不是第二国际和斯大林所推崇的客观反映，而是对现实历史的批判和改造。为此，青年卢卡奇重新启用了总体性范畴。总体性就是历史运动中主体与客体的直接统一。青年卢卡奇指认道,正因为资本主义是事物化的世界,原来应该是主体的无产阶级异化为经济过程的实体,无产阶级只实现了某种残杯冷炙式的主观性——只是作为旁观者的特殊的主体性。所以,青年卢卡奇坚持认为无产阶级的首要任务就是要重新成为持有社会整体的主体,自觉成为整个社会意识的代表,为此,无产阶级必须废除自己的事物化,去理解历史的现实总体性,使主体和客体重新统一起来,以最终解放全人类。历史总体性的实现就是主体性和历史的真正统一。其实,青年卢卡奇只是重新鼓起了马克思后来废弃的浪漫主义风帆,总体性的逻辑再一次拉开了解放("应该")与现实("是")的距离。这是人本学的马克思主义的最重要的基础。

在处理"应该"与"是"之关系的问题上,还有另一位人学的马克思主义者让-保罗·萨特(Jean-Paul Sartre,1905—1980)的绽出。过去,在处理作为理想化的价值悬设的人的本质("应该")与总是败坏了的现实存在("是")的关系时,人本主义批判的张力出现在抽象的本真存在(类本质,如青年卢卡奇的总体性)与现实存在的背反之中;而到了萨特这里,存在先于本质了,因为个人的生存作为一种谋划性的实践成为历史真正的现实动因(萨特有时将作为原动的个人称为"施动者"),这本身就是"是",而不是非现实的"应该"了,但是,当个人的建构性存在历史地处在与对象(匮乏)和其他个人(也是建构性的历史原动)的社会共在之中,又总是以异化的类群方式实现。萨特所看到的异化并不是一个简单的价值败坏,他尖锐地看到了一种复杂的现实悲苦关系,"它的条件在经验的各个层面上出现"。这种现实的历史总体关系消解了个体生存的建构性,这才是萨特人学异化观的新的含义。历史是个人真实的生命之舞,但个人生命的实现总体上是以颠倒的异化舞姿出现在悲苦的历史舞台上的。沉重的物性脚镣和他者之心魔,使这种个人存在永远伴随着阴沉的哀乐。在无尽黑暗中,我们看不到希望,可是,历史如常依然延续着,不以我们的悲苦为意。于是,在萨特这里,历史辩证法也就成了悲苦个人在匮乏物境和他者之狱的无尽黑暗中戴着脚镣的孤独之舞。

在这一舞台上最后出场也是出演了重头戏的阿多诺[1]登台了,他直接反对了青年卢卡奇和萨特的人本主义。在他看来,人本主义之所以走进了自身的死胡同,其原因就在于,"应该"与"是"的二元分立不是来自别处,而是来自主体和客体绝对分离的概念体系。始作俑者当属笛卡尔的精神和肉体的二分法。而所谓的唯理论和经验论都不幸掉进了这个分裂的窠臼之中:现象和本质之间是如此不可调和,以至于康德不得不把本质悬置成"自在之物"。自此以后,哲学家们不得不转向对确定性的寻求,实证主义应运而生。因此,在康德之后,哲学家们只有三条出路:其一是从认识论转向方法论;其二是寻求主客体统一的辩证法;其三是另植一个哲学之根。在阿多诺看来,不管哪一种出路,实质都是一样的:同一

---

[1] 西奥多·阿多诺(Theodor Wiesengrund Adorno,1903—1969),德国著名西方马克思主义哲学家、社会学家、音乐理论家,法兰克福学派第一代的主要代表人物,社会批判理论的奠基者。生于德国美因河畔的法兰克福,晚年在瑞士维斯普度假时猝死于心脏病。1921年进入法兰克福大学学习哲学、心理学、社会学和音乐。1924年在科奈留斯的指导下,以一篇关于现象学的论文获得哲学博士学位。1931年,他因有关克尔凯郭尔的学术论文受到法兰克福大学一些权威的肯定而被聘为法兰克福大学的专题讲师。当德国纳粹开始崛起时,他离开德国移居英格兰,执教于牛津大学。不久,仿效法兰克福学派的几位友人侨居美国。1938—1941年,他受聘于纽约社会研究所。1941—1948年,他出任普林斯顿·拉杜克社会研究项目课题组组长,专司权力主义的研究。1948—1949年,他受聘于加利福尼亚大学伯克利分校,任社会歧视研究项目课题组组长。1949年,阿多诺返回法兰克福,协助霍克海默重建社会研究所,并任法兰克福大学哲学与社会学教授。1950年8月,阿多诺任社会研究所副所长。1958年,他接替霍克海默任所长。代表作有:《启蒙辩证法》(与霍克海默合著,1947年)、《最低限度的道德:对受损生活的反思》(1951年)、《否定的辩证法》(1966年)。

性的圈套。所以,无论是人本主义、实证主义还是胡塞尔的现象学,甚至直接是所有的西方哲学的思想(甚至包括在他之后的后现代思潮),都处在阿多诺的炮火之下。为什么?用阿多诺自己的话来说就是:批判思想的目的是废除等级制——人本主义直接就是以等级制为基础的,主体凌驾于客体之上,这就难免奴役的发生,人对物的奴役最终导致了人对人的奴役;而实证主义也好不到哪里去,主体冷漠地离开客体不过是为了更方便地操纵它,无人的客观性纯粹就是一个幻想,更为可恶的是,实证主义要求人们不再去寻求现象背后的"形而上学",是为了更好地将他们锁在现实资本主义市场过程的同一性的操纵和支配之中,当"最新风格的乡巴佬不会在'背后的世界'问题上自寻烦恼,而是愉快地购买'前台世界'有声或无声地兜售给他的东西"[1]之时,实证主义不知不觉地成了意识形态。站在资本的同一性之上回望哲学史,阿多诺发现,同一性哲学的现实的社会基础正是商品经济的交换原则。由此看来,寻求非强制和非同一性的否定辩证法把批判理论推向了一个前所未有的高度。对于"后人学"来说,它不像费尔巴哈那样肯定对象化而否定异化(其中也包括对生产力持肯定态度的马克思和卢卡奇),也不完全像黑格尔那样在对象化和异化之间画上等号,而是从根本上就不采用这样的逻辑和语言,如果说存在着主体和客体,那么它们只会是一种非同一的相互平等的伙伴关系,而祛除了同一性的企图。从根本上来说,"后人学"坚决反对一切奴役性的东西。在这一点上,阿多诺把自己与一切从前的和现在的哲学家分开了:他步入了"无调音乐"的澄明仙境。

马克思早已作古,而他的思想幽灵却像那朵早已化蝶的花魂

---

[1] [德]阿多诺:《否定的辩证法》,张峰译,重庆出版社1993年版,第168页。

回来寻找从前的故事。我们不知道，马克思当年一次又一次地被德国的、法国的、比利时的政府当局驱逐出境的时候，他是如何承受住这些困苦与灾难的，他的生命力又何以如此地强劲。我们只知道，一百多年之后的今天，人们坐在设备齐全的办公室，不失文雅与闲适，一点点地咀嚼马克思的文本时，那个古老的尼伯龙根的指环或许便套在了某一条单向街之上行色匆匆的某一过客的手上。

第一节
辩证法的守望者

马克思给现时代的人带来了什么呢？我们以为，当正统的马克思主义把自己与马克思的批判哲学断然隔开之后，沉寂多年的历史现象学也就是在这场反对正统的马克思主义的自由马克思主义思潮中首先浮现出来。这就是青年卢卡奇的《历史与阶级意识》。这本被奉为西方马克思主义"圣经"的论文集的针对性非常明确，其批判性论说直指第二国际的经济决定论。在当时的西方土地上，工人运动的领导人和左派理论家最关心的问题是欧洲无产阶级现实革命的可能性（阶级意识）。可是，在第二国际的理论家那里，马克思主义变成了实证主义式的对外部对象的反映，辩证法则被打扮成旁观的科学，畸变为单向性地还原外部世界的联系和规律的理论。说到底，这是韦伯式资产阶级主流意识形态的本质。而在青年卢卡奇看来，辩证法不是对一般事实"不偏不倚"的科学认识，不是规律与范畴的逻辑排列，而恰恰是对社会现实（主客体关系的）的批判。作为马克思主义哲学旗帜的历史唯物主义只能是革命的批判的学说。于是，马克思的理论意向首先不是求真，而是至善。这种至善是马克思主义成为意识形态的重要原因。

一、什么是马克思主义？

青年卢卡奇的《历史与阶级意识》中的第一篇论文题为"什么是正统马克思主义？"。论文开头第一段的题引是马克思1845年《关于费尔巴哈的提纲》第十一条：哲学家们只是用不同的方式解释世界，而问题在于改变世界。革命，是青年卢卡奇要从理论上认证的东西。此时他的思考集中在一点上：为什么在第二国际的理论家那里，尤其是斯大林的《辩证唯物主义与历史唯物主义》中，马克思主义的辩证法不再是革命的了？依他之见，马克思主义最重要的特质莫过于它由辩证法生出的革命性。所以，他在指认马克思主义的理论本质时，必然将其定位于辩证法，并且他直截了当地说："唯物主义辩证法是一种革命的辩证法。"[1] 所以，在青年卢卡奇看来，马克思主义不是第二国际那种消极观望的科学的唯物主义，而是号召民众起来革命、走向解放的批判性号角。应该说明的是，青年卢卡奇可能是最先从哲学上去探究为什么马克思的学说在他的学徒那里会蜕变为"科学"。并且，他也是第一位将矛头直指恩格斯的马克思主义者。在此，我们有必要分析一下青年卢卡奇对恩格斯的批评，即从哲学上追问马克思主义的辩证法为什么不是实证的科学。

---

1 [匈]卢卡奇：《历史与阶级意识》，杜章智、任立等译，商务印书馆1992年版，第48页。对此，阿格尔正确地评论道，青年卢卡奇的"这种辩证法把由资本主义的危机趋势所决定的工人阶级的客观状况同从'阶级意识'的角度说明统治和解放的工人阶级的主观可能性结合起来"。参见[加]阿格尔：《西方马克思主义概论》，中国人民大学出版社1991年版，慎之等译，第194页。

需要指出的是,青年卢卡奇此时认证辩证法革命性的根据是马克思的《黑格尔法哲学批判》,其逻辑着落点为理论与实践的统一性。[1] 因为,现实中发生的问题正是理论与实践的脱离!实际上,在这里青年卢卡奇深层的理论背景主要是黑格尔,为此,他在黑格尔与马克思之间对辩证法作了一个可能性的嫁接,并以此来论证理论与实践的统一性问题。说白一些,青年卢卡奇主张辩证法的中心问题是要改变现实。辩证法的"决定性因素"是"主体和客体的相互作用,理论和实践的统一"。因为,外在于人类主体的物质自然界中显然不存在自觉的实践主体。辩证法只能是主体的历史辩证法。所以他反对恩格斯把辩证法推至自然界。在他看来,辩证法就是历史辩证法,它的核心内容是主体与客体的辩证法关系,而恩格斯错误地追随黑格尔把这种方法扩大到自然界。这是一种非法挪用。他批评说,恩格斯甚至没有提到**历史过程中的主体和客体之间的辩证关系**这种最重要的相互关系,更不要说给予它本应值得重视的地位了。但是如果没有这个因素,辩证法就不再是革命的,尽管试图(归根结底是妄想)保持住"流动的"概念。青年卢卡奇认为,恩格斯的错误主要归因于试图在显然并不存在自觉的主体的外部的自然界中寻找所谓的"自然辩证法",而没有主体的外部自然界恰恰是绝不可能自发产生革命功能的批判性的历史辩证法的。

在卢卡奇看来,如果忽视了历史过程中的主体和客体之间的辩证关系,那么构成"流动的"概念的优点就完全成了问题,它就成纯粹"科学"的事情了。他的意思是,如果辩证法不是以主体与客

---

1 可是,青年卢卡奇尚不能觉察出马克思此时正处于他哲学思想的第一次重大转变之中:在那里,马克思既没有创立历史唯物主义,也没有真正将理论与实践在现实历史中统一起来。

体的辩证能动关系为中心,那么,再强调(自然)辩证法的流动性也只是在人之外的自然过程。如果马克思主义的理论成为一种人之外的实证科学,那么它与古典经济学纯粹客体向度上的科学规律就没什么两样了。这种"粗陋的、非批判的唯物主义"正是第二国际更深一层的逻辑偏差。因为,只有取消辩证法的能动本质,人站在主客体关系的旁边等待它发生革命,才会导致一种没有革命的"进化"理论、一种没有任何冲突就可以"自然长入"社会主义的理论。这种马克思主义一定会蜕变为一种严重脱离现实的反革命的抽象教条。按照这种教条,社会主义到今天可能都是一句空话;至多不过是像马克思所说的,只是在用不同的方式解释世界而已,而问题在于改变世界。历史辩证法的革命性由此丧失殆尽。还是用马克思那句话来结束吧:对现实无批判的唯物主义无非是唯心主义的粉饰。因此,强调一种革命的、能动的辩证法本质,是青年卢卡奇对马克思主义理论本质的重新申明。[1]

用富有革命性的历史辩证法批判了第二国际的消极的庸俗经济决定论之后,青年卢卡奇接着对历史唯物主义做了一个甄别。这就是这本书的第二篇论文《历史唯物主义功能的变化》,在这里,青年卢卡奇的重要理论观点发生了一些微妙的变化:在第一篇文

---

[1] 这种观点与同期柯尔施所声称的"马克思主义哲学是一种批判"的口号有着异曲同工之妙。柯尔施认为,1845年以后,马克思、恩格斯不再将自己的新唯物主义仅仅看成是一种"哲学的见解",而是"无产阶级独立的革命运动的一般表现形式"(参见[德]柯尔施:《马克思主义和哲学》,王南湜、荣新海译,重庆出版社1989年版,第14页)。在马克思和恩格斯那里,马克思主义哲学是"一种把社会发展作为活的整体来理解和把握的理论;或者更确切地说,它是一种把社会革命作为活的整体来把握和实践的理论"(参见[德]柯尔施:《马克思主义和哲学》,王南湜、荣新海译,重庆出版社1989年版,第22—23页)。第二国际理论家的错误正是在于将马克思主义哲学变成了一种"纯粹的科学观察,与政治的或其他阶级斗争实践没有任何直接的联系"(参见[德]柯尔施:《马克思主义和哲学》,王南湜、荣新海译,重庆出版社1989年版,第25页)。

章中，他着力批判第二国际机会主义的"科学"方法，而彼时的他意识到，不能因为第二国际理论家将历史唯物主义规定为科学，就简单地否定"科学"（历史唯物主义）以高扬革命的历史辩证法。这一次，他也肯定**历史**唯物主义，特别是肯定历史唯物主义**也是科学**，并且更试图要深入地说明这一科学与资产阶级科学的异质性。这一理论改变是重要的。他说：

> 什么是历史唯物主义呢？无疑，它是按其真正的本质理解过去事件的一种科学方法。但是，同资产阶级的历史方法相反，它同时也使我们有能力从历史的角度（科学地）考察当代，不仅看到当代的表面现象，而且也看到实际推动事件的那些比较深层的历史动力。[1]

青年卢卡奇提出：历史唯物主义最重要的任务是对资本主义社会制度做出准确的判断，揭露资本主义社会制度的本质。这句话基本是正确的。由于青年卢卡奇不可能区分广义历史唯物主义和狭义历史唯物主义，他对历史唯物主义的科学批判性的定义是站在马克思1857年以后创立的狭义历史唯物主义的意义之上来下的。他认为，与历史辩证法同质的历史唯物主义同时也是对人类社会运动及全部历史性存在的批判性审视。历史唯物主义科学的任务就是透过现象，揭露全部历史的本质。用马克思的话说，这是一种**科学的批判**。这一点，与历史辩证法的革命性是一致的。他认为，在无产阶级的阶级斗争中，

---

[1] ［匈］卢卡奇：《历史与阶级意识》，杜章智、任立等译，商务印书馆1992年版，第306页。

历史唯物主义总是为以下的目的而被加以运用:在资产阶级用各种意识形态成分来修饰和掩盖了真实情况即阶级斗争状况的一切场合,用科学的冷静之光来透视这些面纱,指出这些面纱多么虚伪、骗人,多么同真相不一致。[1]

由此,"历史唯物主义的首要功能肯定不会是纯粹的科学认识,而是行动"!他仍然坚持一点,历史唯物主义是科学,但它的首要任务不是消极地反映对象,而是批判,是对现实的革命性改造。这是至关重要的一种理论甄别。马克思主义的理论不是第二国际所推崇的客观反映,而是对现实历史的批判和改造。理论方向的不同,导致不同的现实命运:成为一种革命的批判学说还是一种僵化的教条和经济决定论。

随后,青年卢卡奇还探讨了另一个重要问题,即历史唯物主义之所以是对资本主义的批判,正是因为其**历史基础**就是资本主义自身发展的结果。他认为,按照马克思的观点,历史唯物主义的真理本质和古典经济学是同一类型:它们是特有的社会秩序和生产制度中的真理。这句话严格来说是不准确的。关于历史唯物主义与古典经济学发生的基础都是资本主义社会的历史发展结果,并且古典经济学理论为历史唯物主义的产生提供了重要的理论准备,换句话说,它们都是站在现代文明基础之上的,这个理解是正确的。可是青年卢卡奇不能理解的是,历史唯物主义科学是建立在马克思基于资本主义大工业文明的历史高点对全部历史的科学理解之上的。所以他错误地认为,"历史唯物主义首先是关于资产

---

[1] [匈]卢卡奇:《历史与阶级意识》,杜章智、任立译,商务印书馆1992年版,第307页。

阶级和它们的经济结构的理论",他甚至将历史唯物主义视为资本主义社会的一种意识形态功能。当然,对于前资本主义社会的认识,青年卢卡奇也有他自己的看法,他说:历史唯物主义不能像运用于资本主义发展的各种社会形态那样完全以同一方式运用于前资本主义的各种社会形态。为什么?因为历史唯物主义中指认的只是在资本主义生产方式下,"**纯粹的**"经济力量起决定性的主导作用的现象(这只是狭义历史唯物主义的观点)。而"在各种前资本主义社会中,像在资本主义社会中已经达到的那种独立性、那种自己把自身作为目的的设定、那种自我封闭性、那种任意性和那种经济生活的内在性还不存在"。他提出,只有当历史唯物主义把人的所有社会关系的事物化不仅理解为资本主义的产物,而且也理解为暂时的、历史的现象,认识没有事物化结构的前资本主义社会的途径才得以找到。这个**前资本主义社会的非事物化结构**,是一种非常重要的理论指认。这来源于马克思19世纪50年代以后的经济学哲学研究成果。在他看来,

> 庸俗马克思主义完全忽视了这种区别。它对历史唯物主义的运用,陷入了马克思所指责的庸俗经济学犯的同一错误:它把一些纯粹历史的范畴,更确切地说也就是资本主义社会的一些范畴,看作是永恒的范畴。[1]

青年卢卡奇的这一表述有深刻的真理性,但又是不科学的。为什么?因为从总体逻辑上看,青年卢卡奇这里的理论阐述是极

---

1 [匈]卢卡奇:《历史与阶级意识》,杜章智、任立译,商务印书馆1992年版,第324页。

不准确的。这种错误认识的主要原因,在于青年卢卡奇不能正确地区分马克思历史唯物主义的广义和狭义语境,所以,他对历史唯物主义的这种规定只能特定地指认后者,即狭义的历史唯物主义才是"资本主义社会的自我认识"。他将狭义历史唯物主义的具体规定大大泛化了。而他不能理解马克思1845年创立的广义历史唯物主义无疑首先是关于社会历史发展一般规律的认识。青年卢卡奇的失误有一定的客观原因,即他没有看到马克思、恩格斯在1845—1846年创立广义历史唯物主义的《德意志意识形态》,该书直到1926年才公开。

二、自然与历史总体

青年卢卡奇认为,马克思的辩证法只能是**历史的**辩证法。由于历史本身是在社会生存的层面上发生的,所以,历史只与一个向度有关,那就是主体与客体的关系。所以,辩证法不是科学的规律和范畴,而是对现实的批判,是对主客体关系的批判。而自然界作为与主体相对的客体,必定是与主体发生关系的客体。自然总是人类社会视域中的自然,没有人的实践活动这个中介,外部自然界的本质和规律是不可能向人呈现出来的,我们不可能直接面对自然。对于这种直接的认识论,青年卢卡奇认为,恩格斯的错误就在于,把辩证法单向度地指向了自然界,认识变成了主体对客体的单向度认识,马克思的哲学由此也变成了意识对外部对象的直观反映。但是,辩证法不应该是远离人类的历史生活、单独在人之外的东西。在客观实践的基石上,人不是处于规律之外,而是与周围的生活世界实现一种同构的关系。应该说,青年卢卡奇的这个批判是打在了恩格斯的要害之处的。

但是青年卢卡奇在这里同样犯了一个错误,这就是后来施密特所指出的,自然与社会其实是双向中介的。而且自然对我们具有永恒的优先性,例如,机器放久了不用,它会生锈——自然并不因为它是历史性地向我们呈现出来就不存在了(海森堡的那个月亮在我们不看它的时候还是存在的)。所以,当青年卢卡奇把自然作为一个社会的范畴来建构他的社会存在本体论时,他就有了一个本体论上的越界:自然不是一个社会的范畴,而是一个**历史性的**范畴;社会存在不是一个世界的本原,而只是一定的历史条件之下的客观存在,并且在特定的历史条件之下,这种客观的社会存在还有可能是颠倒了的事物化的社会生产关系。尽管马克思的历史辩证法从黑格尔那里获益匪浅,但并不等同于黑格尔的辩证法。后者是承袭了古希腊的传统,即从赫拉克利特始,主要的使命在于把丰富的现象("多")抽象为本质("一")。这是哲学本体论建构的最重要的方法论。我们说过,马克思是拒绝本体论的。在一切范畴都只具有历史性的意义的情况之下显然也不可能去建构一个哲学本体论。海德格尔后来极为深刻地体悟到了这一点。只有"此在"才能追问存在,而"此在"则只是一个历史性的存在:"在世间",或者说"必死者"。这一点青年卢卡奇并没有意识到。一个更为内在的原因是,青年卢卡奇这里的历史辩证法是对黑格尔和马克思的杂糅。但不管怎么说,把辩证法定位在社会历史的领域,是早期的"西方马克思主义"做出的一种重要的理论努力(葛兰西、柯尔施在这一点上与青年卢卡奇是一致的)。

青年卢卡奇的另一个矛头是指向资产阶级自然意识形态。他指出,自然性与直接性是资产阶级意识形态的最重要的方法论基础:对建立在事物化和全部颠倒了的经济进程之上的资本主义现象的直接接受,对商品经济的全部的无人的自发性的直接论证,正是古典经济学所做的事情。这种实证性也正是全部近代自然科学所共有的。青年卢卡奇认为,它们的最大特点就是非总体性:对孤立的事实的原子式的投射必然走向非总体性,但是在青年卢卡奇看来,马克思主义是把科学方法中的孤立的事实看作历史过程的各个方面的。具体的总体性是真正的现实范畴。事实一定是经过总体的逻辑构建才可能被我们认识,也就是说,对事实的认识必须结合到整体当中才有可能。

这里我们应该指出的是,对资产阶级意识形态的这种非总体的特征,作为主客体统一的辩证法,其所依托的便是人的实践活动。所以,实践作为主客体的中介,是被青年卢卡奇首肯的。实践作为一种建构人的自由本质的活动,是从葛兰西到一切"实践"的哲学的立论之点。但是实践作为一个本体论的概念,是与马克思的哲学相悖的。在本体论意义上的"实践"与施蒂纳所批判的"人"没有什么区别,这是一个高高在上的抽象的神圣性。归根结底,这不过是回到自古希腊到黑格尔的抽象的"一"的企图。从根本上,它正是资本逻辑的抽象统治的影子。青年卢卡奇的这一个"总体"(以及一切"实践"的哲学)传统本体论的残余,被阿多诺敏锐地觉察到了。萨特后来说,不是总体性,而是总体化,才是存在的特性。这种动态的建构活动,也正是他的"存在先于本质"的豪迈宣言的根基所在。在这一点上,海德格尔走得更远:在所有的范畴后面都加上了"ing",使名词动词化,从而张扬了这种动态建构的深层历史性。应该说,马克思的历史认识论在这里得到了深层的揭示,尽管他们最终还是与马克思区别开来了:无论是萨特还是海德格尔,最终仍逃脱不了本体论的冲动——那个本真的存在,那个隐秘的无限("不在场"者),彰显的仍是一种"二元分立"的痕迹。在这一点上,科西克深得海德格尔的真传:伪世界与具体的世界。因此我们也不难理解,阿多诺不会仅仅批判青年卢卡奇,他会把他的矛头指向海德格尔及其老师胡塞尔,甚至指向了马克思。

实际上,在阿多诺看来,资本主义就是一个总体:资本所营造出来的就是一种抽象的同一性。所以,沃勒斯坦等人的世界资本主义体系在这一点上才能有其合法性。对这个同一性的拒绝,正是阿多诺的主要任务。后现代思潮同样是对这种同一性的反对,因此后现代是最拒绝"主义"的,他们认为,这是一种现代性的最明显的总体压迫。但由于他们同时架空了这种同一性的资本发展的内涵,也就是说,他们只是在文学、艺术的领域发起了这场运动(尽管它功不可没),而不是从经济学上来谈论这一点,他们终究迈不出安东尼·吉登斯所说的"反思制度化":看似先锋的背后是最大的保守,充其量不过是资本的逻辑前进中的一个注脚,这种反思不过是在资本主义体系内的反思。毕竟,当后现代甚或后殖民以"历史"的名义来打碎现代性的时候,他们不过是宣称了另一种现代性以及另一种总体:强调民族主义的同时正是制造种族屠杀的时刻,民族主义的背后正是强调一种民族的"同一性"。正如杰姆逊入木三分地指出,"差异"与"同一"一样都变成了全球性的了:跨国公司比你自己还了解你的历史、你的爱好,它为你装饰的东西更符合你的历史、习惯、风俗与爱好、品性。

三、现代社会的物化之罪

我们想指出,除了黑格尔与马克思之外,席美尔(Georg Simmel,1858—1918)与韦伯(Max Weber,1864—1920)同样是青年卢卡奇的思想之源。有意思的是,在马克思那里被否定的东西,在韦伯这里得到了全面的肯定论证。这就是青年卢卡奇所以为的

"物化"。正是韦伯对这个"物化"劳动的全面论证,确立了全部的主流经济学、政治学和社会学(它承袭了古典经济学的逻辑)。这是现代文明的最重要的基础所在。与此相对,对西方文明的反叛,是自施蒂纳、尼采以及海德格尔等人以来(甚至后现代思潮)的重要使命。我们知道,韦伯的合理性思想和法理型社会机制是当代整个资产阶级主流学术的重要基础。按照后来法兰克福学派批判的观点,韦伯是通过其工具理性的**肯定性论证**,构筑起全部资产阶级意识形态大厦的。与我们这里的研究视点相关,韦伯也认真区分了马克思所描述的资本主义经济过程中的"对象化"与"异化",只是具有伦理意义的"异化"在他所谓的"价值中立"中被作为主体的目的合理性"去魅"了,他只是肯定生产过程中对象化的形式合理性。这也就是说,人的主体性的东西恰恰是无关紧要的和有害的,人(主体)必须被量化为客观要素以便具有可计算性(可操作性)。这是工业进程必然形成的客观要求。在这个意义上,作为终极的价值悬设的异化理论在韦伯那里是根本不存在的。而他拥护的只是对象化中的量化和可计算性。韦伯的这种物化理论恰恰是青年卢卡奇物化理论的更深一层的基本逻辑规定。

这样,我们就获得了一种重要的逻辑参照系:黑格尔认为主体(本体)对象化的物化与异化是同体的,所以他对其既肯定又否定。青年马克思在生产过程中分离这二者,肯定对象化是进步,否定异化。后来马克思则区分了"物化"的两种状态,他肯定生产对象化的物化,否定市场交换中产生的物役性的关系事物化和更深一层的异化。最后,韦伯也分离了对象化和异化,在他那里,只有流水线上生产进程可计算的对象化,而与主体价值相关的异化被根本"去魅"了。到了青年卢卡奇,又是一种黑格尔式的同一:生产的对象化就是物化(物役性)。于是,这种物化便具有了本体的意味。

并且,没有了肯定,只有否定。青年卢卡奇将韦伯的物化与马克思的事物化混同起来。如果用一种简洁一些的语言说,青年卢卡奇并没有弄清马克思那里的人与人的关系是如何在商品交换中历史地颠倒的,但直接套用了马克思的事物化(物役性)观点,当他将对资本主义事物化批判的全部愤怒全都倾泻在可计算性的量化过程之上,他的物化逻辑实际上来自韦伯,但他又正好颠倒了韦伯。换句话说,**他借用了韦伯的物化理论来反对韦伯所肯定的工具理性,而他又以为这是马克思的批判理论所在**。他所谓的物化,描述的不是马克思面对的19世纪的资本主义市场交换中的社会关系的颠倒状况,而是韦伯所描述的自泰勒制以来的20世纪工业文明对象化技术进程中的合理化(量化的可计算的标准化进程)。

青年卢卡奇说,在资本主义现代物化进程中起关键作用的原则是"根据计算,即可计算性来加以调节的合理化的原则"。或者说,"数量化是一种蒙在客体的真正本质之上的物化着的和已经物化了的外衣"。显然,这里的物化理论原则不是来自马克思,而是韦伯。他把韦伯正面论述的东西转过来反对资本主义。他们的关系有些类似于马克思与李嘉图的关系。关键的异质性在于,马克思对物役性的分析是从**生产关系**着眼的,而韦伯则是从**生产力**本身入手的。这一点很重要。马克思社会关系物化主要是商品交换过程中,劳动交换关系通过交换中等价物—货币关系—资本关系,颠倒地表现为物与物的关系。这是马克思物役性理论和拜物教的原意。而青年卢卡奇讲的却是生产过程中工具性对象化导致的量化和可计算性的物化,用他自己话说,就是"资本主义社会的人们受生产力奴役的情况"。人受生产力的奴役,这不可能是马克思的观点。生产力在马克思那里是备受肯定的。

实际上,青年卢卡奇是在一种与马克思的商品结构物化完全不同的意义上提出了另一种"物化"的:在工具性的合理化进程中,生产过程中的客体与主体都发生了重要变化。第一,客观劳动过程全面量化的可计算性,实际上宣告了过去那种源发于劳动主体的"产品本身的有机的、不合理的、始终由质所决定的统一",亦即那种"根据传统劳动经验对整个产品进行有机生产的方式"的全面消亡。所以,"在对所有应达到的结果作越来越精确的预先计算这种意义上,只有通过把任何一个整体最准确地分解成它的各个组成部分,通过研究它们生产的特殊局部规律,合理化才是可以达到的"[1]。这样,作为传统客观生产过程的主体性本质的有机性被消除了,人被变为机械控制的工具(物化的持存),生产是一种离开人而客观运转的物的机械过程。如上所述,这种总体的有机性实际上是残存的黑格尔的逻辑张力。

第二,生产的客体被分成许多部分这种情况,必然意味着它的主体也被分成许多部分。由于劳动过程的合理化,工人的人的性质和特点与这些抽象的局部规律按照预先合理的估计起作用、相对立,越来越表现为只是错误的源泉。劳动者不再是生产过程的"真正的主人",而是作为机械化的一部分被结合到某一机械系统里去了。机器体系已经自给自足,不以劳动者的意志为转移,而劳动者只能服从机器的规律。在这里,"时间降到空间的水平"。由此,

> 时间就失去了它的质的、可变的、流动的性质:它凝固成一个精确划定界限的、在量上可测定的、由在量上可测定的一

---

[1] [匈]卢卡奇:《历史与阶级意识》,杜章智、任立译,商务印书馆1992年版,第149页。

些"物"(工人的物化的、机械地客体化的、同人的整个人格完全分离开的"成果")充满的连续统一体,即凝固成一个空间。[1]

也就是说,作为人的生命的历史性存在的当下时间性凝固为外在的简单物的持存的东西。这是极为深刻的论说。

在青年卢卡奇看来,这又有两个方面:一是机械化的局部劳动导致劳动者的客体化,使他们成为消极的旁观者,眼睁睁地看着自己的当下存在成为孤立的分子,被加到异己的系统中去;二是生产过程的非有机化和机械化,切断了过去那种主体性的共同体(Gemeinwesen),使劳动者变成一些孤立的原子,以至于他们不再直接—有机地通过他们的劳动成果属于一个整体,相反,他们的联系越来越仅仅由他们所结合进去的机械过程的抽象规律来中介。在后面的讨论中,青年卢卡奇还说道:

> 客体的数量化,抽象的反思范畴对它们的规定,在工人生活中直接表现为一种抽象的过程,这一抽象的过程是在工人自己身上完成的,它把工人的劳动力从他那儿分离出来,并迫使他把这种劳动力作为他拥有的商品而出卖。由于他出卖他的这个唯一的,他就把它(和他自身,这是因为他的商品和他的肉体存在是不可分的)放到了一种已被合理化和机械化的过程之中,他发现这个过程是早已存在着的,是封闭的,而且是没有他也照样运行的,在这个过程中,他是一个被简化为量的数码,是一个机械化了的、合理化了的零件。

---

[1] [匈]卢卡奇:《历史与阶级意识》,杜章智、任立译,商务印书馆 1992 年版,第 151 页。

这样一来,对工人来说,资本主义社会直接表现形式的物化特征就被推到了极点。[1]

青年卢卡奇进一步分析道,现代资本主义经济合理化进程中客体和主体的物化还只是一种表面现象,更重要的是这种物化是对人的真实价值的遮蔽。这种对真实生存价值的遮蔽表现在客体与主体的两个层面上。第一个层面是客体的本真物性的遮蔽。青年卢卡奇认为,合理的客体化首先掩盖了一切物的——质的和物质的——直接物性。这是相对于"真正的物性"的一种虚假的物性,借用科西克的规定来准确地表述,这是一种**"伪物性化"**。我们以为,这种伪物性化才是青年卢卡奇物化理论的核心。用海德格尔的话说,即物不能物着。物被座架了,但座架又是物的新的本质。而他又说,当各种使用价值都毫无例外地表现为商品时,它们就获得一种新的客观性。这种客观性消灭了它们原来的、真正的物性。在直接商品关系中隐藏着的人们相互之间以及人们同满足自己现实需要的真正客体之间的关系,逐渐消失得无法觉察和无法辨认了。这有一点像马克思所说的商品价值属性和交换关系,但又不是。青年卢卡奇在说明这种商品的这种伪物性时,还是用韦伯的规定:商品的商品性质,即抽象的、量的可计算性形式表现在这种性质最纯粹的形态中。

我们再一次看到,青年卢卡奇这里仍然存在着一种深刻的逻辑悖结。他试图将两种不同的东西嫁接起来。其实,**青年卢卡奇这里的工具合理化所导致的伪物性并不同于马克思指认的商品交**

---

[1] [匈]卢卡奇:《历史与阶级意识》,杜章智、任立译,商务印书馆 1992 年版,第 249 页。

换所历史形成的物役性社会关系。后者是交换过程必然发生的人与人关系的物化，前者则是从人对自然的关系中所发生的工具效用化；后者是人对人关系的社会形式（价值实现问题），而前者是人对自然关系（使用价值：劳动生产塑形中客体进程量化与主体量化的形式合理）；后者的实现空间是商品实现的交换市场，前者的实现空间是生产的机械系统。青年卢卡奇以为自己的"物化"与马克思的一样，实际上并不一样。马克思所讲的社会关系的物化和颠倒是可以消除的，而韦伯意义上受生产力的奴役的物化并不能消除，只是青年卢卡奇自以为可以消除。这两种根本异质的东西，在青年卢卡奇那里却成为同一个东西。他究竟是真糊涂还假糊涂，我们不得而知。

价值遮蔽的第二个层面是主体本真生存的伪物性化。这里青年卢卡奇是在对上层建筑伪物性化的出色说明中呈现主体的物化的。这又是韦伯式的。青年卢卡奇认为，生产过程中的这种伪物性化必然"遍及社会生活的所有表现形式"。资本主义的发展创造了一种同它的需要相适应的、在结构上适合于它的结构的法律、一种相应的国家等。在这里，青年卢卡奇直接引述了韦伯关于现代资本主义法理型社会结构的论述，特别是以形式合理性为基准的法理型官僚政治制度。这里，人的社会生活变成了一个可计算的、机器般合理运转的伪物性化的非人世界。青年卢卡奇认为，这种合理计算的本质最终是——不依赖于个人的"任性"——以认识到和计算出一定事情的必然的、有规律的过程为基础的。在资本主义社会中，

> 人的行为仅限于对这种过程成功的可能性作出正确的计算（他发现这种过程的"规律"是现成的），仅限于通过使用保护

> 装置、采取预防措施等等(它们也以对相似"规律"的认识和运用为依据)来灵活地避免发生干扰性的"偶然事件";人们经常甚至停留在这样一些"规律"可能发生作用的概率计算上面,而不企图通过运用其他"规律"来干预过程本身(如保险事业等等)。[1]

> 在官僚政治中被物化了的人,就连他的那些本来能促使他起来反抗物化的机能也被物化、被机械化、被变为商品了。甚至他的思想、感情等等也被物化了。[2]

这是对韦伯科层制的批评。青年卢卡奇正确地看到,"资本主义生产的整个结构是以以下两个方面的相互作用为基础的:一方面,一切个别现象中存在着严格合乎规律的必然性;另一方面,总过程却具有相对的不合理性"[3]。

正是这种总体上的不合理性,使人的有机总体性在合理的专门化中丧失,以便让位给在精神上和肉体上特别适合于这些组成部分的"专家",以最合理的形式来完成这些合理的和人为分离开的局部职能。在这些没有灵魂没有真实情感的技术专家(韦伯语)那里,人的主体性存在都被作为"任性"——"经验的、不合理的依据传统"的东西彻底否定了,人的真实价值取向和真实情感被作为合理化运转的障碍消除了,**社会运转只能是铁的机器般的物性化运转**。青年卢卡奇形象地以自动售货机深刻地反讽了资产阶级的法律程序的反人本性,因为人的本性在这种"走向铁笼"(韦伯语)

---

[1] [匈]卢卡奇:《历史与阶级意识》,杜章智、任立译,商务印书馆1992年版,第161页。

[2] [匈]卢卡奇:《历史与阶级意识》,杜章智、任立译,商务印书馆1992年版,第257页。

[3] [匈]卢卡奇:《历史与阶级意识》,杜章智、任立译,商务印书馆1992年版,第166页。晚年的韦伯也已经注意到这种形式合理性背后的总体不合理性。

的合理化动作中完全地沦丧了。

也是在这里,青年卢卡奇深刻地发现,在资本主义发展过程中,物化结构越来越深入地、注定地、决定性地沉浸入人的意识里,以造成一种特定的"物化意识结构"。我们一定要注意,青年卢卡奇是说从生产结构中产生的物化结构,如物性化的分工以片面性的专门化形式,越来越畸形发展,从而破坏了人的人类本性;同时,这种分工像在实行泰勒制时侵入"心灵领域"一样,也侵入了"伦理领域"。这是在确定一种由生产客观结构导致的人的意识物化!这不是马克思的事物化指认。对此,青年卢卡奇还举了两个例子,一是这种资本主义社会中学术界必然出现的"专门化的'大师',即他的客体化了的和对象化了的才能的出卖者"[1];二是这一特殊历史情境中,新闻界必然出现的"没有气节"的物化新闻工作者,即"知识、气质、表达能力,变成了一架按自身规律运转的抽象的机器,它既不依赖于'所有者'的人格,也不依赖于被处理的各种对象的客观—具体的本质"[2]。在他看来,物化越是深入把自己的成果作为商品出卖的人的"灵魂"之中,这种假象就越有欺骗性。

在这里,青年卢卡奇的马克思—韦伯式的双重逻辑又发生问题了。一是交换中的物化,二是生产中的物化。他还无法区分这两者。所以,一方面是来源于商品的"'幽灵般的对象性'的物性",使人的"特性和能力不再同人的有机统一相联系,而是表现为人'占有'和'出卖'的一些'物'";另一方面,则是"渗进人的肉体和心灵的最深处"的量化、可计算性的"合理性",人在"自己的合理性具

---

[1] [匈]卢卡奇:《历史与阶级意识》,杜章智、任立译,商务印书馆1992年版,第163页。
[2] [匈]卢卡奇:《历史与阶级意识》,杜章智、任立译,商务印书馆1992年版,第163—164页。

有形式特性时达到了自己的极限"。这又是一种无意识的逻辑悖结。

也正是由于这种逻辑悖结,我们以为,青年卢卡奇令人惊讶却又自然而然地提出了无产阶级的主体性。在这一点上,他与马克思犯了同样的错误:至关重要的劳动概念,在他们这里仅仅指涉了体力劳动的含义。所以,他们都满怀希望地指出,一旦工人阶级意识到自己的物化,意识到物化对自己的压迫,对物化的克服就开始了。不同的是,在马克思的时代,这是一个现实的希望;在青年卢卡奇这里,就成了一个似是而非的希望。自青年卢卡奇之后,海德格尔致力于打碎这种假想的主体性。他认为,主体不过是物的堆积,是一种本体性的幻想,人自以为就是主体,但"存在本身早就被遗忘了"。在这一点上,阿尔都塞与海德格尔不谋而合,他说,历史是一个无主体的过程。这是一个披着人皮的骗局。新历史主义指出,历史是什么?是由非连续的、零落的时间所建构出来的,现代性的宏大叙事根本就是一个无历史性的"历史"。但这样之后,人就被逼到了"语言之家"。而无深度感的生存,也即韦伯的"去魔"(去掉真、善、美的哲学本体)之后的生存,毕竟是一种令人"恐惧与战栗"的生存。不幸,在今天的美国,这已是一个不争的事实。

毕竟,劳动越来越趋于非体力化和非直观性,真正的体力劳动在更多的领域里占的比重越来越低。这是因为,机器大工业生产的发展,使得越来越少的人可以生产出越来越丰富的产品,而科学技术的突飞猛进,更是使得高效率的生产越来越普遍,同时,物化越来越进入人的无意识层面,所以,在大多数的跨国公司里,随着劳动的社会性的世界范围内联系的实现,出现的不再是马克思时代的多数工人的联合,而是更多的各自独立的高科技人才。如果说技术专家如韦伯所言的确获取了对社会的主流的领导地位,那么，这些技术专家所感受到更不是什么物化的压迫，而是对现实的满足，以及对非技术阶层，确切地说，是对体力劳动者的蔑视（知识在这里成了一种权力）。同时，受到忽视的自然还有人文精神方面的东西。所以，现实的情况确实不是海德格尔所说的"人诗意地栖居"，而是诗人的必死性。本雅明所言的波德莱尔式的"拾垃圾者"和"游手好闲者"的确便是诗人的真实处境。在这个意义上，后现代思潮的先锋文学和艺术又是必然的，尽管它最终仍只是一种隐蔽的保守。

总的来说，青年卢卡奇的物化理论是非常深刻的。这种以马克思对资本主义经济过程的否定尺度来颠倒韦伯的合理性指认，在生产技术层面开创了一种对工具理性（科学技术）的资本主义文明的批判。这开启了后来法兰克福学派的"启蒙辩证法"新的批判逻辑。

第二节
戴脚镣的辩证法

从青年卢卡奇的曲折复杂的思路中，我们可以看到他对马克思历史辩证法中的主体向度的关注远胜于客体向度。这既有它的反对第二国际的"正统"马克思主义的时代渊源，也有它的理论阅读方法上的认识论渊源。与此相近，稍后的法国著名存在主义哲学家让-保罗·萨特在他的《辩证理性批判》中对僵化的马克思主义理论体系也提出了自己富有创见性的哲学见解。他十分肯定地说，读读马克思的书，关切无产阶级的悲苦现实，这两件事情倘若只是各自孤立地发生，那绝不足以使他理解和接受马克思主义。

只有当你同世界上的事情联系起来，你才真正开始懂得马克思主义。萨特一语敲醒世人。

一、马克思主义：赞成与反对

对《辩证理性批判》，萨特有一个奇怪的判定："《批判》是一部马克思主义的著作，它却是反对共产党人的。"[1] 熟悉西方马克思主义理论逻辑的人一看就知道，萨特所说的"反对共产党"是西方马克思主义一贯所指的"正统的马克思主义"。在具体的语境里，首先当然是指法国共产党的马克思主义，然后就是一切在斯大林教条主义统治下的、作为官方意识形态的马克思主义。实际上这是在宣称《辩证理性批判》是一部**论战性**的文本。在这里，他的理论之剑明确地指向"教条式的马克思主义"，发人深省。

在萨特看来，首先，苏联式的马克思主义极大地歪曲了马克思哲学"改造世界"的实践性。他认为，在斯大林教条主义式的意识形态中，理论和实践严重分离，从而就"把实践变成一种无原则的经验主义，而理论则变成一种纯粹的和僵硬的知识"。

其次，萨特分析道，这种自我标榜马克思主义的唯心主义常常采取两种办法，即"概念化和走极端"。**概念化**就是自我封闭，就是死亡。他说：

> 马克思主义本来敞开的概念现在自行封闭了起来了，它们不再是**钥匙**了，不再是解释的公式了：它们是为自己而设

---

[1] ［法］萨特：《七十自画像》，载《生活·境遇——萨特言谈、随笔集》，秦裕、潘旭镭译，上海三联书店1990年版，第43页。

的，作为已经总体化的知识。马克思主义从这种特殊化的和拜物教化的典型概念（借康德的话来说），制造出各种经验的构成概念。这些典型概念的实在内容总是一些**过时的知识**；但是现代的马克思主义者却把它当作永恒的知识。[1]

萨特认为，这种"马克思主义"已经不再是马克思创立的历史唯物主义了。在马克思那里，人们从来没有发现过僵死的**实体**，各种的总体性（例如《波拿巴雾月政变记》中的"小资产阶级"）都是活的；它们在研究的范围内自己规定自己。在马克思那里，事实从来不是孤立地出现的，如果它们是一起产生的，那么它们总是处在一个总体的高级统一之中，通过一些内部关系联系在一起，一个事实的存在会相应改变另一个事实的深刻本质。在研究雾月政变时，马克思坚持的正是这种总体精神，"他在这些事迹中看出了被分裂的同时又被它们的内部矛盾所产生的总体性"。而在面对欧洲1848年革命时，马克思通过仔细研究这场失败的社会悲剧的全部具体细节来"发现总体性"。

他对每一个事件，除了它的特殊意义以外，还给以一个启示者的任务。既然指导调查研究的原则就是要探索综合性的全局，那么，每一件事实，一经确定以后，就被当作一个总体的部分而加以审查和判断；人们就是要依据**这个事实**，通过对它不足之处和"意义之外"的意义的研究。然后用假设的名义来确定总体性的；而每一事实在这种总体性的内部，将重新找到

---

[1] ［法］萨特:《辩证理性批判》,徐懋庸译,商务印书馆1963年版,第22—23页。

自己的真理。[1]

可见，马克思的研究方法是总体性之下的具体分析，而不是以僵死的概念和原则强加于具体的现实。"活的马克思主义是**探索性的**：对它的具体的研究对象而言，它的原则和它的已有知识表现为**调节器**那样的东西。"[2] 这与萨特所批评的苏联的"现代马克思主义"是根本不同的。对于后者，萨特评论道，这种马克思主义像月亮吸引潮汐一样地吸引了我们之后，在改变了我们的全部思想之后，在清算了我们中间的资产阶级思想的各种范畴之后，突然把我们丢弃了；它没有满足我们对理解的需要；在我们所处的特殊立场上，它再也没有一点新的东西来教育我们了。因为它自身已经停滞了。

萨特认为，这种"现代马克思主义"固然没有抛弃马克思的一些理论基础，但由于它妄图全景式地图解人类的整个活动，它反而不再能**知道**任何东西：它的概念是一些**强制**命令；它的目的不再是获取知识而是**先验地**构成绝对知识。所以，萨特接着说，在现实中，这种打着马克思主义旗号的"唯意志主义的唯心主义"必然会导致一种绝对化的"**走极端**"的"恐怖主义的实践"。苏东和我们过去的那些错误的历史都有力地证明萨特的批评里包含着合理的因素。

萨特自负地坚信，在教条式的马克思主义不可避免地步入绝境之后，他自己的存在主义反倒将从这种绝弃中"获得了重生"。因为，他的"存在主义和马克思主义所注意的是同一个对象，但是后者把人吞没在观念里，而前者则在凡是**人所在**的地方——在他的劳动中，在他的家里，在马路上，到处去寻找人"[3]。请注意，萨

---

1 ［法］萨特：《辩证理性批判》，徐懋庸译，商务印书馆1963年版，第22页。
2 ［法］萨特：《辩证理性批判》，徐懋庸译，商务印书馆1963年版，第22页。
3 ［法］萨特：《辩证理性批判》，徐懋庸译，商务印书馆1963年版，第23—24页。

特此时所谈到马克思主义，指的已经不仅仅是斯大林式的马克思主义，连同马克思的历史唯物主义在内的马克思主义也被包括进去了。这个微妙的**逻辑连带**或许连他自己都未曾意识到。它意味着，就连马克思自己，也没能真正解决好人的问题，寻根究底，这才是教条主义马克思主义犯错误的直接根源。当然，批评教条式的马克思主义并不妨碍萨特直接承认马克思主义仍然是我们时代的哲学，因为产生这个主义的那些历史条件今天仍然存在，所以，马克思主义在当前就仍然无法被逾越。在萨特的笔下，马克思主义是今天的左派思想茁壮成长的沃土。他说：

> 我们的思想，无论如何只有在这块沃土上才能形成；我们的思想应当把自己约束在这块沃土所提供的范围以内，否则就会落空或者后退。存在主义同马克思主义一样，对经验进行研究以便从中发现具体的综合；它只能在一种运动的、辩证的总汇之中考虑这些具体的综合，而这个总汇无非就是历史……在我们看来，真理在发展着，它过去和将来都是发展的。这是一个总汇，它不断地总括一切：个别的事实，当它们不是通过各式各样的部分的总体性的中介而被归入发展着的总汇之中的时候，是毫无意义的。[1]

显然，萨特要开始标举自己的哲学方法了。马克思主义不会过时，只要社会关系的变化和技术进步还未把人从匮乏的桎梏中彻底解放出来，马克思的命题就是一种不可超越的证明。但是，马克思的命题要继续发展，还是需要一种新的具体的微观社会研究，

1　［法］萨特：《辩证理性批判》，徐懋庸译，商务印书馆1963年版，第24—25页。

毫无疑问,这种所谓的具体的微观的新的社会研究当然就是萨特自己所认为的存在主义了。萨特反对教条式的马克思主义,指控它将人窒息在奴役性经济社会条件之中,鼓舞人们起来抗争:"我们都还不是完整的人",所以我们必须努力斗争,以期达到人的关系和符合人性的存在。萨特为我们勾勒了这样一幅斗争目标和美好远景:在那里每个人都将成为人,其中的一切集合体都同样富有人性。

马克思主义是一种人学,一种被存在主义渗透了的人学——这才是萨特式西方马克思主义历史观的真正本质和要义。萨特虔心地接受了马克思的历史唯物主义,却不屑与当代教条式的马克思主义者为伍。在他看来,两者之间横亘着一个重要的差别:在后者那里,马克思主义的经典论断是"明白的、确切的、一义性的;在他们看来,这些论断**已经构成一种知识**"[1],一种死去了却将永恒的、绝对正确的知识。而萨特则认为,马克思、恩格斯的论断可以是"指导思想"、实践的指南,或者是问题,却绝不是具体真理。因而它们断不可能是一义一解的,更不会是现成的。故一切还有待从头做起:应当找到方法,应当构成科学。在《辩证理性批判》"方法问题"的第二部分中,萨特主要讨论了教条主义的马克思主义在方法论中的具体病症,并提出从其他学科中吸取一些研究方法的思路,以此作为对马克思主义方法论的辅助性补充。

二、教条式的马克思主义的方法论病症

萨特认为,在那些斯大林式的教条主义的马克思主义作品中,

---

[1] [法]萨特:《辩证理性批判》,徐懋庸译,商务印书馆1963年版,第27页。

惯用的方法是**以某种先在的现成的概念构架去座架历史**,其目的是"想在整个历史过程中规定所考察的对象的真实地位"。准确地说,这种方法论话语结构是在尚未具体研究历史现实之前,**先向历史立法**。我们以为,萨特的这一分析是准确的。在我们过去的那套教科书体系中,历史唯物主义的各种观念就好比康德的先验构架,我们遭遇的种种具体历史现象(史实与社会经验的原料)只能在其中一一定性和归位。所以,萨特说,教条式的马克思主义的方法论首先是一种**先验的**方法。这是不错的。他评论道:

> 它的概念不是从经验中引出来的——或者,至少不是从它企图加以解释的新经验中引出来的——它早已把这些概念构成;它早已肯定了它们的真实性,它给它们指定了构成公式的任务:它的唯一目的是把所考察的事变、人物或行动纳入一个预制的模子里。[1]

比如,马克思主义者可以给罗伯斯庇尔的一次演讲"确定地位",也可以给瓦莱里的《诗集》"确定地位",这种"确定地位"指认了一个对象存在的物质条件,分出产生这个对象的阶级,确认反映这种阶级利益的上层建筑,以及划归永恒不变的作为反动意识形态表现形式的唯心主义。换一种角度来看,即历史必然性、政治图谋和反动思想本质。这不由得使人想起"文化大革命"中那场著名的"儒法斗争"。作为一种思想史研究,人们并未具体地去分析每一位中国传统思想家的个性特征,也根本不曾认真阅读这些思想家的论著,而是须先确立一种政治公式,即法家=先进革命,儒家=落后

---

[1] [法]萨特:《辩证理性批判》,徐懋庸译,商务印书馆1963年版,第28—29页。

反动,然后将此框架悬置在中国思想史的一切入口上,大张旗鼓地为每一位思想家及他们的论著对号挂牌。那真是一场让人欲哭无泪、不堪回首的可悲闹剧。在这一点上,萨特说的真是没错。萨特说,这先验式的宣判是一种简单粗暴的还原主义,"这样做就是用一种唯心主义反对另一种唯心主义"。

其次,教条主义的马克思主义的方法论是一种**自我封闭的抽象演绎论**。萨特说,这种做法的实质,是**拒绝**敌人的句子而丧失战斗的资格。

> 这是由于他们无法自动摆脱成见之故,他们回避敌人的话(由于害怕、仇恨、偷懒),甚至当他们要对这句话表示自己的态度时,也是这样。这种矛盾把他们封闭住了。他们照本宣读,却对所读的文章一字不通。但是我不想用什么所谓资产阶级的客观主义的名义来责难他们,我是用马克思主义本身的名义责难他们的:他们愈是先了解他们要批判和抛弃的东西,他们就愈能正确地加以抛弃和批判,他们就愈能胜利地加以驳倒。[1]

这真是一语中的。在相当长的历史时段内,传统马克思主义学术研究对待非马克思主义的态度,始终是一种武断的形而上学的观念占上风的。可是,若不认真研读批判对象的论著,还没有真正弄懂人家的思想观点就简单地加以否定,必然丧失合法批判的可能性。

---

[1] [法]萨特:《辩证理性批判》,徐懋庸译,商务印书馆1963年版,注释第4—5页,注15。

萨特还认为,教条主义的马克思主义同时还是一种**同质化**的形式主义强制。因为,在他们的分析逻辑中,思维就是提供宣判和定论,就是"用普遍去代替个别"。他说:

> 马克思主义的形式主义是一种淘汰工作。它的方法,由于顽固地拒绝进行**细分**,所以同"恐怖政策"同一起来;它的目的是用最少的气力而消化掉一切。问题不再是保留杂多的相对独立性而把它们照原样地变成一个整体,而是取消了杂多:于是,这种永远**倾向同一化**的运动反映出官僚主义者的划一化的实践。[1]

在萨特看来,形式主义地工作着的人们在将"个别消溶于普遍"的时候,自以为已经把现象还原于本质了,而实际上只是把自己的主观性强加于现实之中。这种方法论上的先验判断首先关注的是批判对象的反动本质,而不是它的具体内容。当具体的思想内容与一定的政治立场相对时,普遍性的本质是头等重要的,而个别性不过是一种例证。在教条式的马克思主义看来,

> 似乎只要绝对必然地把这种所谓的抽象——某个个人的政治行为或他的文艺作品——归结为一种"真正"具体的实质(资本主义的帝国主义,唯心主义)就万事大吉了。而**事实上**,这种具体的实质,**其本身**只是一种抽象的规定。这样一来,一本哲学著作的**具体实质**,就只能是**唯心主义**;著作只表示唯心主义的一种一时的样式;而作为著作本身的特征的则只是缺

---

[1] [法]萨特:《辩证理性批判》,徐懋庸译,商务印书馆1963年版,第36页。

点和虚无;使得著作得以存在的只是它的不变的还原性,即还原为"唯心主义"的本质。由此产生出一种永恒的拜物教化。[1]

针对以上种种方法论上的顽症,萨特提出,要坚持真正的马克思哲学的科学方法,就必须"**抛弃先验论**":在研究方法上,绝不能从先验的概念直接出发,哪怕这种观念是绝对经典的论断,真正的科学必定是从具体的分析和思考中产生的。面对任何历史现象,如果以先验的观念为前提,而不是从对象的具体分析和研究中得出判断,我们实际上永远不可能获悉对象的真实情况。他说,

> 在任何情况下,只有一种对历史现象的**不带成见**的考察,才能决定:一个行动,或一部著作是反映着由某种基础条件所形成的集团或个人的上层建筑的动机呢;还是除了直接依据经济矛盾和物质利益的冲突就不能加以解释呢?[2]

同时,具体的马克思主义应该深刻研究实在的人,而不应当让他们洗一次硫酸澡而消蚀掉。萨特所谓的"硫酸澡"就是传统教条式的马克思主义研究的那种"反动本质批判"的路数。现实中真实个人的生存情境极其复杂,绝对不可能用一种简单的社会性标签(阶级利益和政治立场)完全涵盖种种具体存在状况。

为此,萨特举了舞蹈演员的例子。一个扮演哈姆雷特的演员正在舞台上全情投入地表演,在当下的艺术情境中,他直接诠释着莎士比亚的一种主观戏剧意图,落幕之际,观众长时间的鼓掌证实

---

[1] [法]萨特:《辩证理性批判》,徐懋庸译,商务印书馆1963年版,第38—39页。
[2] [法]萨特:《辩证理性批判》,徐懋庸译,商务印书馆1963年版,第31页。

他演出成功。他可能用艺术打动许多人。可是,另一方面,"他这样做是为了谋生,是为了挣得名气;而这种实际活动决定他在社会上的地位"。换句话说,客观地分析,演员的演出又是他个人真实生活中的生产名利的机器。在人的生存中发生的某一个事情,往往不只是一个简单的生活情境,它往往自觉或不自觉地成为一种多层面的意义关系。萨特说,在人的活动中,以下的复杂情形时常出现:一方面是人主观的意图行为,可另一方面,在"没有任何意识或一种预先策划的意志"指挥下,实现了另一些客观目标。特别是在一定的社会历史时期中,个人对自己的行为结果常常是无法设计也无法预料的。简而言之,人们时常"做出来却并不知道"。或者,再换句话说,在异化世界中,一个作为历史动力的人永远不能在他的行为中认识自己。所以,萨特深刻地说,在那样一些特定的社会情境中,我们的行动的结果最后总出乎我们的意料,因为,任何具体的行为一旦实现的时候,总是要和全世界发生关系的,而且这种关系的无限繁复性总是超过我们的理解力。这里的发问是,面对如此复杂的个人行为和生活,我们真的能通过简单地用阶级斗争的尺度或者政治宣判的透镜来获得真理吗?答案必然是否定的。对此,萨特作了一个精辟的评说,他说:

> 今天的马克思主义者只想到成人。读了他们的作品,我们便会相信我们是在我们挣到第一次工资那一年出生的。他们忘记了他们自己的童年;从他们的作品看来,好像人们之感受到他们的异化和物化,都是首先在他们自己的劳动之中发生的;可是,每一个人首先是作为儿童,而在他的家长的劳动

之中过童年生活的。[1]

萨特想告诉人们,在原先那些马克思主义的教科书中,我们只看到一个个已经贴上阶级标签的**成年人**,似乎人只剩社会阶级性了,而家庭在人童年成长中对其内在心理结构和存在方式的重要作用以及家庭影响在个人以后的社会生活中起的决定性作用,则完完全全被忽略了!萨特这番话可谓语重心长!传统的马克思主义研究,的确忽略了直接影响个人复杂心理建构和人格特征之形成的微观情境——在此萨特所指的主要是个人在特定家庭中成长的具体过程和经历。萨特的批评绝非一时的心血来潮,有其特定的背景。20世纪初,精神分析学取得了一系列激动人心的学术成果,尤其值得一提的是,弗洛伊德等人确认了儿童的生长环境,具体来说主要是家庭环境对其后天心理结构和人格因素所具有的重要影响,在某种意义上,这种影响对个人的后天(成人)存在甚至具有决定性的意义。

由此,萨特就写下了那句著名的断言:在今天的马克思主义哲学的中心,尚"有一块具体的人学的空场",我们必须将社会学、精神分析学的某些合理成分吸收到马克思主义哲学中去,才能填补这种人学的空场。当然,他也说,这"不是在第三条道路或唯心主义的人道主义的名义下抛弃马克思主义,而是把人恢复马克思主义之中"[2]。当然,在萨特眼里,他的存在主义就是填补马克思主义空白的唯一利器。

---

[1] [法]萨特:《辩证理性批判》,徐懋庸译,商务印书馆1963年版,第46页。
[2] [法]萨特:《辩证理性批判》,徐懋庸译,商务印书馆1963年版,第63页。

第三节
辩证法的知音

什么才是马克思历史辩证法的本质呢？青年卢卡奇和萨特为我们指出了"正统的"马克思主义所固有的弊病以及对马克思原初视域的可悲背离。实际上，我们在这里更关心的是，自由的马克思主义思潮在什么地方接过了马克思的批判旗帜，又在什么地方异质于马克思？一如卢森堡所指出的，马克思也有可能是错的。问题的关键就在这里。一百年过去了，马克思和马克思主义也历遍穷通，历经沧桑，只剩下今天的我们一脸无助地看着历史，看着人来人往。或许，让我们来瞻仰马克思哲学批判的最后辉煌，在阿多诺身上寻觅马克思历史辩证法的孤寰绝影，才是对马克思最好的祭奠吧。

一、批判的眼睛

在马克思主义思想史上，阿多诺批评恩格斯简单地颠倒了黑格尔，制造了一种物质第一的本体论。他认为，"凡在宣扬某种绝对'第一性'之物的地方都会谈到次于它的东西，谈到和它绝对异质的东西，即它的意义上的关联物"[1]。他认为成熟的（《资本论》时期）马克思并不是如此（他反对用人本主义反注青年马克思早期论著的做法）。虽然马克思主张客观物质存在的"优先性"，他的

1　［德］阿多诺：《否定的辩证法》，张峰译，重庆出版社1993年版，第135页。

哲学新世界观仍然是一种唯物主义的学说,但马克思划清了他的"历史唯物主义与庸俗的形而上学的唯物主义的界限",马克思不再坚持某种不变的绝对"第一",而是**历史地现实地认识整个历史过程,这是一种科学唯物主义的辩证法**。以阿多诺之见,真正科学的唯物主义辩证法是非强制和非同一性的辩证认识和批判理论——**否定的辩证法**。他认为,这种否定的辩证法是完全革命和开放的。作为马克思的批判的唯物主义辩证法的后继者,阿多诺真诚地相信,马克思主义其实是一种否定的辩证法。

但是,阿多诺眼里的否定辩证法究竟离马克思的历史辩证法有多远?我们来看阿多诺对辩证法的理解。他认为,辩证法始终是对非同一性的意识。因此,这种辩证法与黑格尔式的强制性同一辩证法是"不能和好"的。虽然黑格尔也看到矛盾,但他的辩证法的目的是新的肯定性。阿多诺评论道:

> 把否定之否定等同于肯定性是同一化的精髓……在黑格尔那里,在辩证法的最核心之处,一种反辩证法的原则占了优势,即那种主要在代数上把负数乘负数当作正数的传统逻辑。[1]

他认为,黑格尔辩证法的最终结果是调和矛盾,而否定辩证法的目的恰恰在于正视矛盾的客观性。从差异到非同一的矛盾关联,这就是辩证法的本质。以他之见,辩证法的运动不是倾向于每一客体和其他概念之间的差异中的同一性,而是怀疑一切同一性;它的逻辑是一种瓦解的逻辑:瓦解认识主体首先直接面对的是概念的、准备好的和对象化的形式。他认为,非同一性的认识想说出

---

1 [德]阿多诺:《否定的辩证法》,张峰译,重庆出版社1993年版,第156页。

某物是什么，而同一性思维则说某物归在什么之下、例示或表现什么以及本身不是什么。**对真正的哲学来说，与异质东西的联系实际上是它的主旋律**。他说:"辩证法的结果是主张思想形式不再把它的对象变成为不可改变的东西、变成始终如一的对象。"[1] 思想是一种否定的行动，是抵制强加于它之上的东西的行动。"哲学的目标、它的开放的和不加掩盖的方面像它的解释现象的自由（哲学将这种自由和被解除武装的问题结合在一起）一样是反体系的。"[2]

由此，阿多诺说，在批判本体论时，我们并不打算建立另一种本体论，甚至一种非本体论的本体论。这真是辩证之极的说法。在这里，否定的辩证法真的就是在为主体与客体的相互平等而战。实际上，我们以为，阿多诺的确是在一个很深的层次上理解了马克思的历史辩证法。马克思历史辩证法的主体向度与客体向度的辩证统一在阿多诺这里不再是一个纯粹单向度上的审视，而是一种相互平等的伙伴关系。我们以为，阿多诺是把马克思辩证法的内在统一更具体化了。在阿多诺看来，人类从自然界的钳制中走出来，不是为了对自然界百般蹂躏，任何一种从总体出发的主体性都是资产阶级意识形态的基本原则，而"没有这一基本原则就不会有奥斯威辛"! 务实的犹太民族被当作无可救药的"常人"族群，令萨特和海德格尔等人本主义思想家不能容忍的异化和沉沦是用机枪和毒气来清除的。法西斯分子正是在追求纯粹的本质同一性（雅利安人的总体性）中，听着音乐（贝多芬）来进行杀戮的。这种令人毛骨悚然的总体性（同一性），达到了极尽能事的暴力高峰。人类还需要再来一次吗？

1　[德]阿多诺:《否定的辩证法》，张峰译，重庆出版社1993年版，第151页。
2　[德]阿多诺:《否定的辩证法》，张峰译，重庆出版社1993年版，第18—19页。

在阿多诺眼里,人从自然上站立起来固然是一种历史性的进步,但自然界在这个对象化的物质生产活动中被制造成有利于人类控制和操纵的量上可变的东西,而这一本质上不公正的理论质点恰恰是人本主义主体哲学所不关心的,也是我们提到的李嘉图劳动价值论的重要贡献。阿多诺认为,反对物化("异化")的奴役并非要走到相反的错误一端去,再使人成为奴役自然的主人——人类中心主义。我们知道,人本主义异化逻辑批判正是要构造一种哲学上的拜物教,异化在现实中应该被打倒,在思想上却又重生了。施蒂纳对这一点的批判是功不可没的。而马克思在走出这种人本主义的逻辑怪圈之后,不再使用"异化"一类的概念,当他从李嘉图的量上的抽象走向质上的抽象的时候,他是在一个很深的层面上剖析了物化的颠倒。而在这里,阿多诺用一种马克思式的语言说道:"早期卢卡奇渴望重新到来的有意义的时代正如他后来证明它只是资产阶级的时代一样,也是物化、非人制度的产物。"[1]

实际上,在这里,阿多诺反对的是一切奴役性和强制性的东西。正是这种奴役性和强制性的东西导致了一种同一化的倾向。在他与霍克海默(Max Horkheimer,1895—1973)合著的《启蒙辩证法》中,他们认为,启蒙的直接目的是要打倒上帝,高扬人,是为了消除一切神话,使人通过握有认识物本性的理性(知识)从而成为现实世界的"主人"。这是它解放的革命的一面。但另一方面,由于启蒙的意志是人具有支配"定在"的主权,成为自然界的主人,这就必然导致启蒙思想所追求的仍然是一种统治和奴役。正如施蒂纳所认识到的那样,这不过是在用"人"来取代"上帝"罢了。也正是在启蒙思想的逻辑法宝中,最重要的就是它客观地形成了一

---

[1] [德]阿多诺:《否定的辩证法》,张峰译,重庆出版社1993年版,第189页。

种新的统治尺度，它把原来异化在神和抽象主体那里的统治权交给了理性。它要求一种"统一的科学结构"和"统一现象的理想典范"。在《启蒙辩证法》中，他们深刻地意识到，启蒙理性的现实基础正是资本主义的市场经济的商品交换原则。他们认为，在强制性的统一化过程中，通过"把不等的东西归结为抽象的量，而使不等的东西变成了可以进行比较的东西"。取消质的量化过程之目的就是使世界成为同一的等价物，这是为了能够更加便利地支配对象。他们认为，资产阶级社会正是由等价物支配的。通过资本主义分工的维持自我生存过程越扩展，这种过程就越是强烈地迫使按照技术结构塑造自己肉体和灵魂的个人，进行自我外化。在这里，理性本身变成了包罗一众经济结构的单纯的协助手段，每个人面前都竖立着韦伯所说的那种"科层制"，而在这种科层制中，一切东西都可以变成能够重复的、能够替代的过程。对于统治者来说，人们变成了资料，正像整个自然界对于社会来说都变成了资料一样。在他们看来，原来为了打倒神话的启蒙理性现在却畸变为人类主体奴役自然和自我奴役的工具。如此，启蒙就走到了自己的反面。**今天最大的神话就是理性本身。这就是启蒙的辩证法。**而自从理性成为"制造一切其他工具的一般的工具"之后，科学技术作为理性的集大成者就成了一种强制和压迫的工具。以科学的名义比以其他名义来反对异己者更有效。霍克海默和阿多诺伤心地说，过去真实而无害的东西都可以是今天的意识形态。在这一点上，人真的很悲惨。

但是，尽管阿多诺批判工具理性，批判人本主义的主体论，但他既不主张实证主义，也不是简单地像浪漫主义那样主张文明的倒退。用霍克海默的话来说，就是要达到一种原有主客体二元分裂双方之间的"相互批判"，以便重新造就一种真正的理想关系。

这种理想关系就是,主客体的关系就像友好的伙伴一样和平地展现和相互渗透。这种关系不能被归结为一个公分母、基本内核或本源和第一原理。

因此,基于这种主客体相互批判和平等关系的无调哲学,阿多诺清算了自古希腊爱利亚学派始的同一哲学。我们知道,爱利亚学派正是从那种感性直观的"动"与"多"中第一次向物象背后进行提问的入口,西方哲学本体论就开始了。本真存在归一正是万物背后的本质(巴门尼德的"存在"),是感性万变中的不变(芝诺"飞矢不动")。然后是柏拉图的理念说("一"和它的分有等级)、亚里士多德的第一哲学和中世纪基督教的上帝(神化的、作为绝对本质的"一")。这也正是全部西方文化的逻辑基底(后来德里达所批判的"逻各斯中心主义"也就是从这样的逻辑基底的反思中而来的)。

到了康德那里,他将"一"悬置成自在之物,再一次回到物象。意义就在于把人们误以为是客观本体的认知构架直接指认出来了,但不管怎样,在阿多诺眼里,康德还是在用先验统觉来给世界归一的。而康德哲学所确立的主体(同一性)则由稍后的费希特夸张地表现出来了。在费希特那里,伪装成先验构架的主体直接是以自我统治者的样式站在世界中心的:非我以及一切最终在我看来属于自然的东西都是劣等的,所以自我保护思想的统一体可以毫无顾忌地去吞没它们。后来的黑格尔不过是将这个绝对的"一"客观化成某种有神性的绝对观念,并以此吞吐整个世界。从本质上看,黑格尔哲学简直就是唯心主义标举同一性的第一哲学之集大成。而在当代,从尼采、叔本华、胡塞尔一直到海德格尔和萨特,都不过是以新的花样张开同一个血盆大口。至多,原来那个绝对观念现在被称为"权力意志""意向性"或"在"。实质都一样,那就是人类主体的同一性圈套。阿多诺说,这个主体是神话的后期形式,然而也是神话的最古老形式的相似物。阿多诺认为,唯心主义如此,旧唯物主义(实在论)和实证主义也是如此,它们同样是在确证另一种粗俗的同一性。旧唯物主义把人直接变成自然物质系统等级中的一个隶属等级。但阿多诺认为,"批判思想的目的不在于把客体放在一度被主体所占据的、现已空出的皇位上。客体在这个皇位上将不过是一种偶像。批判思想的目的是废除等级制度"[1]。而实证主义就是资产阶级用来愚弄人民的东西。实证主义要求人们不再去寻求现象背后的"形而上学",是为了更好地将他们锁在现实资本主义市场过程的同一性操纵和支配之下。为此,阿多诺不失幽默地写道:"最新风格的乡巴佬不会在'背后的世界'问题上自寻烦恼,而是愉快地购买'前台世界'有声或无声地兜售给他的东西。实证主义成了意识形态。"[2]

值得一提的是,时下非常时髦的所谓后现代思潮,反对的同样是一种同一性。但如果要说阿多诺是这一思潮的开先河者,甚至就是一位后现代论者,那真是对阿多诺的极大误解。阿多诺的确批判了传统人本主义和一切同一性哲学,在这一点上,他的确是德里达等人的真正理论逻辑的奠基者,但他绝不是一位"后现代"论者。这是因为,阿多诺在反对同一性的统治和压迫的同时并不想步入相反的泥潭,也即后现代思潮中的那种相对主义和虚无主义。阿多诺虽然认为"理性是病态的",但也认为人类不可能没有理性,**理性只有得到治愈后才是合理的**。他也批判强权性的人本主义和主体论,但他并不否定主体和人,而是以真正的人类解放和自由的追求者自居。在 20 世纪 60 年代的西欧学生运动中,他甚至明确

---

[1] [德]阿多诺:《否定的辩证法》,张峰译,重庆出版社 1993 年版,第 178—179 页。
[2] [德]阿多诺:《否定的辩证法》,张峰译,重庆出版社 1993 年版,第 168 页。

批评马尔库塞等人误解了否定的辩证法,鼓动左派学生直接起来破坏现实,搞所谓的"文化大拒绝",走入可悲的无政府主义。他认为,"使持敌意的青年人装扮成穴居人,他们拒绝按文化的骗局进行比赛,而实际上他们只是戴上了他们祖先父权制尊严的、样式陈旧的徽章"[1]。

当阿多诺不得不站在法庭上批评学生,当他面对那些自以为在反对一切"同一性"强制的革命者时,他痛心疾首地发现,人们对他的误解何其之深!但是,话又说回来,在这里,阿多诺并没有意识到一个问题,那就是他的否定辩证法实际上已经失去了在马克思那里的革命的批判的"实践"意味。这才是最值得我们这些马克思主义的后人们所深思的。

二、为了忘却的记念

阿多诺有一句令人难忘的名言:奥斯威辛之后写诗是野蛮的!血腥的事实经过时间和空间的磨洗,也许剩下的不再是惨淡的血痕,而是刺耳的笑声和猎奇的面容。这是历史残忍的反讽。一个没有亲身经历过淋漓的鲜血和惨淡的人生的人,是难以理解每一场历史灾难带给人的意识和感性生活的强烈冲击的。当具体的感性的现实的个体生命被以一种追求纯粹本质同一的名义草芥般地大规模地除掉,当贝多芬和莫扎特的天籁般的音乐成为这个世界上最惨绝人寰的大屠杀悲剧的伴奏,我们难道还可以说,真善美仍是我们头顶上最灿烂的星空和内心最庄严的律法吗?在这一点上,马克思是对的:布尔乔亚的优雅情调,在印着血与泪的资本原

---

[1] [德]阿多诺:《否定的辩证法》,张峰译,重庆出版社 1993 年版,第 122 页。

始积累的残酷事实面前，难道真的就是人类历史生活之所终吗？

实际上，将本质与实存二元分裂开来的传统形而上学始终附带着对感性现实的冷漠和蔑视。精神贵族以一种世俗"旁观者的姿态"来保持着与现实生活世界的距离，以便达到一种自以为是的真善美之幻觉。阿多诺为此举了一个例子，著名作家萧伯纳在走向剧院的路上向一个乞丐出示他的证件并匆忙地说："报社的。"这是一个典型的形而上学与感性现实分立的场面：有着崇高向往和审美情趣的思想家是如此冷漠地对待现实生活中的苦难和弱势群体。这不能不说是一种人格分裂。

阿多诺说，正是资产阶级所谓的"中立性"的意识形态将这种冷漠性发展到极点。在这个物化了的工具理性的生活世界里，精神——不管是作为形而上学还是作为艺术——都越来越中立化为一种文化，这种文化使那种失去了同一切可能的实践的联系的社会感到自豪。资本为了自身的扩张和膨胀，将一切感性物化为无灵性之物，形而上学本身被拒斥了，哲学通过实证主义变成了一种冷漠的中立化的"客观精神"。而日常生活的文化的日渐增长的商品性为了功利的目的而使得文化美学化了。**过去激荡在文化和哲学中的那种人之灵性和情感已经荡然无存，文化变成了一种功利性销售的装饰，哲学则成了被展示被推销的变卖精神。**在资本主义市场的生活世界中，人们的形而上学兴趣要求他们的物质利益得到充分关照。人的历史性生存的时间性首先物化为物理的持存性，然后再将这一物化了的生命过程的每一碎片都用功利填充起来。在这个意义上，我们可以说，操持着这种生活理念的人们从来没有睁开过人性的眼睛。人性在这里被拘禁起来了。而后世界留给人们的只有两个字：绝望——对文化的绝望，对人的绝望，对历史进步的绝望。这正是物对人的巨大胜利。真善美正一步步地消融在物化的形而上学之中。而对现存物无情批判的马克思主义精神,在阿多诺之后,真的就只剩下一个黯然神伤的孤单背影了。

实际上,在一个物化和异化占了上风的生活世界中,争取自由和幸福依然是哲学的神圣使命,也是马克思和马克思主义传承给现时代的人们的一把锋利的批判之剑。即便在那些物化了的人的眼里,哲学家们不过是一群不识时务的"傻瓜",每天淌着血汗不知疲倦地向上推着西西弗斯之巨石,用他们赢弱的肩膀托起一片真善美的天空。可是,也正是因为有了这样一群拒斥异化的"傻瓜",这个令人绝望的生活世界才真的有了一丝微薄的希望之光。他们才是我们这个懦弱世界中真的猛士。

最后的话：他者的声音

关于马克思主义，还有最后的一个问题，那就是马克思主义作为一种批判的、科学的历史现象学，把人们误认为常识乃至"科学"的资本世界的物化的、颠倒的人类历史生存状态淋漓尽致地剥离开来，在物质财富的前提之下诉求一种平等幸福的社会伦理，尤其是关注作为资本积累时代的社会弱势群体的、以产业工人为代表的下层劳苦大众，因此，作为一种解放的学说和改变世界的理论武器，马克思主义在19世纪和20世纪以一种浩大的声势参与了当代历史的构建。历史，在这里，就成了马克思主义的堡垒。但是，什么是历史？历史由谁来书写？当马克思在1848年《共产党宣言》中写下"全世界无产者，联合起来！"这几个大字的时候，他期望的是在资本生产的历史边缘的无产者能够重新书写自己的历史，成为资本主义社会的掘墓人。因为历史从来不是边缘的他者的历史，而马克思主义恰恰是在这一点上指向人类解放，也就是说，马克思主义要解放的恰恰是边缘的他者，用人们都能明白的话来说，就是要解放一切被压迫和被剥削的阶级民众。**一切意识形态的最大阴谋，就是把这种被压迫和被剥削的历史生存状态通过各种文化、政治的手段无意识地演化为自然生存状态**，在其中悄无声息地抹去了批判反思的种种可能性。读一读每个国家、每本历史教科书,那些历史上的抗争,那些滚滚的硝烟和斑斑的血迹,那些哀伤的呼号和累累的白骨,到今天真的就只成为"历史"了吗? 电影《勇敢的心》里的那声响彻云霄的"Freedom"(自由)动人心魄,余音犹在。被压迫的和被剥削的,被侮辱的和被损害的……他者的声音,无非就是两个字:解放!

毋庸置疑,作为一种人类总体解放的马克思主义,准确地为历史描画了一幅波澜壮阔的斗争景观。然而,就像我们已经听到过的那位黑人妇女哲学家所说,**当我放下我的枪的时候,人们会不会把扫帚塞回我的手?** 这就是问题的关键所在。那个把"上帝"拉下至高无上的宝座,然后自己又坐上去的"人"究竟是谁?当工业革命把人从依附于自然界的(农耕)劳动之束缚中解放出来的时候,劳动成了一种社会化生产劳动,这是古典经济学抽象劳动的起点。马克思主义也正是从这里出发,揭示了资本赚钱的秘密,那就是创造价值的活劳动(劳动力)在市场中被当作事物化的劳动(劳动量)来进行交换,雇佣劳动成了套在工人身上的锁链。事物化市场成了市民社会自身的牢笼。所以工人阶级要赢得解放,首先必须砸碎身上的这个锁链,祛除市场物相,达到一种历史辩证法主体向度与客体向度的现实统一。这是马克思解放学说的大体思路。然而,在这种总体解放的宏伟蓝图中,实际上,一个历史上独一无二的、真正的他者被无情地遮蔽掉了。那个"人类解放"中的"人",可以被认作费尔巴哈的"类"、施蒂纳的"我",甚至是马克思的"无产者",但不是那个孤独的他者:**女人**。那个把"上帝"拉下至高无上的宝座,然后自己又坐上去的"人"一定只是男人,准确地说,是资产阶级男性白人。后来的黑人解放运动、妇女解放运动风起云涌的时候,不能说没有这种理论上的深厚根源。

工业革命所导致的这种人与自然关系的重新构建,必然同时引起人与人关系的重新构建,历史地来说,这就是启蒙运动把中世纪那个一统天下的"上帝"的性别原封不动地移到了它所要解放出来的那个"人"身上。如我们前面所说,人本主义对"人"的解放的本身是以对自然的奴役以及对他者的奴役为基础的;文明并非没有代价,如本雅明所说,它的背后就是野蛮。对于女性来说,在这种现代性的历史构建中,她们恰恰是被排除在外的。在资本原始积累时代,下层劳动妇女(以及童工)从一开始就参与与产业工人一样繁重的生产活动;对于中产阶级以上的妇女来说,以事物化市场为中介的市民社会所构建的人与人之间的关系在时间和空间上的拓展亦与她们无缘,她们的时间与空间全部奉献给了那个"大写的人":家庭之主。**家务劳动**以及养育孩子的劳动从其本性上来说恰恰是感性的而非**抽象**的,**不能抽象的劳动是无法进入市场的!**因为它无法用古典经济学甚至马克思的社会化生产劳动来进行事物化交换,它作为无报酬的感性劳动一直被男人私有,成为一种看见了却被当作看不见的"影子劳动"。换作马克思式的语言,就是它所创造的价值一直被男人无偿占有。而女性的这种受奴役地位恰恰在现实层面上被指认为经济上的不独立。由于这种认知,20世纪30—40年代的妇女运动的高潮,强调的是妇女经济上的独立,一如伍尔芙在《一间自己的屋子》中所说,妇女有自己的独立的空间与时间,是她赖以走出家庭的第一步;而要求一种同工同酬以及与男子一样的选举权、教育权等,则是站在历史反思的角度对启蒙运动和工业革命所解放的那个"人"的一种丰满。

在歌舞升平的维多利亚时代,夏洛蒂·勃朗特(Charlotte Brontë,1816—1855)塑造了一个闻名于世的简·爱形象。但是不幸的是,追求精神平等的自由宣言在罗切斯特的浸在骨子里的男子主义中甘拜下风,看似团圆的结局实则出于无奈。切莫忘记,这个时代正是资本主义风华正茂的年代,女性刚刚在社会上寻求经济独立,而这种单薄的努力恰恰意味着艰辛历程的开始。女性在寻求社会的认同之时也在艰难地寻求一种自我认同。这才是万里长征的第一步。因为女性的"自我"一直是被隐蔽在人性与历史的深处的。而且,当如潮水般而至的化妆品广告像苍蝇一样叮向女人,我们可以去问:是女人的选择太多以示自己的自由和富有,还是这原本就是女人受的钳制太深?抑或女性本身的"自我"单薄得只能靠这些装饰品来打造?实际上,正如波伏瓦所说,女人不是天生的。种种加诸女性身上的枷锁,看上去是一种天生的、自然的特性,实际上不过是社会历史制度的产物。从母系氏族社会走向父系氏族社会,从农耕社会走向工业社会,实际上,"人类"的内涵一直在发展变化着。在这个意义上,相夫教子的"美丽母亲"的神话不过是父权制文化所制造出来的一种无意识的现实阴谋。

在 20 世纪 60—70 年代,由于世界经济的不景气,凯恩斯主义回天乏力。走出了家庭的职业妇女在更深的现实层面上遭遇了一种困境。职业妇女发现,在她走出家庭、迈向社会之后,原先的家务劳动以及养育孩子的劳动丝毫没有改变,而现在变本加厉地增加了社会化生产劳动的压迫与剥削,除非你放弃家庭;而放弃家庭的后果,一如"女强人"这个词本身所蕴含的悲剧性含义一样——她有多强,她就有多男性化,她的性别就被隐藏得越深。而在一般男性化的活动和场景中,女性被用一个括弧特别标示出来,这不啻为一个巨大的反讽。走出家庭并没有给女性解放带来一丝曙光,这是自波伏瓦之后的妇女解放运动所昭示出来的一种绝望性的反思。

实际上,到这里,我们可以去问:人类解放,到底解放的是什么?而对于作为"他者"(Others)的妇女来说,妇女解放是在一种什么意义上被提出来的呢？我们以为,任何解放,都是一种在特定的历史情境之下的解放:无论是俄国的十月革命还是中国的新民主主义革命,解放总是此时此地受压迫大众的解放,而不是世界无产阶级总体革命。而对于女性来说,妇女的解放本身不是抽象地谈论所有妇女的解放。女性的解放本身只能是当下的历史情境上的解放。一个现实生活中的女性的解放首先也就是从身边最低限度的解放开始。一个在家庭生活中还没有独立的时间和空间去构造自我、依然被家务活动和养育孩子的活动全身心牵制的女性是谈不上自由和解放的。而当一个女性从家庭走向社会之后,她的解放也只能是从最真实的状态开始。一个没有独立自我意识的职业妇女同样是谈不上自由和解放的。实际上,当女性的自我能够以一种自由和开放的姿态展现在世人面前,人们才可以说,女人的历史刚刚开始书写,人们对女性的认识也才刚刚开始。当弗洛伊德(Sigmund Freud,1856—1939)困惑而伤感地问"女人究竟想要什么"的时候,实际上,女人也在问自己:我是谁？什么是女人？这些问题被重新提出来,并非仅仅只是女性主义的喃喃自语。它们应当也是我们这些自诩拥有理性反思精神的人所要去思考、去追问的严肃问题。

主要参考文献

［德］马克思、［德］恩格斯:《马克思恩格斯全集》（中文第一版）第1—50卷,中共中央马克思恩格斯列宁斯大林著作编译局译,人民出版社1956—1985年版。

［德］马克思、［德］恩格斯:《马克思恩格斯通信集》第1—4卷,李季译,生活·读书·新知三联书店1957—1958年版。

［德］马克思:《资本论》第1—3卷,中共中央马克思恩格斯列宁斯大林著作编译局译,人民出版社1975年版。

［德］马克思:《资本论》第1卷,法文修订版,中共中央马克思恩格斯列宁斯大林著作编译局译,中国社会科学出版社1983年版。

［德］马克思:《剩余价值理论》第1—3册,中共中央马克思恩格斯列宁斯大林著作编译局译,人民出版社1975年版。

［德］马克思、［德］恩格斯:《费尔巴哈:唯物主义观点和唯心主义观点的对立》(《德意志意识形态》第一卷第一章手稿新译中文版),中共中央马克思恩格斯列宁斯大林著作编译局译,人民出版社1988年版。

［德］康德:《纯粹理性批判》,韦卓民译,华中师范大学出版社1991年版。

［德］康德:《历史理性批判文集》,何兆武译,商务印书馆1990

年版。

[德]黑格尔:《精神现象学》(上、下卷),贺麟、王玖兴译,商务印书馆1979年版。

[德]黑格尔:《哲学史讲演录》(第1—4卷),贺麟、王太庆译,商务印书馆1959—1978年版。

[德]黑格尔:《法哲学原理》,张企泰译,商务印书馆1961年版。

[德]黑格尔:《黑格尔早期著作集》(上卷),贺麟等译,商务印书馆1997年版。

[德]费尔巴哈:《费尔巴哈哲学著作选集》(上、下卷),荣震华、李金山等译,商务印书馆1984年版。

[英]休谟:《人性论》(上、下卷),关文运、郑之骧译,商务印书馆1980年版。

[英]斯密:《国民财富的性质和原因的研究》(上、下卷),郭大力、王亚南译,商务印书馆1972年版。

[英]斯密:《道德情操论》,蒋自强、钦北愚、朱钟棣、沈凯璋译,商务印书馆1997年版。

[英]李嘉图:《政治经济学及赋税原理》,郭大力、王亚南译,商务印书馆1962年版。

[英]穆勒:《政治经济学要义》,吴良健译,商务印书馆1993年版。

[瑞士]西斯蒙第:《政治经济学新原理或论财富同人口的关系》,何钦译,商务印书馆1964年版。

[瑞士]西斯蒙第:《政治经济学研究》(第1—2卷),胡尧步、李直、李玉民译,商务印书馆1989年版。

[法]蒲鲁东:《什么是所有权或对权利和政治的原理的研究》,

孙署冰译,商务印书馆1963年版。

[法]蒲鲁东:《贫困的哲学》,余叔通、王雪华译,商务印书馆1998年版。

[英]汤普逊:《最能促进人类幸福的财富分配原理的研究》,何慕李译,商务印书馆1986年版。

[英]霍吉斯金:《通俗政治经济学》,王铁生译,商务印书馆1996年版。

[英]格雷:《格雷文集》,陈太先、眭竹松译,商务印书馆1986年版。

[英]格雷:《人类幸福论》,张草纫译,商务印书馆1963年版。

[英]勃雷:《对劳动的迫害及其救治方案或强权时代与公理时代》,袁贤能译,商务印书馆1959年版。

[德]施蒂纳:《唯一者及其所有物》,金海民译,商务印书馆1989年版。

[匈]卢卡奇:《历史与阶级意识》,杜章智、任立等译,商务印书馆1992年版。

[匈]卢卡奇:《青年黑格尔》,王玖兴译,商务印书馆1963年版。

[德]韦伯:《经济与社会》,林荣远译,商务印书馆1997年版。

[德]舍勒:《价值的颠覆》,刘小枫编,罗悌伦等译,生活·读书·新知三联书店1997年版。

[德]胡塞尔:《哲学作为严格的科学》,倪梁康译,商务印书馆1999年版。

[德]伽达默尔:《哲学解释学》,夏镇平、宋建平译,上海译文出版社1994年版。

[英]柯拉柯夫斯基:《理性的异化:实证主义思想史》,高俊一

译,联经出版事业公司1988年版。

［英］柯拉柯夫斯基:《形而上学的恐怖》,唐少杰等译,生活·读书·新知三联书店1999年版。

［捷克］科西克:《具体的辩证法——关于人与世界问题的研究》,傅小平译,社会科学文献出版社1989年版。

［法］布洛赫:《历史学家的技艺》,张和声、程郁译,上海社会科学院出版社1992年版。

［德］本雅明:《本雅明:作品与画像》,孙冰编,文汇出版社1999年版。

［德］本雅明:《发达资本主义时代的抒情诗人》,张旭东、魏文生译,生活·读书·新知三联书店1989年版。

［德］霍克海默、［德］阿多诺:《启蒙辩证法(哲学片断)》,洪佩郁、蔺月峰译,重庆出版社1990年版。

［德］阿多诺:《否定的辩证法》,张峰译,重庆出版社1993年版。

［德］海德格尔:《海德格尔选集》(上、下),孙周兴选编,生活·读书·新知三联书店1996年版。

［法］德里达:《马克思的幽灵:债务国家、哀悼活动和新国际》,何一译,中国人民大学出版社1999年版。

［法］德里达:《声音与现象:胡塞尔现象学中的符号问题导论》,杜小真译,商务印书馆1999年版。

［法］福柯:《权力的眼睛》,严锋译,上海人民出版社1997年版。

［英］吉登斯:《现代性与自我认同:现代晚期的自我与社会》,赵旭东、方文译,生活·读书·新知三联书店1998年版。

［美］萨洛韦:《天生反叛》,曹精华译,江苏人民出版社1998

年版。

［美］戈尔曼:《新马克思主义研究辞典》,中央编译局当代马克思主义研究所译,社会科学文献出版社1989年版。

［英］伊格尔顿:《美学意识形态》,王杰、傅德根等译,广西师范大学出版社1997年版。

［美］詹明信(杰姆逊):《晚期资本主义的文化逻辑》,陈清侨等译,生活·读书·新知三联书店1997年版。

［美］里茨尔:《社会的麦当劳化——对变化中的当代社会生活特征的研究》,顾建光译,上海译文出版社1999年版。

［美］杜娜叶夫斯卡娅:《哲学与革命》,傅小平译,辽宁教育出版社2000年版。

［法］波伏瓦:《女人是什么》,王友琴、邱希淳等译,中国文联出版公司1988年版。

［英］沃斯通克拉夫特、［英］穆勒:《〈女权辩护〉〈妇女的屈从地位〉》,王蓁译,商务印书馆1995年版。

［法］斯特劳斯:《忧郁的热带》,王志明译,生活·读书·新知三联书店2000年版。

［苏］卢森贝:《十九世纪四十年代马克思恩格斯经济学说发展概论》,方钢、杨慧廉、郭从周译,生活·读书·新知三联书店1958年版。

［苏］纳尔斯基等:《十九世纪的马克思主义哲学》(上、下卷),金顺福、贾泽林等译,中国社会科学出版社1984年版。

李银河主编:《妇女:最漫长的革命》,生活·读书·新知三联书店1997年版。

王亚南主编:《资产阶级古典政治经济学选辑》,商务印书馆1979年版。

陈岱孙:《从古典经济学派到马克思——若干主要学说发展论略》,上海人民出版社1981年版。

吴易风:《英国古典经济学理论》,商务印书馆1988年版。

汤在新:《马克思经济学手稿研究》,武汉大学出版社1993年版。

刘永佶、王郁芬:《剩余价值发现史》,北京大学出版社1992年版。

张一兵:《回到马克思——经济学语境中的哲学话语》,江苏人民出版社1999年版。

张一兵:《马克思历史辩证法的主体向度》,南京大学出版社2002年版。

张一兵:《无调式的辩证想象——阿多诺〈否定的辩证法〉的文本学解读》,生活·读书·新知三联书店2001年版。

张一兵:《问题式、症候阅读与意识形态:关于阿尔都塞的一种文本学解读》,中央编译出版社2003年版。

张一兵、胡大平:《西方马克思主义哲学的历史逻辑》,南京大学出版社2003年版。

附录一
但开风气不为师
——"回到马克思"的本真心路历程

张一兵

《回到马克思——经济学语境中的哲学话语》（江苏人民出版社 1999 年版，以下简称《回到马克思》）一书付梓之后，近两年我已经又回到了自 20 世纪 80 年代中后期自觉中断了的西方马克思主义的研究中，就像我在该书序言中所说的，投入"马克思如何走向当代这样一个更令人激动的课题"中去了。一批新的研究成果也正在发表过程中（重解青年卢卡奇、科西克和施米特等人的专题论文已陆续刊发，拙著《无调式的辩证想象——阿多诺〈否定的辩证法〉的文本学解读》近期可望问世）。真没想到，《回到马克思》这本纯属自己"弄清问题"、本以为可以插进书架深处的书竟在它问世后一年有余的时间里掀起了学界一场颇为热闹的争议。并且，原先设想理论界老一辈的学者们必定会对我如此解读马克思的方法心存疑义，出乎我意料的是，对我做出"回到书本""理论实体主义"指认的却是为数不少的中青年马克思理论研究者。世纪之交，一场关于马克思与"当代性"的讨论正在展开。其实，对拙著能够激起如此大的反响甚至引导一场学术争论的开展,我实感欣慰。可是,在某些学者的笔下,我却似乎成了无视现实、拒绝探新的本本主义和保守主义者,"回到马克思"成了训诂学式地要求人们"回到"故纸堆,这种莫名的误读实在与我的初衷相去甚远。对此,除了将专文在理论上做一些必要的澄清之外,我想在此坦陈自己这一思想实验所经历的十年心路历程,也许将是在发生学意义上对《回到马克思》所做的一个必要的历史旁注。

人们可记得,70年代末,与政治上的拨乱反正相呼应,国内学术界也努力摆脱那些年给人们的思想带来的阴霾。出于对"文革"时期"左"的意识形态话语的不满,不少学者要求从"被'四人帮'搞乱了的'斗争哲学'"**回到**"文革"以前的马克思主义哲学体系中去,这算是一种理论上的"正本清源",也是一种场地廓清。可是不久后,1982年,在桂林召开的"现代自然科学与马克思主义认识论"研讨会上,上海复旦大学的俞吾金、吴晓明等七位青年学子递交了一份关于马克思主义认识论的提纲,这份提纲提出了一个在当时马克思主义哲学界振聋发聩的问题:我们一度认为绝对正确,并试图"回到"的所谓"原来的马克思主义"究竟是不是一个凝固化的体系,面对新的自然科学成果和西方哲学,它本身是否还需要进一步地向前发展?这一在传统惯性思维之外的提问,对包括我本人在内的中国学者的震动是可想而知的,它甚至可以称得上是80年代初中国哲学理论界的一大"事件"。尽管后来事件的结束在人们的期待视域之外,但对于我来说是一种新的思考发生的契机。

另一件在我思想深处产生巨大触动的事情,可能要算1985年由中国社会科学院哲学所牵头举办的几期轰轰烈烈的关于"哲学现代化"的讲习班了。这次讲习班主要有三轮,从北京一直办到了外地。参加者几乎囊括了当时整个中国哲学理论界的中青年学者。在那时,这个"哲学现代化"自然是指马克思主义哲学的现代化。背景与邓小平同志关于教育的"三个面向"有关。课程基本由中国社科院哲学所和首都学界的一些知名学者担任主讲。记得讲座的内容涉及自然科学和社会科学在当时的一些重要发展。在为期不短的学习过程中,每一次讲座的开场白无一例外地采取了这样一种极端的言说:"三十年一贯制的苏联斯大林体系已经严重滞后于改革发展。在面对自然科学的新成果与改革开放的新形势下,哲学应当现代化。"但事实上,贯穿所有讲座的中心意图和操作路径仍无非在原有的理论体系中注入一些新的概念。然而,这种做法在当时却是具有革新意义和理论魅力的。

正是在这种双重冲击影响下,我也曾一度立志于马克思哲学思想的**当代性**或**现代化**。

首先,我曾经认真关注过自然科学方法论、现代认知科学等新兴学科的讨论,并热衷于将诸如系统性科学复杂性科学之类的自然科学新观点与"马克思"(实际上是传统教科书体系的诠释结果)的基本原理做一种有机嫁接的"马克思当代化"的尝试,而且也发表了一批制造了"实践场""实践格局""实践构序""实践功能度"等很多新名词的文章。但是,越往下做,我就越感到了理论维度开拓的艰涩,这种困难并非来自技术,而恰恰因之于作为**现成**基础的"马克思"。因为,我们"在手状态"的马克思的理论话语,在逻辑深层并不能真正与已经发生深刻质变的当代自然科学直接联结起来。这种理论逻辑上的困窘,使我不得不开始重新审视原有的那个我们等同于"马克思主义"的传统**体系**哲学。我必须弄清楚,到底是不是**马克思的理论**真出了问题。这无异于对自己脚下理论土地的坚实性提出了怀疑。(而我也深知,倘若这一怀疑一旦得到确证,便会宣告学统内言说马克思全部传统基础的非法性。这无论在我还是在其他学者,特别是我们那些一生为之奋斗的理论前辈,都将是一个不一定愿意看到的结果。然而,事实总是以它自己的方式展现出来,哪怕这方式本身对于它的承受者来说是如此地无情。我们毕竟是彻底的唯物主义者。)

经过深入的研究,我发现,在自新中国成立后,在当时的整个中国马克思主义理论界的话语范围之内,被我们继承下来并已经**中国化了的**苏东模式的教科书体系的正确性,或者,至少其基础的合法性始终是一个未被证明的预设。在人们的心中,马克思理论的大厦在(拥有第一手原始资料的)苏东学者那里已经建造完毕,我们要做的工作似乎只是在这一构架中增添中国特色的内容,细化和补充具体环节。马克思哲学的当代性与现代化,就是将这一现成体系哲学基本原则与自然科学新概念、西方当代哲学文化进行外在的拼接而已。于是,在这种前提下所谓马克思主义哲学的"新发展",就常常会是某种现成体系内部子结构重组加新概念的复制过程。但是,在理论逻辑上不证自明的前提有时恰恰是最值得提问的。我意识到,马克思主义基本理论的问题并不是一个已经解决了的问题,也不仅是一个简单向前发展的问题。从过去那种教条主义的成见去发展,无论它的结合对象是最新的自然科学、西方哲学、当代社会思潮还是中国改革的现实,其结果必然是或者生出更为怪异的理论产物,或者从根本上绕开马克思主义。用这样一种东西去充当马克思主义真理以指导改革实践,其结果是可想而知的。我坚信,要真正面对新的社会现实和理论新问题,首先就必须有一个对马克思历史视域认认真真正本清源的过程。这也是这些年我突然"回到马克思"最原初的动因。

其次,更重大的打击是在我自80年代中后期开始涉足西方马克思主义研究时遭遇到的。尽管在1990年我曾经出版过一本名为《折断的理性翅膀——"西方马克思主义"哲学批判》(南京出版社,1990年版)的小册子,但那是我更为浓重的理论不安的起点。在书中,我俨然一副站在马克思正确立场之上批判西方马克思主义学者的面貌,论说他们的种种不是。但是,在我的内心里已深深地感到,作为一种"马克思主义"理论派别,西方马克思主义相当一部分论者的理论逻辑是将马克思与现当代西方形形色色的哲学文化思潮嫁接起来,建构出种种在现代资产阶级学术主流之外的激进主义反抗话语,而这一切又正是建立在对马克思主义经典文献的精心解读之上。我曾经指认过:"如青年卢卡奇在撰写《历史与阶级意识》一书前对马克思《资本论》《政治经济学批判》等书的理解;弗罗姆在撰写《马克思人的概念》一书时对青年马克思《1844年经济学哲学手稿》的解读;施米特创作《马克思的自然概念》时对马克思《1857—1858年经济学手稿》的认知;而阿尔都塞的《读资本论》本身就是一种文本学的重要成果。"(《哲学动态》1998年第8期)撇开他们可能被证伪的深层解读构架,如果我们自己没有认认真真研读过西方马克思主义学者所认真研读过的马克思的文本,仅着眼于他们显性的结论,是很难准确判定其是非对错的。所以,我已经内省到自己这种"批判"的合法性是值得怀疑的。因此我进而认为,关于西方马克思主义批判性视域新的深度和广度,只能有待于我们自己内功的加强。这同样需要我们完成"回到马克思"的历史任务。

再次,为了避免面对这样的理论困境,我们也还有一个逃脱的选择,就是简单地宣布传统的"辩证唯物主义和历史唯物主义"已经过时,在不经过对马克思哲学理论历史地平进行廓清的条件下,独立地构造一个新的体系哲学,然后站在这个体系范围内自说自话,而不去与中国的社会变革和世界性当代文化进行"短兵相接"

的交锋。在自己的理论实践中,这就是一度我也肯定的"实践唯物主义"。尽管在我后来看来,这实际上是一个仍然很深地受到体系哲学影响的不成功的作品,但当时很让我欢欣鼓舞了一阵子,并不遗余力地为其大唱赞歌,宣称"实践唯物主义"的提出在如何大的程度上是一种伟大的革新。但很快我就察觉到,在同一个建构"实践唯物主义"的口号下,不同论者要表达的理论倾向大相径庭。更甚者,人们可随心所欲地建构各种各样的新体系,"人学""类哲学"或者"实践人本主义",并直接将这个体系哲学指认为"马克思主义哲学的当代形态"。我的问题是:人们将这些新体系直接指认为马克思的话语是否有真实的根据?还是在**假马克思的名义言说自己的哲学观念**?这个自省足以使自己不再进行这一类"马克思主义当代形态"的体系哲学之理论僭越。

至此我已经认识到,自己对马克思主义哲学的整体把握还是不深入和不全面的,要能够和"当代"对话,能够把马克思推向当代,能够以一种正确的立场回答和解决新问题,需要完成的一个**历史性**任务,就是对马克思基本理论地平的廓清。这正是胡塞尔的现象学所说的"回到事情本身"。所以,我所提出"回到马克思"中的**回到**,绝不是简单地历史重述,或什么维护某种"理论实体主义",而是一种新的重新"上手",我自以为是**由黄皮肤黑眼睛的中国马克思主义哲学工作者**的历史性文本解读开启的全新的历史地平(这也是我在封面设计上执意要求了黄底黑字的缘故)。况且,说对马克思主义基本理论的重释仍是一个远没有完结的历史,究其客观历史原因,是与马克思的大量笔记和手稿直到本世纪20—80年代 MEGA^2 版的出版才逐步公开问世(就中文版的文献来看,还有相当数量的文献没有翻译过来,这也极大地影响了中国学者的视域)有关。尽管苏联的巴加图利亚、马雷什,民主德国的扬、图赫舍雷尔等学者在经济学、哲学、社会主义等方面都已经作出了新的阐释，但由于方法论的制约，他们的构架方式还是局限于传统体系之内，没有开辟一个全新的视域。所以，即使面对了这样一个全新的文本群，更主要的因素还在于我们自己解读构架的引导机制。我们只有将原先那个已被假定为"现成在手"的东西放在一边，以新的方法重新面对马克思的文本，而不是在一个预设的前提下，用所谓的"原理"来反注马克思的原著，用现成"体系"来构架马克思的思想史。这样，"回到"也就不是一句空话，它首先是解读方法的重建。这就要求"搁置"传统哲学解释框架，摒弃那种用"原理"去构析文本的方式，在意识到自己解读背景的情况下，尽可能真实地使马克思文本的原初视界历史地呈现出来。这是一个不可或缺的前提。不过，从解释学角度看，任何解读者能与之"对话"的只能是文本而非作者，这也就决定了他不可能原本式地返回马克思。实际上，任何对文本的"回到"，永远只能是不同视域的融合，这种**返本**，其实已经是**开新**（对此，我将另文专述）。而我所做的努力也正是力图通过对第一手文本的历史的、具体的解读，摆脱传统哲学解释框架的教条，寻找到新的真正来自马克思哲学新视界的理论立点。在这个原初地平的基础上，由此向前走。

正是在形成上述认知的基础上，我萌发了完成这一历史任务或至少是推动其向前更进一步的研究冲动。于是我下决心重读马克思主义的经典文献，努力呈现马克思文本和其思想发展历程的原像。当然，这也是后来我选择"回到马克思"作为我这一研究的阶段性成果的标题的原因。当然，我原来就声明过，"回到马克思"并非我的终极目的，它至多是自己弄清问题的一个逻辑台阶。

我还要再说一遍，日本当代马克思主义哲学家广松涉在这一方面无疑为我们提供了一个值得借鉴的榜样。作为当代日本著名马克思主义哲学家,他是在苏联解体、东欧剧变之后,唯一还在就马克思主义积极发表意见的坚定学者。尽管学界对他在80年代推出的"事的本体论"的哲学体系褒贬不一,但先将这一点搁置,单看他在70—80年代对马克思主义哲学的"还原式"文本研究成果,剔除其中的错误成分,其工程量之浩大令当代马克思主义哲学理论界望洋兴叹。他的努力主要包括,先是文献学地重新"回到"(解读)马克思主义经典文本研究(对马克思《德意志意识形态》《资本论》等论著的文献版研究)和对马克思主义思想史进行发生学研究(对早期马克思哲学思想和历史唯物主义的"地平"研究),再在这两者的基础上关注马克思主义与现实的关系。从中我们可以看到,对广松涉来说,在当代研究马克思主义,并不是仅仅停留在马克思主义19世纪的文本中,而是在今天科学和社会实践的新层面(立足于大和民族的特色)上将其"推进"和"发展"到一个新的水平,从而形成广松涉自己的哲学体系——事的本体论。我觉得,这可能也正是今后中国马克思主义理论界应当探索的发展之路。事实上,就是西方现当代的一些哲学大师,包括尼采、海德格尔、德勒兹、福柯,他们在独立提出自己的原创哲学之前,无不艰辛地"回到"了马克思、柏拉图甚至前苏格拉底,在深厚积淀的基础上重写思想史,并依从理论逻辑的真问题在当代"接着往下说"。从这个意义上来讲,黑格尔的话也就更显得意味深长:"密涅瓦的猫头鹰到黄昏时才会起飞。"

(原文刊载于《哲学动态》2001年第3期,有删改)

附录二
"回到马克思"的原初理论语境

张一兵

在一个习惯于动辄大谈"发展"和"当代性"的传统马克思主义讨论域中,有人声称要通过"回到"某种尚未达及的历史性场域来廓清理论地平时,显然会冒一定的理论风险。我的《回到马克思——经济学语境中的哲学话语》(以下简称《回到马克思》)一书在 20 世纪末出版时,有些批评和误读是事先想到的,可后来出现的某种言说倒真是出乎意料。说意料之中的东西,首先,无非想到过理论前辈们可能愤怒地声讨我的轻狂:"回到马克思?人家都没有弄懂?!"其次,会是那些作为全球胜利者的布尔乔亚自由主义们的嘲笑声:"现在还在折腾马克思?"意料之外的是,一些中青年马克思主义学者却从"回到马克思"中嗅出了历史的"霉腐"味道,然后,"马克思是我们的同时代人"被升腾为一种口号,以马克思主义的现代性旨趣来拒斥据说是面向过去的某种情结。对于这一类反应,原来我倒真没有思想准备。不过,现在我愿意接受这一挑战性的解读,再次回到"回到马克思"这一话题上,以对话的姿态重现这一理论工程的原初讨论域。[1] 在《回到马克思》一书中,我曾对该书的学术目标做了如下的概括:"在文本学的基础上,通过对马克思经济学研究语境中隐性哲学话语转换的描述,实现一个 90 年代中国马克思主义研究中应该提出的口号:'回到马克思'。"[2] 这一段话,如果加上"历史现象学"就涵盖了本文所要讨论的五个关键词。

一、我们在什么意义上言说"回到马克思"?

在某些学者那里,《回到马克思》的理论意向被狭义地修饰成一种"原教旨"意味,误导读者形成一种错误的理解,似乎"回到马克思"不是要重建我们从未达抵的全新(文本阐释)的历史视域,以使我们真正可能重新建构马克思思想的开放性和当代生成,而是唆使人们脱离现时代,无视当代资本主义的最新发展和中国改革开放的实际,回到过去的书本,停留在对文本进行一般的考古学诠释上,把马克思哲学演变成一种"理论实体主义"的文赎运作。这真算是一种很聪明的策略。原因很简单,这是一种话语权的维护。如果传统解释框架中马克思的语境不是"已经在手"的**现成性的终结之物**,它自然是可重新生成的[无论是《马克思恩格斯全集》历史考证第二版(以下简称 MEGA[2])的新文本,还是传统文本在当代理论视域中的全新解释效果],这种新的"上手"必然会使那种特定历史条件下铸成的体系哲学丧失权力话语的居上地位。所

---

[1] 其实,这本书出版以后,我已回到当代西方马克思主义哲学的研究中去了,《无调式的辩证想象——阿多诺〈否定的辩证法〉的文本学解读》一书即将出版,一批解读青年卢卡奇、施米特和科西克的论文也正在发表过程中。
[2] 参见拙作《回到马克思——经济学语境中的哲学话语》,江苏人民出版社 1999 年版,序言,第 8 页。

以,拒绝历史语境的开新是维护一种旧有的持存性,即马克思是**现成的**(解释学意义上的终结性),因此现在的事情只要宣布"马克思是我们的同时代人"就行了。事情果真如此吗?

让我们先按这种思考理路来做一个假定,即马克思的思想果真具有"在手状态"的现成性,这也就必然可以排除了对其历史地平进行廓清的必要性,那么顺理成章的结果将是原有的斯大林式的教条主义体系哲学或"修修补补"后的亚体系哲学("实践唯物主义""类哲学"等)仍作为言谈马克思"当代性"的逻辑前件。我以为,这一假设的可证伪性是不言而喻的。而如果从方法论上承认这一出发点,即意味着必须正视这样一种颠覆性的事实:**马克思的思想在今天的历史语境中从来不是现成性的,它甚至并不具备必须居有的"上手性"**。这种真相披露所造成的震撼无异于从根基上摧毁一座建成的大厦,甚至杜绝了对其进行枝节性"修缮"的可能。也唯此,这个具有颠覆性的问题在历来的讨论甚至学者们运思的潜意识中被一遮再遮,始终不能浮上水面。对"回到马克思"的拒绝才潜藏了一种理论无根性的恐慌。

由于过去我们自己的原著研究始终处于被"喂养"状态,[1] 中国读者并没有经过自己对第一手文献进行认真深入解读的过程,形成我们自己独立的、具有**原创性**的见解,并在此基础上与马克思达到的历史语境的特定交融(这也是我反讽地所指认的"上手性")。那么,对于我们来说,失却历史语境融合的马克思必然成为外在的、对象化的、无思的现成物。这种情况的出现,排除政治意

---

[1] 我们国家的马克思主义经典文献的翻译完全依赖苏东马列编译局的前期工作,从早期的马列主义文选到后来的《马克思恩格斯全集》、《列宁全集》(第1—2版)和《斯大林全集》,无一例外。这项工作倒没有受到意识形态冲突的影响。在原著研究方面的情况就更是如此。一句话,苏东的传统教科书解释构架是我们原著研究唯一的制约性前设。

识形态的原因，更主要的是源于方法论前提上的错误预设，即马克思是可以现成地"居有"的，似乎只要翻译一套全集，打开一部文本，马克思的思想便毫无遮蔽地在一个平面上全盘展开，剩下的只是根据我们现实的需要，任意地对其中的片段进行同质性（从第一卷的第一页到最后一卷的最后一页）的抽取，拿它"联系实际"，拿它来与当代对话，拿它作为"发展"的前提。马克思学说的历史性生成（"上手"）在这里荡然无存。人们甚至根本意识不到苏东传统教科书解释框架对马克思文本先在的结构性编码作用。其实，所谓的"回到马克思"不过是对此进行**祛魅**的一种策略罢了。

在当代哲学史中，胡塞尔曾以"回到事情本身"作为现象学的重要理论入口。而后来这一阐释学意义上的"回到"，又成为海德格尔通过**回到**苏格拉底以前所谓思之本真性**重写**当代思想史的开端。其实，在解释学的常识中，任何"回到"都只能是一种历史视域的整合。同样，"回到马克思"中的这种"返本"也不是出于"顽强的崇古意识"，"退回到马克思的原典上去"，而是要摆脱对教条体制合法性的预设，消除现成性的强制，通过解读文本，以造就新的"上手状态"。这也是中国人过去所说的"返本开新"。"回到马克思"本身就已经是带着我们今天最新的方法和语境在一个开放的视域中面对马克思了。[1] 换句话说，按照解释学的观点，马克思不再是那个原初的对象，已经成为一种被阐释的历史效果。一个全新但有据可循的马克思展现在我们面前。显而易见，马克思现在不是也从来不是现成的，脱离了"回到马克思"的历史语境单单言说马

---

[1] 巴黎塞伊出版社 2000 年推出了法国年轻女哲学家伊莎贝尔·加罗的新著《马克思对哲学的批判》。在这本被评论界称为"回到马克思"的论著中，作者用新的方法和观念探索了马克思哲学主要概念的形成过程，并以此为基础，用马克思的理论对生态学、女权主义以及全球化资本主义新的生产方式等问题进行深入探讨。这是一个重要的佐证。

克思的"当代性",在我看来,更多的是一种写作策略上的考虑,一种有意识的遮蔽。

以我的见识,马克思哲学与当代性的问题并不是一个新命题,它是苏东传统学界在20世纪60年代就炒作过的一个教化体制中的写作方式。如前所述,这里无意识悬设的一个虚幻关系是,假定传统解释框架诠释马克思的完成性和现成性。说透一点,它的意识形态本质是想遮蔽苏东传统马克思哲学诠释**非历史**绝对话语权的非法性。事实上,马克思哲学**必须走向当代**从来就是一个不争的事实,关键在于这一意向生成现实何以可能。是回避马克思哲学在教条主义解读模式下形成的历史视域之必然消解,麻木地以其为前提,口号化地制造一种马克思当代化的宏大叙事,还是勇于重释旧经典,正视新文本,脚踏实地地返本开新,在一种新的历史视域中真正解决当代生活世界的新问题?这可能是我们争论这一问题的辨析实质所在。"马克思是我们同时代的人",作为一种理论口号,这是萨特在20世纪50年代、德里达在90年代相同口号的某种摹写。但需要追问的是,实现马克思之思的当代性言说,究竟是在一种"在手"状态的外在层面上使马克思的思想与"当代人的生活旨趣"做简单的对话,还是准确地捕捉到马克思思想逻辑最重要的问题接合点,以造成一种新的"**接着说**"的学术创新关系?这也是我在这一问题上的一个关键的异质性思考点。

我坚持认为,假如没有一个对马克思哲学文本(特别是MEGA[2])的第一手精心解读,没有对马克思思想发展脉络的科学的全面把握,就不可能真正实现马克思哲学的当代性言说,即使强制性地生造出马克思与某种当代思潮的"对话",就会出现诸如将《1844年经济学哲学手稿》中的人本主义话语误认成马克思最重要的哲学理念,并将其与新人本主义之后的各种资产阶级意识形态混为一谈之类的非法性言谈。这些所谓的"对话"看起来似乎颇具"当代"意味,但实际上无不是在现成性教条体制统摄下的一种非法的外在连接。这难道不已经是一种值得关注的理论灾难了吗？还不应该让青年一代认认真真把学问建立在踏实的马克思哲学文本的历史解读之上吗？

二、什么是文本学的解读模式？

在《回到马克思》一书中,我明确提出了马克思哲学研究中关注**解读模式**的重要性。在今天我们的学术讨论中,这仍然是一个没有被认真对待的方法论问题。在当下发生的许多学术论争中,学者们明明居以不同的研究方式,却在以不同的理论尺度争论同一个问题。比如"人学""实践唯物主义"等专题问题,还有青年马克思的《1844年经济学哲学手稿》、马克思的晚年"人类学笔记"等重要文本的重新阐释。其实,站在传统哲学解释框架的立场上,或者在西方马克思主义的支援背景下,其理解结果的异质性是可想而知的。可是,在争论问题前人们谁都不去首先确定自己的理论前提,即是在什么意义上、何种解读模型中涉入一定的理论讨论域的。这不能不说是一个必须认真注意的学术规范问题。当然,我这里主要关心的还是文本学意义上的解读模式问题。

依我的观点,"以不同的话语、不同的阅读方式面对相同的文本,其解读结果可能会是根本异质的。还原到我们这里的研究语境,即以不同的解读方式面对马克思的文本,就会产生出截然不同的理论图景"[1]。也因此,我在该书的导言中,明确区分了在理解马克思哲学发展史上客观存在着的"五大解读模式",即西方马克思学的模式、西方马克思主义人本学的模式、阿尔都塞的模式、苏东学者的模式和我国学者孙伯鍨教授的模式。孙先生是我国马克思主义哲学史研究的名家,20世纪70年代,他以对马克思主义哲学经典原著的精心而深入的解读著称。除去他"马克思恩格斯思想的**两次转变论**和《1844年经济学哲学手稿》中的**两种理论逻辑**相互消长的观点",对我影响极大的就是他这种独特的文本研究法,这种解读模式被我命名为**文本学**的研究模式。对此,我再做一些说明。

我这里所谓的文本学的对象域就是过去传统意义上的"马克思主义经典原著研究"。专门标定文本学这样一个新概念,为的是要明确造成一种理论逻辑上的界划。虽然文本学也是研究经典著作,但其基本的认知模型和方法与传统的原著研究已经相去甚远。从狭义的文本学角度来看(广义的文本可以泛指一切可解读的对象),所谓"文本",并非指特定论著中文字的总和,同时,文本的建构也背负了一个极其复杂的**历史语境**。任何文本的生成,都必然与作者历史的文化背景和写作背景密切相关,并且,由于作者本身的认知系统在创作文本的过程中是随着思维的动态语境而改变的,这就必然决定了一个作者的文本本身不是一个静止同一的对象,不是一成不变地从第一本书的第一句话同质性地说到最后一篇论文的最后一句话。因而假设文本的每一句话都具有同样的言说背景和言说意义,从根本上来说是一种非法的同质性逻辑。而

---

[1] 参见拙作《回到马克思——经济学语境中的哲学话语》,江苏人民出版社1999年版,序言,第2页。

且，文本自它诞生之日起，作者就已经"消隐"了（福柯在同一意义上说"作者死了"），我们所能遭遇与对话的永远是历史性的文本而非写作者本人（这一点对已故的文本作者表现得尤为突出，马克思也在此列）。因此，文本所蕴含的思想不是在其字里行间的显性逻辑中呈线性地自行布展开来，它需要阅读主体通过自身的解读来历史性地获得。于是，读者的"支援背景"即在很大程度上影响了解读过程。伽达默尔所说的文本诠释中不同视域历史性融合和作为解释结果的"历史阐释效果"，都是说明了这个意思。而与伽达默尔的解释学最根本的不同，是我这里标注的文本学没有任何**本体论的僭妄**。

我多次指认过，我们马克思主义经典原著传统研究中的主导话语和言说方式始终是非反思性的。它的最大问题在于过于强调马克思哲学中的"刚性"的"边界"，将公开著作与其他类型的文本视为一个严整的同质性总体。在这样的解读背景下，马克思理论文本的原初思想理路被先在地**栅格化**了，以哲学文本为例，原著研究即用所谓教科书式的"哲学原理"非历史地反注马克思的文本和手稿，马克思原来文本写作中的历史性生成和针对不同对象的理论专题，被非历史地分割成"哲学基本问题""辩证法""认识论"和"历史观"。这里发生的事件是，马克思哲学文本被非历史地"原理化"了，这实际上是一种荒谬的"按图索骥"。更有甚者，不同时期文本的异质性也一再被忽略，成了完全同质性的、可以任意援引的"语录堆砌体"。正是这样一种方法论上的误区导致了我们关于马克思哲学文本的研究长期在低水平徘徊，理论创新缺乏活力。我认为，要改变这一状况，只有借助于**历史性的**"文本学解读"，使过去在传统解读构架内的**熟知**文本重新"陌生化"，以建构一种全新的历史性理解视域。由于文本的形成过程不是一个静止的或线性的思维平铺,也不是一个毫无异质性的自我"独白",而是作者在与他同时代的人的思想交锋和碰撞中陆续形成的(大量的文本群尤其如此),这就决定了文本的解读必须建立在发生学基础上,从历史性中去评估其在理论建构中的真正价值。如果转换到对马克思哲学文本的历史性解读上,就是坚决将体系哲学的前见("原理")悬设起来,将原来的文本阐释结果加上括号,以历史本身的时间与空间的结构,让马克思的文本原初语境呈现出来,从而获得一种全新的理解结果。这实际上是一个马斯洛所说的"再圣化"的过程,它要求读者将已有的成见置于阅读行为之外,非直接性地面对文本。简言之,即胡塞尔的"放弃现成的给定性",**回到事物本身**。这也是"回到马克思"的原初语境。

在《回到马克思》一书中,我的文本学研究起码有两个值得提及的学术创新点。一是关于马克思理论文本的**分类学界划**。我第一次指认,从《马克思恩格斯全集》历史考证第二版(MEGA^2)已发表的文献来看,马克思所遗留下来的著作群大体可分为三类不同的各具意义和价值的文本:一是读书摘录笔记与记事笔记;二是未完成的手稿和书信;三是已经完成的论著和公开发表的文献。在我们以往的研究中,得到普遍重视和着力探讨的往往是第三类论著,第二类文献也得到过一定关注,而第一类文本却根本没有获得应有的解读和研究地位。但事实上,恰恰是第一、二类文本,才更加真实地展现了马克思思想发展和变革的本真心路历程和源起性语境。以笔记的写作为例,话语的断裂、边界的布展以及理论逻辑中独特的异质性都在一种毫无遮掩和非形式化的状态中"无蔽"地呈现出来。由于笔记本身记录的是阅读者对阅读对象语境的进入状况和思想实验的经过,不存在预先的定论性,从中我们可以直接看到对一些学术观点摘录的理论意向性、最初的评论和由议论产生的写作计划与构想，以及各种思想最初形成的理论激活点和渊源性线索。它是对第一文本的"互文性"重写，是作者与第一文本撞击后的效果意识的即时呈现，既非一种无原则的机械认同，也不是没有根基的主观妄断。而这些重要的原发性理论边界和"亚意图"的即兴思考，是在一般理论手稿和论著中所无法获得的。譬如，不研究1844年的《巴黎笔记》中马克思从萨伊、斯密、李嘉图到穆勒经济学探索中的递升式理解逻辑，尤其是《穆勒摘要》中从经济学学习的跟读语境的"失语"状态到人本主义哲学话语的统摄性运作的转换，就无法解读同期写作的《1844年经济学哲学手稿》的本真语境，从而失去对手稿理解评估的真实客观基础。而不研究《1850—1853年伦敦笔记》，也就不会深入发掘出《1857—1858年经济学手稿》的内在哲学逻辑，自然与马克思经济学语境中的重要哲学理论建树失之交臂。

二是文本解读中的**功能性深度阅读法**。这个比喻性的说法是从阿尔都塞那里借用的，他曾经提出一种"症候阅读法"，即从显性的文字中读出隐性理论构架，从马克思已经写下的文字中读出没有说出来的东西（"读出空白"）。实际上，孙伯鍨先生《探索者道路的探索》一书提出的同一文本中的"双重逻辑"，也已经很深地言说了这种深度文本阅读法。[1] 这里我可以举《回到马克思》中的一些实例。首先是**比较性功能阅读法**。面对马克思的笔记，我没有仅仅停留在写下的文字上，而是做了更多的思考，比如青年马克思在《克罗茨纳赫笔记》中的对失语状态的判定，就是在同时参照他不久前写下的《伊壁鸠鲁笔记》之后做出的。我发现，"青年马克思在进入历史学领域时，他那种刚刚在《莱茵报》经受了现实打击的哲

---

[1] 孙伯鍨：《探索者道路的探索》，安徽人民出版社1985年版。

学话语——唯心主义观念论还没有全面崩溃,但在新的历史事实面前一开始就完全退缩在文本摘录和评述之外。我将这种情况称为马克思在进入新的历史学研究领域时,原有哲学理论话语的**失语**状态。在青年马克思以往的理论作风中,这是一种十分少见的情况(我们可以在这之前的《伊壁鸠鲁笔记》等摘录性笔记中看到,马克思面对哲学文本的那种自由自主的话语统摄状况。他几乎对每一摘录文本都进行透彻的解读与批判)"[1]。

其次是马克思笔记性文本的**复杂阅读结构**。例如我将青年马克思《巴黎笔记》阅读语境中的认知结构区分为**焦点意识**和**支援意识**。[2] 焦点意识即马克思**直接有意图的前台理论目的**。在这里主要是否定资产阶级经济家所肯定的东西。在马克思《巴黎笔记》的读书进程中,他的直接目的是颠覆资产阶级经济学家指认为合理事实的东西,这是一种简单的**颠倒阅读法**。支援意识是指在**亚意图层面上支持马克思完成认知过程的后台性语境**。这主要有两个层面:第一个层面是直接性的参考背景,是指赫斯、青年恩格斯和普鲁东对国民经济学的批判和社会主义(青年恩格斯与赫斯是共产主义,而普鲁东则是西斯蒙第式的小资产阶级的社会主义)。从笔记的前期摘录内容上看,主要是恩格斯的影响。第二个层面是更深一层的费尔巴哈和黑格尔的哲学逻辑,而且主要是费尔巴哈的哲学人本主义(不仅仅是自然唯物主义)。

最后是手稿文本中的**复调话语结构**。例如在对青年马克思的《1844年经济学哲学手稿》一书的文本解读中,我在孙伯鍨教授的

---

[1] 参见拙作《回到马克思——经济学语境中的哲学话语》,江苏人民出版社1999年版,第634页。另参见同书第145—146页。
[2] 这是我从英国意会哲学家波兰尼那里借用的概念。参见[英]波兰尼:《个人知识》,许泽民译,贵州人民出版社2000年版。

"双重逻辑说"基础上,进一步指认了这一文本是"一个极其复杂的**多重逻辑线索构成的矛盾思想体**"。因为,**两种完全异质的理论逻辑和话语并行在马克思的同一文本中**,一是以异化劳动理论为中轴的人本主义哲学逻辑,二是一条从经济现实出发的客观线索,二者在同一文本中无意识地交织着,呈现了一种奇特的**复调语境**。这倒真是一种不自觉的复调(这不同于后来巴赫金所讲的自觉文本创造中的复调变奏),因为这种复杂语境是在马克思经济哲学批判中不自觉发生的。在该书的第一手稿中,我进而区分了三种不同的话语:一是处于被告席上的资本主义制度及国民经济学(直接被反驳的对象);二是普鲁东—青年恩格斯(实际上是李嘉图社会主义的再表述)的审判与指认;三是马克思超越这种在国民经济学范围内的指控的哲学人本主义批判(里面又暗含着自然唯物主义前提)。这是一种很深的极复杂的理论对话。

三、马克思经济学语境中的哲学话语

在对文本学的解读模式进行了方法论上的理论梳理之后,我们要进入一个更加具体而微观的话题中,即《回到马克思》所确立的、带有原创性特征的新型解读视角,也即它的副标题所指认的:经济学语境中的哲学话语。相对于传统马克思哲学史的研究,这是一种独特的研究视角,即**从马克思经济学研究的深层语境中去重新探索他的哲学话语转换**。从我读到的国内外文献中,以这样的思路完整地将经济学与哲学研究结合起来考察马克思思想发展的全程,在马克思和恩格斯去世之后可能还真是第一次。

首先,从马克思一生的学术研究全程来看,自他1842年下半年开始第一次涉足经济学研究起,经济学内容就始终在他中后期的学术研究中占到了70%以上的主要地位,到晚年这一比例甚至高达90%。1846年以后,对于作为马克思主义创始人的马克思来说,**纯粹的**哲学和科学社会主义就像依附于鲜花的馨香,在独立的意义上甚至根本从来没有存在过。马克思在对资产阶级政治经济学经典作家的文本解读中认识到,经济学所面对的种种状况正是当时的社会现实。用恩格斯的话说,在那时,经济就是唯一的现实。所以,要从客观历史现实出发,首先要完成的便是对经济学的理解和深入,也只有弄清这一主导性研究本身的真实历程,才能从根本上明白过去那种"纯而又纯"的哲学和科学社会主义发展线索的真实基础。

其次,从经济学语境中去探寻哲学线索内在脉络的意义,还在于打破传统解释构架中那种条块分割式的僵化理论边界。我认为,在我们传统的马克思主义理论研究中,过分硬化了马克思主义理论子系统之间的边界。也就是说,在马克思理论研究的真实进程中,他的哲学、经济学和社会历史现实批判(科学社会主义)是一个完整的始终没有分离的整体,各种理论研究相互之间是渗透和包容的关系。所以,我们研究马克思的经济学不理解马克思的哲学观点不行,进行哲学分析完全离开对马克思经济学的研究也同样不行,这两种研究脱离了马克思批判资本主义的现实目的更不行。从我自己的认识来说,研究马克思的哲学是一定要认真读懂马克思的经济学著作的。否则,将不可避免地流于形而上学的轻浮。这也正是《回到马克思》的原发性研究意图和全新视角所在。下面我将就马克思哲学思想发展中的三个理论制高点的发现来谈谈经济学研究的重要性。

青年马克思哲学思想的第一次转变,即从唯心主义转向一般唯物主义、从民主主义转向社会主义(共产主义)。这一转变始发于《克罗茨纳赫笔记》，经过《黑格尔法哲学批判》和《论犹太人问题》，在《巴黎笔记》后期和《1844年经济学哲学手稿》中达至最高点。这是马克思在历史研究和与社会主义工人运动的实践接触的现实基础上进行经济学研究的结果。从当时欧洲思想史整体断面的视角来看，马克思的这一思想转变并非一种简单的理论创新，而是在诸多背景因素（包括费尔巴哈的一般唯物主义、黑格尔的辩证法和青年恩格斯、赫斯和蒲鲁东基于经济学的哲学批判和社会主义观点）制约下发生的逻辑认同。更重要的是，客观存在于古典经济学中的社会唯物主义思路与方法，恰恰是此时还处于人本主义异化史观构架中的青年马克思拒绝和否定的方面。如果不能通过马克思经济学研究的理论参照系来确证，对《1844年经济学哲学手稿》的解读则仍将是停留在"纯粹"哲学话语层面的名词释义罢了。那样，劳动异化史观被指认为历史唯物主义，人学被误识为马克思主义哲学，就不足为怪了。

马克思思想的第二次转变也即他的第一个伟大发现——广义历史唯物主义的创立才是真正意义上的马克思主义的哲学革命。它发生在马克思第二次经济学研究即形成《布鲁塞尔笔记》和《曼彻斯特笔记》的进程中，自《关于费尔巴哈的提纲》始，经过《德意志意识形态》，一直到马克思致巴·瓦·安年柯夫的信。这一转变最重要的理论基础是马克思对政治经济学科学批判基点的形成。我以为，除去社会主义实践和其他哲学观念的作用，马克思正是在对古典经济学中斯密、李嘉图社会历史观的社会唯物主义的认同以及对资产阶级意识形态的批判性超越上，才创立了历史唯物主义与历史辩证法。在这个意义上我们也可以说，马克思越是深入研究政治经济学，他也就越是接近历史唯物主义。

我认为，历史唯物主义是马克思与以往的一切形而上学进行了"彻底决裂"之后,在经济学话语之上建立的新的哲学话语。这是一种全新的现实的历史话语。在《关于费尔巴哈的提纲》中,他还是以实践作为哲学的总体逻辑入口,解决了一种理论悖结,初步呈现了新世界观的逻辑意向,即历史性的语境;而《德意志意识形态》则已经直接将这种新的历史性逻辑展现为一种完整的"历史科学",即关注一定社会历史阶段的具体历史现实的社会关系和科学的历史性生存的"本体"性规定的历史构境论。这不是一般哲学基本问题的解决,因为它是以"走出哲学"为前提的。在赫斯的启发下,马克思已经从施蒂纳的利己主义狂想中意识到了一个根本问题,即从神到人、从逻辑学到人的类本质、从自我意识到劳动的自我活动、从民主主义的自由和正义到共产主义,包括施蒂纳的个人和"无",作为一个形而之上的逻辑命题,都还只是哲学家的一种职业对象。即使被换成了实践、生产甚至"科学社会主义"(赫斯)的字眼,也还是从观念和逻辑出发的。至此,马克思不再自认为是传统的旧哲学家,他放弃了用哲学构架来描述周围世界和社会历史的理论方式,确立了从做一个普通的人去面对社会生活和历史情境开始的新哲学世界观。这种决断使马克思能够真正摆脱滥觞于利亚学派的走向事物背后的彼岸理念论,返回到现实的历史的具体的社会生活本身。因此,我们可以得出结论,在这一非常性的革命时期中,马克思主义的哲学变革并非如传统研究所确认的在创立历史唯物主义之后转向政治经济学,而是与政治经济学科学研究同时发生的。这使得马克思面对世界的哲学起点,第一次与古典政治经济学的前提重合了。

马克思第三次哲学思想的重大转变仍然基于他的第三次经济学研究。这个过程从《哲学的贫困》开始,经过《1850—1853年伦敦笔记》,在《1857—1858年经济学手稿》中基本完成。在我看来,这第三次转变并非异质性的思想革命,而是他哲学研究的进一步深入,即建立在狭义历史唯物主义和历史认识论之上的历史现象学的创立。其直接基础就是马克思在经济学中具有革命性突破的伟大发现——剩余价值理论的形成。1847年以后,马克思开始对以"资产阶级社会"为生产力发展最高点("人体")的人类社会历史进行科学的批判考察。面对资本主义大工业所实现的生产方式,他在完成政治经济学科学理论建构的同时,实现了以人类社会历史发展的生产力最高水平为尺度的对人类社会及其个体的现实存在的哲学确证与批判。因此,在这一研究过程中,哲学探讨不但没有被放弃,反而获得了真正的实现。因为正是在马克思对前资本主义社会特别是资本主义社会的经济历史研究中,人类社会发展的历史本质才第一次得到了科学的说明,每一社会历史发展的特殊运行规律也才第一次被揭示出来。人与自然的关系、人与人的社会关系,第一次在真实的社会历史情境中被具体地指认。这也就是马克思创立的狭义历史唯物主义哲学理论的主要内容。在"资产阶级"社会化大生产过程中,分工和交换所形成的生活条件必然导致人的社会劳动关系(类)的客观外在化(价值),以及资本主义市场条件下进一步的物役性颠倒关系(资本),因此也就历史地构筑了有史以来在社会生活方面最复杂的社会层面和内在结构,这必然形成独特的非直接性的历史认识论的全新哲学基础。而批判性地祛除资产阶级意识形态拜物教,透过各种颠倒和事物化的经济关系假象,最终科学地说明资本主义生产方式的本质,就是马克思新的科学批判理论——**历史现象学**的主体内容了。

四、"历史现象学"的意义场

那么,历史现象学,作为我用来重新命名马克思的**科学批判理论**的特设指认,它的真实内涵究竟是什么?这是我在本文最后将要辨识的一个问题。与学界对上述研究方法的缄默态度形成鲜明对比的是,"历史现象学"这一概念提出以后,立刻遭到了一些学者的质疑,其中也包括我的老师孙伯鍨先生。他们的疑问是:用"现象学"来指认马克思哲学的理论成果,其合法性何在?应该说,这是一个很有意义的提问。我以为,问题的关键是对"现象学"的历史界划。

自《逻辑研究》发表以来,现象学作为20世纪西方哲学的"显学"广为人知。人们只要一看见这三个字,就很容易将它与胡塞尔、海德格尔等大师联系在一起。然而,必须声明的是,我在《回到马克思》一书中使用这一概念的意义场,并不是来自胡塞尔的现代现象学,更多的是源自康德以后直至黑格尔所指称的**古典意义上的**现象学,它是在传统本体论和传统认识论之中生发出来的。与胡塞尔主张的"意识现象学"不同,这种现象学并非要求人们以自我的内省或体验以及一种意识的精致微观结构去面向"事实",达到一种先验本质的"澄明"境界,相反,它是从休谟的经验怀疑论开始,由康德断裂开来的二元世界中的"现象界"奠基,再经费希特、谢林的主体性努力,最终在黑格尔的绝对观念中达及现象与本质的统一。黑格尔所创立的"精神现象学",就是在本体论和认识论相统一的批判立场,要求人们关注从具体的感知物相到构成感性确定性的"知觉"直至自我意识构架的**分层现象结构**,以及在现象背后作为**最终本质和规律**的绝对理念的揭示。这种古典意义上的

"现象学",是黑格尔在批判康德认识论的基础上发展起来的通过研究事物(本质)在时间内的历史地呈现(显相)出来的认知科学。以黑格尔自己的话说,精神现象学的主要任务是"运用辩证的方法和发展的观点来研究分析人的意识、精神发展的历史过程,由最低阶段以至于最高阶段分析其矛盾发展的过程"[1]。因此,黑格尔本人在《精神现象学》的序言和导论中都曾说过:"精神现象学所描述的就是一般科学或知识的形成过程。"说到底,这也是揭示事物化在自然存在和社会存在背后的精神本质和运动规律的**物相批判理论**。这也是我借用这一概念的缘起性语境。当然,马克思从来并没有用"历史现象学"来指认自己的理论,这只是**我在黑格尔古典现象学批判语境中的一种借喻**。即马克思在经济学研究中确认,面对资本主义经济生活过程,必须经由对多重事物化颠倒的商品—市场中介关系的历史性剥离,才有可能达到对事物本质非直接性的批判认知。这种历史性的批判现象学,在很大程度上与列宁所说的"透过现象看本质"是一致的。关于这一点,我在《回到马克思》一书中是这样论述的。

首先我认识到,费尔巴哈在批判黑格尔的唯心主义和神正论的过程中,创立了批判人的类本质异化的**人学现象学**,这是对黑格尔哲学的逻辑颠倒。而青年马克思在1845年最初的经济学批判中,在赫斯的经济异化批判理论基础上提出了劳动异化理论。在马克思看来,赫斯由于缺乏真正的哲学基础,尤其是对费尔巴哈和黑格尔的深刻了解,他的论述是不够鞭辟入里的。更主要的是,赫斯的交换(金钱)异化论已经被马克思从劳动生产(对象化)异化出

---

[1] [德]黑格尔:《精神现象学》(上卷),贺麟、王玖兴译,商务印书馆1979年版,译者导言第16页。

发的更深一层的完整经济异化理论取代了。虽然相对于古典经济学现实的客观思路，马克思的这种人本主义逻辑——理想化的悬设的劳动类本质还是隐性唯心史观的，他不得不为了革命的结论而伦理地批判现实，但这也正是他自我指认的一种新的批判思路的出现，不同于费尔巴哈的人学现象学，它是一种在全新的逻辑建构中穿透资产阶级经济现象批判的人本主义**社会现象学**。

而在 1845—1847 年的哲学革命中，马克思在抛弃人本主义异化批判逻辑时，实际上已经在实证科学的意味上否定了**现象学认知**（往往与异化逻辑相同体）的合法性。可是，在《1850—1853 年伦敦笔记》对经济学资料的详尽占有过程中，他再一次在科学的视域中意识到现实资本主义经济关系的颠倒和事物化的复杂性，所以，在超越古典经济学的意识形态边界的同时，马克思重新创立了**在狭义历史唯物主义**和**社会认识论**基础上的历史现象学。马克思这时关心的问题不再是一般广义历史唯物主义的原则，而以狭义历史唯物主义的观点去透视这种颠倒的假象，即如何去掉一层层现象和假象，达到那个真实存在的本质和规律。这是由于资本主义经济现实的自然性（自在性）中客观发生的多重颠倒和客观异化，需要非直观和非现成的批判性现象学。这里，它不是黑格尔精神现象学所面对的主观现象，也不是费尔巴哈和青年马克思自己原来那种否定现实经济现象的人本主义社会现象学，因为马克思这时的历史现象学的前提是社会关系的客观颠倒，这种颠倒的消除不可能在观念中实现，必须由物质变革来完成。科学的社会历史的现象学说明资本主义经济现象中的这种颠倒是如何历史形成的，它要揭露资本主义生产方式中客观颠倒的社会关系，以最终揭露资本主义经济剥削的秘密。具体地说，马克思必须面对复杂的物、物相、外在关系、颠倒了的关系、事物化关系、非主导性的关系

（如过去了的封建关系），在科学的历史抽象中找到原有的关系（简单关系），再一步步再现今天真实的复杂关系和颠倒了的社会结构。这不是直观或抽象反映，而是一种重构式的反映。这里既要一步步破除社会关系中由于颠倒所产生的迷障，获得史前的简单的社会关系，又要从这种抽象的关系一步步复归于颠倒的各种复杂的经济具象。这就使马克思进一步发现，直接面对资本主义经济现象中的资本、货币、价值、商品等，一般人的常识眼睛是看不清它们的本质的，因为这是一种颠倒的歪曲的社会现象。资产阶级政治经济学（包括它的社会唯物主义）同样是以这种假象作为全部理论的肯定性前提的。马克思这时关心的问题就是去掉意识形态，发现经济现实（物相）的本真性（生产关系）。这是马克思历史现象学的根本基点。也在这个意义上，我才提出，马克思的历史现象学正是他政治经济学革命的内在逻辑前提。这是过去我们传统研究没有认真注意的方面。所以，历史现象学是马克思《1857—1858经济学手稿》的最重要的哲学成果，也是马克思哲学思想发展的最重要的理论制高点。

我以为，马克思哲学研究中一切当代性的学术创新是有前提的，这就是不可跨越的我们自己"回到马克思"的基础性研究。其实，"回到马克思"作为一种口号是空洞的，它本身并没有太大的争论价值，关键倒是在这一口号之下，我究竟是否做了一些值得批评的具体研究？比如上文已经讨论了作为一种马克思哲学研究新方法的文本学的解读模式，从马克思经济学研究的内在思路来反观他哲学发展的逻辑的新视角，MEGA^{2}的新文本群的意义，还有我标注为"历史现象学"的马克思批判理论之新解。令人生疑的是，

《回到马克思》一书中这些具体内容却被大多数批评者有意无意地遮蔽了。可能因为这种具体的批判比起对口号的评说来,会辛苦和艰难得多。我期待一种**具体的**批判和论争。因为,这将是中国马克思哲学研究的一次深刻挺进。重要的不是我的观点之对错,而是我们这些年轻一代马克思哲学的研究者是否需要脚踏实地地使马克思在我们手中直接"上手"一回。

最后,我想援引我的老师孙伯鍨教授的一段话作为本文的结语:"任何发展都好像是历史的延伸,但又不是简单的历史延伸。在发展的道路上不仅充满了曲折和迂回,而且仿佛还有向出发点的回归。但这种回归不是要放弃已经卓有成效地获得的一切,而是要寻找新起点,以便向更高的目标推进。马克思在谈到无产阶级社会主义革命不得不在苦难和挫折中曲折发展时说道:'像 19 世纪的革命这样的无产阶级革命,则经常自己批判自己,往往在前进中停下脚步,返回到仿佛已经完成的事情上去,以便重新开始把这些事情再作一遍;它们十分无情地嘲笑自己的初次企图的不彻底性、弱点和不适当的目的;它们把敌人打倒在地上,好像只是为了让敌人从土地里吸取新的力量并且更加强壮地在它们面前挺立起来一样;它们在自己无限宏伟的目标面前,再三往后退却,一直到形成无路可退的情况为止……'[1] 马克思主义哲学的发展经历着和上述情境相同的道路。'回到马克思','回到马克思的最初文本',这几乎是当今所有致力于研究和探讨马克思主义哲学的人们的共同意向。如果像上述马克思所生动描写的那样,不惜把事情重作一遍,以便坚决地、更彻底地把马克思的思想和事业推向前进,这自然是十分正确而明智的。回到马克思,回到的原初作品,

---

[1] 《马克思恩格斯全集》第 8 卷,人民出版社 1961 年版,第 125 页。

是为了凭借一个多世纪以来革命史和学说史的丰富经验（成功的和失败的，正面的和反面的），借鉴马克思以后全世界历史发展的多方面丰富而生动的事实，进一步探索马克思主义哲学革命变革的真正本质。通过这种探索进而去挖掘马克思主义哲学的新的理论层面和精神内涵，以便使马克思的学说不仅成功地运用于破坏一个旧的世界秩序，而且能成功地运用于建设一个新的世界秩序；不仅能成功地运用于革命和战争的旧时代，而且能成功地运用于和平和发展的新时代，这是时代的呼唤，历史赋予马克思主义哲学的新使命。马克思主义哲学能不能面对时代的挑战，肩负起历史的重担，这是当今中国的马克思主义哲学家们集中思考的大问题。"[1]

（原文刊载于《中国社会科学》2001年第3期，有删改）

---

[1] 参见孙伯鍨先生为拙作《马克思历史辩证法的主体向度》（河南人民出版社1995年版）一书所作的序。

图书在版编目(CIP)数据

神会马克思：马克思哲学原生态的当代阐释 / 张一兵，蒙木桂著. — 南京：南京大学出版社，2023.2
（马克思主义思想史研究丛书 / 张一兵主编）
ISBN 978-7-305-26119-0

Ⅰ.①神… Ⅱ.①张… ②蒙… Ⅲ.①马克思主义哲学—研究 Ⅳ.①B0-0

中国版本图书馆 CIP 数据核字(2022)第 165956 号

出版发行	南京大学出版社		
社　　址	南京市汉口路 22 号	邮　编	210093
出 版 人	金鑫荣		

丛 书 名　马克思主义思想史研究丛书
丛书主编　张一兵
书　　名　神会马克思：马克思哲学原生态的当代阐释
著　　者　张一兵　蒙木桂
责任编辑　张　静

照　　排　南京南琳图文制作有限公司
印　　刷　南京爱德印刷有限公司
开　　本　635 mm×965 mm　1/16　印张 20.5　字数 262 千
版　　次　2023 年 2 月第 1 版　2023 年 2 月第 1 次印刷
ISBN 978-7-305-26119-0
定　　价　98.00 元

网址：http://www.njupco.com
官方微博：http://weibo.com/njupco
官方微信号：njupress
销售咨询热线：(025) 83594756

* 版权所有，侵权必究
* 凡购买南大版图书，如有印装质量问题，请与所购
图书销售部门联系调换